sapientia
サピエンティア 27

グローバル化する世界で
政治空間を再想像すること

Scales of Justice

正義の秤《スケール》

ナンシー・フレイザー［著］
向山恭一［訳］

法政大学出版局

Nancy Fraser
Scales of Justice
Reimagining Political Space in a Globalizing World

Japanese translation published by
arrangement with Polity Press Ltd., Cambridge
through The English Agency (Japan) Ltd.

心と精神の親友、ジェニー・マンスブリッジとマリア・ピア・ララへ

目次

謝　辞

本書は、ここ数年の個人ならびに共同研究の成果である。第2章と第3章は、二〇〇四年のアムステルダム大学でのスピノザ講義を原型としている。同大学では格別の歓待と刺激を受け、そして美にあふれた都会の快適な雰囲気を味わった。ベルリン学術研究所が提供してくれた落ち着いた環境では、第4章と第6章を執筆し、ほかのいくつかの章を修正するとともに、新しい愉快な友人関係、魅惑的な音楽、そして同僚たち、とりわけ「グローバリゼーション・ガールズ」との議論を楽しむことができた。実質的には、私が毎日を過ごすことを許された、ニュースクール・フォー・ソーシャルリサーチでのとても活発な知的生活に、各章はなにかしらの触発を受けている。ここは私の最近一二年間の研究上のホームであり、合衆国における批判的、進歩的な思想のオアシスである。また、各章は研究会やセミナーでの刺激的な議論、同僚や友人たちの綿密な批評をつうじて洗練された。とくに、以下の人々に感謝する。

マレク・フルデッツと毎年五月にプラハで出会う活気のある批判理論家の国際ネットワークのメンバーたち、デイヴィッド・ヘルドとロンドン・スクール・オブ・エコノミクスの同僚たち、ケイト・ナッシュ、ヴィッキ・ベル、そしてゴールドスミス・カレッジ「正義の秤」研究会の参加者たち、アレッサンドロ・フェラーラとローマの同僚たち、セサ・ロウ、ニール・スミス、そしてニューヨーク市立大学「公共空間」研究会の参加者たち、ジュリエット・ミッチェル、ジュード・ブラウン、アンドレア・マイフォーハー、そしてケンブリッジ大学「ジェンダー平等と社会変革」研究会およびバーゼル大学「ジェンダー・イン・モーション」研究会の参加者たち、アクセル・ホネット、社会研究所、そしてフランクフルト大学フーコー研究会の参加者たち、カトリーヌ・オダール、アラン・モンテフィオーレ、ヨーロッパ哲学フォーラム、そしてロンドン大学ハンナ・アレント研究会の参加者たち、オーストラリアでの滞在を忘れられないものにしてくれたアンディ・ブランデンとロバート・グッディン、トム・ミッチェルと『クリティカル・インクワイアリー』編集部、パトリシア・モレとアルゼンチン・コルドバ国立大学の同僚たち、そしてリチャード・J・バーンスタイン、エイミー・アレン、ライナー・フォルスト、ナンシー・ネイプルズ、バート・ファン・デン・ブリンク、ジェーン・マンスブリッジ、デイヴィッド・ペリッツ、マリア・ピア・ララ、ドミトリー・ニクーリン、セイラ・ベンハビブ。また、以下の人々にも心から感謝する。本書の企画を励まし信頼してくれた編集者のマニュエル・クルーズ、ウェンディ・ロックナー、ジョン・トンプソン、専門的な校閲にあたったジャスティン・ダイアー、そして制作段階での研究助手チャールズ・マクフェドラン。最後に、批判的な懐疑と触発的な熱意のまさに正しい調合によって、すべての文章に何度も目を通してくれたエリ・ザレツキーにとりわけ感謝する。

第2章の初出は『ニューレフト・レヴュー』三六号（二〇〇五年一一月＝一二月）、六九〜八八頁である。第3章の草稿は、ナンシー・フレイザー『正義を再フレーム化すること――二〇〇四年スピノザ講義』（アムステルダム、ファン・ゴルクム、二〇〇五年）に所収の「だれが対象となるのか――フレームの問題を主題化すること」として公刊された。第4章は『クリティカル・インクワイアリー』三四巻三号（二〇〇八年）で最初に公刊された。第5章の初出は『理論・文化・社会』二四巻四号（二〇〇七年）、七〜三〇頁である。第6章の初出は『コンステレーションズ――批判的民主主義理論国際ジャーナル』一三巻三号（二〇〇五年九月）、二九五〜三〇七頁である。第7章の初出も『コンステレーションズ』一〇巻二号（二〇〇三年六月）、一六〇〜七一頁である。第8章の初出は『現代政治理論』三号（二〇〇四年）、二五三〜六一頁の「二一世紀のハンナ・アレント」である。第9章はロンドン、ロサンゼルス、ニューデリー、シンガポールのSAGE出版の快諾を得て、『理論・文化・社会』二四号（二〇〇七年）、七三〜八六頁のケイト・ナッシュ、ヴィッキ・ベル「フレーム化の政治――ナンシー・フレイザーと語る」（© Theory, Culture & Society, 2007）を再掲載したものである。ここではすべて許可のうえ再録している。

正義の秤《スケール》

——グローバル化する世界で政治空間を再想像すること

凡　例

一、本書は、Nancy Fraser, *Scales of Justice: Reimagining Political Space in a Globalizing World*, Cambridge: Polity Press, 2008 の全訳である。
一、文中の（　）および［　］は原著者によるものである。
一、原文中の引用符は「　」で括り、大文字で記された文字等についても「　」で括った箇所がある。
一、原文中の（　）および——で括られた箇所については、一部取り外して訳出した。
一、原文中でイタリック体で記された箇所は、原則として傍点を付した。
一、文中に訳者が挿入した語句および簡単な訳注は〔　〕で示した。
一、引用文献中で邦訳のあるものは適宜参照したが、訳文はかならずしもそれに拠らない。
一、邦訳の書誌情報はできる限り示した。複数の訳がある場合には原則として最新のものを優先した。
一、原著の明らかな間違いや体裁の不統一については、一部訳者の判断で整理した箇所がある。
一、索引は原著をもとに作成したが、一部訳者のほうで整理した部分がある。

第1章　正義の秤、天秤と地図——序論

本書のタイトル『正義の秤《スケール》』は、二つのイメージを喚起する。第一のものはとてもなじみがあり、決まり文句といってもよい。それは公平な裁判官が対立する主張の優劣をつける道徳の天秤である。このイメージは長いあいだ正義の理解の中心にあり、公平な裁判官という観念そのものをめぐる懐疑論が広まっているとはいえ、いまも現代の社会正義のための闘争を奮い立たせている。第二のものはこれほどなじみがない。それは空間関係を表現するための地理学者の測定基準である。このイメージは最近になって正義の理論化で目立つようになったばかりだが、いまではグローバリゼーションをめぐる闘争を活気づけている。その国境横断的な社会運動は、正義の対立が歴史的に位置づけられてきた国家のフレームに異議を申し立て、正義の及ぶ地図をより大きな尺度《スケール》で書きなおそうとしているのである。

こうした天秤と地図というイメージは、どちらも難しい問題群を表わしている。天秤の場合は、公平

性をめぐる問題系である。いったい、なにが競合する主張の公正な評価を担保しうるのか。いつも厄介なことに、こうした問いは権力の非対称性という文脈のなかでかならず浮かび上がる。不利な立場の人々は、あたかも公平な裁判官に訴えるかのように正義を嘆願するが、そのような人物は存在せず、裁判の基準そのものが自分たちには不利であることを十分よく知っているのだ。しかし、そうした一般的なジレンマ以上に、現代の公平性をめぐる問題系はもうひとつの、より根本的な難題に直面している。政治文化の画期的な変化のために、今日の社会正義の運動は、正義の内容について共有された理解を失いつつある。たいてい「再分配」のために闘っていた二〇世紀の先行者とはちがい、今日正義を主張する人々はさまざまなイディオムで、競合する目標に向けられた要求を表現している。たとえば、階級に力点を置いた経済的再分配の訴えは、きまってマイノリティ集団の「承認」の要求とぶつかり、フェミニズムのジェンダー正義の主張は、しばしば伝統的とみなされた宗教的あるいは共同体的な正義の要求と衝突している。その結果、正義の言説は根本的に雑多になり、そのことが道徳の天秤という観念に大きな難題を突きつけている。そうした雑多な主張が公平にはかられる正義の秤はどこにあるのか。

これとは対照的に、地図のイメージはフレーム化をめぐる問題系を表わしている。いったい、なにが正義の境界を画定すべきなのか。一般にあれかこれかの形式で争われる公平性とはちがい、ある支配的なフレームが自明視されているかぎり、地図をめぐる問題は長いあいだ眠りつづけることができる。これはおそらく、正義の適用される範囲がいうまでもなく近代領域国家であった、社会民主主義の絶頂期にあてはまるだろう。その文脈では、ほとんどの政治的敵対者たちは、分配的正義の義務は同胞市民のあいだでのみ適用されるという、いわずもがなの前提を共有していたのである。ところが今日では、こうした正義の「ウェストファリア的」なフレーム化が争われている。近年、人権活動家や国際的なフェミニストがともに世界貿易機関を批判し、越境的な不正義を明るみに出しているように、そのフレームは闘争の賭け金としてふたたび浮かび上がり、いまや異議を申し立てられている。したがって今日では、正義の主張はしだいに競合する地理的尺度で地図化され、たとえば「グローバルな貧者」のための主張が、境界づけられた政体の市民の主張とぶつかるようになっている。このような雑多さは、もうひとつの根本的な難題を提起している。いくつものフレームが正義の対立を組織し、それらを解決するために競合しているとすれば、いかにしてどの正義の尺度が真に正しいと見分けるのか。

このように、天秤と地図の双方をめぐる問題系にとって、今日提起されている難題はじつに根深い。いずれの場合も、正義の秤＝尺度がいくつもあることが、それぞれの難しさを強めている。天秤の場合、その難しさは主張を表明するための競合するイディオムの複数性から生じており、そのことが公平性の通例的なイメージを壊しそうになっている。賛否の対立を思い描きながら、そのイメージは公平な正義を、対抗的だが通約可能な二つの意見をひとつの装置のもとで比較考量することと表現している。そのような表現は、正義の内容についての特異な理解が広く共有されていた冷戦期には説得力があったかもしれない。当時、主要な政治的潮流は、社会正義を分割可能な財の公正な分配と同一視した、一般に経済的な性格の分配的構想のもとに集中していた。そうした見解は、第一世界の社会民主主義、第二世界の共産主義、そして第三世界の開発主義に共有された前提であり、それゆえ対立する要求にある程度の通約可能性を差し出していたのである。支配的な分配主義の想像力は、なにが正しい分配とみなされるべきかをめぐる激しい論争を包囲しながら、道徳の天秤という通例的な表現になんらかの信頼性を付与してきた。すべての当事者が同じことについて論じているのだとすれば、彼らの主張はおそらくひとつの秤にかけられるのだろう。

しかし今日、そうした標準的な天秤のイメージは限界に達している。最近の対立は通約可能な二者択一という単純な二元論の定型を越えており、昨今の正義の主張は、土台となる存在論的な前提を共有しない対抗的な主張ときまってぶつかり合っている。たとえば、経済的再分配を要求する運動は、経済の現状を擁護しようとする人々だけでなく、集団の特殊性の承認を求める運動とも、また新しい政治的代表の仕組みを求める運動ともしばしば衝突している。このような場合、問題はたんに再分配に賛成か反対かでもなければ、どれだけ多くあるいは少なく再分配するかでもない。正義を主張する人々が内容について対立する見解をもっているところでは、それとは別の問題も争点となっているのだ。再分配か、承認か、それとも代表か。その結果、通例的な公平性の観念は首尾一貫しないのではないかという疑念がもたらされる。今日議論されているのは対立する主張だけでなく、主張を評価するための対立する基準を内包した、対立する存在論でもある。したがって、いま忍び寄っているのは、不公平性の脅威だけでなく、通約不可能性という亡霊でもある。内容的に雑多な主張が、本当にひとつの天秤で公正にはかられるのか。それができないとすれば、公平性という理念にはなにが残されるのか。

これらの条件のもとでは、公平性の問題系は平常どおりにはとらえられない。むしろ、通約不可能性の脅威に立ち向かい、できるならそれを追い払うためには、その問題系は根本的にとらえられなければならない。今日、正義を理論化しようとする人々は、天秤のイメージの通例的な解釈を断念し、こう問わなければならない。それぞれ自前の秤を実際に装備した、正義の内容をめぐって敵対する構想が衝突していうとすれば、いかにしてどの天秤を所与のケースで使うのかを決定すべきなのか。雑多な主張が公正に評価されることを保証するために、公平性の理念をどのように再構築することができるのか。

第二の地図作成的なイメージの場合も、正義の尺度がいくつもあることが、今日の難しさの重みを表わしている。ここでの困難は正義の境界をめぐって対立するフレーム化の複数性から生じており、そのことがウェストファリア的な政治空間の地図化を不自然なものとしている。そうした測定基準は長いあいだ支配的で、政治共同体を、鋭い線分によって画定され、並列的に配置された、地理的に境界づけられた単位として表現してきた。ウェストファリア的な政治的想像力は、そのような政体をそれぞれ自立した国家とみなしながら、その国家に領土にたいする排他的で分割されざる主権を付与し、その「内政」への「外国の干渉」を禁止し、その上位にある超国家的な権力への服従を防いできた。さらに、こうした見解は、二つの質的に異なる政治的空間のあいだに鋭い区分も立ててきた。「国内」空間は法と正義の義務に従う、社会契約の平穏な市民的領域として想像されるが、「国際」空間はいかなる正義の拘束力もない自然状態、戦略的交渉と国家理性の戦闘的な領域として思い描かれてきた。したがって、ウェストファリア的な想像力では、正義の主体は領域化された市民からなる同胞成員でしかありえなかった。たしかに、このような政治空間の地図化は、完全に実現されたわけではなかった。国際法は国家間の関係をある程度飼いならし、超大国のヘゲモニーや近代帝国主義は、対等な主権国家からなる国際システムという理念を裏切ってきた。けれども、この想像力は強力な影響を及ぼし、植民地化された民族の独立構想を方向づけてきた。彼らのほとんどはウェストファリア的な自立した国家を切望していたのである。

しかし今日、ウェストファリア的な政治空間の地図化はその支配力を失いつつある。たしかに、多岐にわたる人権レジーム、たがいに連鎖するグローバルな統治のネットワークをみれば、排他的で分割されざる国家主権という想定は、もはや説得力のあるものではない。同じように、国境横断的な社会運動、政府間組織、国際的な非政府組織など、新しい領域横断的な非国家主体によって実践されている、新しい「混交的」な形式の政治をみれば、国内空間と国際空間の鋭い区分という観念にも疑問の余地はある。また、地球温暖化や遺伝子組み換え農業といった明らかに領域横断的な問題をみても、領域性を正義の責務が割り当てられる唯一の基礎とみなす見解は疑わしい。これらの問題は、正義の境界を拡大し、潜在的に影響されるすべての人々を内包する、機能的に定義された「リスクの共同体」という観点から思考するよう広く訴えている。したがって、国境横断的な不公正と闘う活動家たちが、正義は領域的に、同胞市民間の国内的関係としてしか想像されないという見解を拒否するのも当然である。「だれが対象となるのか」についてのポストウェストファリア的な見解を示しながら、彼らはウェストファリア的フレームを公然と批判しているのである。

　結局のところ、フレーム化の問題系は、理論的にも実際的にも自明ではなくなった。政治空間の地図化が闘争の対象となっているかぎり、今日正義に関心をもつ人々は、こう問わざるをえない。正義の境界をめぐって敵対する見解がぶつかり合っているとすれば、だれの利益を対象とするのかをいかにして決めるべきなのか。社会的対立について競合するフレーム化に直面したとき、どの政治空間の地図化が正しいのかをいかにして決定すべきなのか。

　総じていえば、正義の秤＝尺度をめぐる二つのイメージは、今日その標準的な理解では手に負えない難題をはらんでいる。天秤の場合、難題は正義の「なに」をめぐって競合する見解から生じている。再分配か、承認か、それとも代表か。地図の場合、困難は「だれ」をめぐって対立するフレーム化から生じている。領域化された市民か、グローバルな人類か、それとも国境横断的なリスクの共同体か。つまり、天秤をめぐる問題系でおもに争われているのは、なにが正義の本当の課題とみなされるのかということである。他方、地図をめぐる問題系で論じられているのは、だれが正義の本当の主体とみなされるのかということである。

本書の目的は、これら二つの難題に答えることである。各章はもともと独立した論文、講演、インタヴューとして準備されたものだが、それぞれ「なに」と「だれ」にかかわる現在の難問に取り組んでいる。全体として読めば、これらはそうした問いについての独自の分析と解答を提示している。天秤をめぐる問題系に取り組むときは、再分配、承認、代表を内包した、正義の「なに」についての三次元的な説明を詳述している。地図をめぐる問題系に取り組むときは、正義の「だれ」を明らかにすることを目的とした、フレーム化の批判理論を提案している。つまり、ポストウェストファリア的な世界では、だれが、なにに関して対象とみなされるべきか、ということが一貫して考察されているのだ。詳しく説明しておこう。

第2章「グローバル化する世界で正義を再フレーム化すること」は、今日のグローバリゼーションをめぐる闘争を明らかにすることを目的としている。正義の「なに」についてのこれまでの自説を修正しながら、私はすでに提起した経済的および文化的次元に加えて、第三の政治的次元を導入している。再分配や承認とは分析的に異なり、代表は「通常政治的不正義」を説明するのにいくぶん役立つ。これは歪められた決定ルールが、すでに成員とみなされた一部の人々の政治的な発言権を傷つけ、社会的相互行為に同輩として参加する彼らの能力を損なうとき、内的に、境界づけられた政治共同体のなかで生じる不正義である。こうした修正は正義の「なに」についての理解を豊かにし、また経済構造や地位秩序とは別に、社会の政治的構成に起因する不公正の相対的自律性をとらえられなかった、これまでの私の理論の欠陥を補っている。

しかし、それだけではない。この第三の次元の追加は「メタ政治的不正義」の説明にも役立っている。これは政治空間の境界づけられた政体への分割が、分配、承認、代表をめぐる第一段階の問いを誤ってフレーム化するように働くとき、いうなれば、実際には国境横断的な不正義であるものを国内問題とみなすことによって生じる不正義である。そうした場合、影響された非市民は不当にも考慮から外されるので、正義の「だれ」はそれ自体不正に定義されている。たとえば、グローバルな貧者の主張が弱小国家あるいは破綻国家の内政領域にそらされ、国外にある彼らの収奪の源泉に向かうのを妨げられる場合がそうである。したがって、こうした特別な、メタ政治的な種類の誤った代表を、誤ったフレーム化と呼ぶことにする。誤ったフレーム化は政治空間の地図化を正義の観点から問いただすのを可能にしており、それゆえ批判理論にとって不可欠の概念となるだろう。その観念は「なに」についての拡大した理解から導き出されながら、「だれ」をめぐる批判を可能にするのである。そこで、この章では天秤と地図の両方を交えながら、正義の秤＝尺度の二つのイメージのあいだに概念的なつながりを導き出すことにする。

第3章では、そうしたつながりを詳細かつ綿密に説明する。とはいえ、ここでの焦点は社会的現実から政治哲学へと移行する。というのも、最近の正義の理論化には「平等主義の二つのドグマ」がみられるからである。第一のドグマは、ウェストファリア的な「だれ」についての検証されざる前提である。先行する時代に深く浸透し、「なに」をめぐる活発な論争にも潜伏していた領域的な国民国家が、正義の適用される唯一の単位であるという前提は、哲学者たちが正義の境界を公然と争うようになるにつれて、もはや自明の理ではなくなった。今日では、ジョン・ロールズの『万民の法』によって引き起こされた激しい論戦のなかで、だれが正義の主体とみなされるのかという問いが、当然のように受け入れられているのだ。しかし、祝福するにはまだ早いだろう。私はこれらの論争を分析しながら、第一のドグマの凋落にもかかわらず(あるいはたぶんそれゆえに)、しっかりと守られ、おそらくは強められてもいる、平等主義の第二のドグマを明らかにしている。

第二のドグマは、いかにして「だれ」を決定すべきなのかにかかわる、語られざる方法論上の前提である。コスモポリタン、国際主義者、リベラル・ナショナリストは「だれ」については激しく対立しているが、正義のフレーム化をめぐる論争は科学的に、技術的な方法で解決されうるし、そうされるべきだということについては暗黙のうちに同意している。そうした見解は、つぎのような共通の想定から導き出されている。人間集団を正義の同胞主体に変えるのは、よき生を生きる相対的なチャンスを決定する、同じ「基礎構造」での重なり合いである。そのような構造をある者は境界づけられた政体と結びつけ、ほかの者はグローバル経済の統治メカニズムとみなしているが、たいていどちらも問題を解決するのに社会科学を、どの構造が「基礎的」なのかは実際それによってわかるかのようにあてにしている。したがって、平等主義の第二のドグマはここにある。それは通常の社会科学が正義の「だれ」を決定しうるという、暗黙の、論じられざる想定である。この章では、そうした前提を却下する。第二のドグマを克服するために、私はフレーム化についての論争を政治的な問題として扱い、それを国境横断的な規模の民主的な討論と制度的な意思決定によって解決する「批判的＝民主的」な代案を詳しく説明する。国境横断的な「メタ民主主義」を願う私の議論は、「なに」と「だれ」を超えた、正義の第三の媒介変数を明らかにするのにも役立っている。結論をいえば、「いかに」にたいする防御可能なアプローチがなければ、天秤と地図をめぐる問題はけっして満足のいくようには解決されないのである。

第4章では、それまでの思索を「変則的正義」に関する綱領的な省察にまとめる。リチャード・ローティにならって、私はほとんどの政治理論家が「通常的言説」のモデルにもとづいて、正義をめぐる対立を暗黙のうちに理解してきたことを指摘する。適切な正義の主張がどのようなものかについての深刻な不一致は存在しないと想定しながら、彼らは正義の文法が相対的に安定した文脈のなかで、論争を解決しうる規範的な原則を詳しく説明しようとしてきた。ほかの時代なら有効だったかもしれないが、正義の対立がしばしば「変則的言説」の様相を帯びている現代には、そうしたアプローチは明らかに不適当である。「なに」、「だれ」、「いかに」についての共有された理解がないとすれば、通常的正義をめぐる第一段階の問いだけでなく、正義の文法それ自体も混乱しているはずである。したがって、今日必要とされているのは、第一段階の正義の対立が高次の不一致と交錯する「変則的正義」の問題を解明することを目的とした、異なる種類の政治理論化である。この章では、そのような理論を描き出している。私が試みているのは、変則性を祝福したり、性急に「新しい通常」を立てたりすることではなく、変則的正義の肯定的および否定的な側面を調停することである。すなわち、非分配的な不公正や越境的な不正義のような、これまで見過ごされてきた危害についての拡大した論争の価値を認めながら、その一方で、正義の主張が公正に評価される安定したフレームワークも、それが実効的に是正される正統な機関もないために、不正義を克服するための能力が低下しているのを跡づけることである。

第5章では、そのようなプロジェクトを推進しうる公共圏理論の能力を検討する。変則的な時代の民主主義を再想像しようと試みながら、私はこう問いかけている。包摂的で制限されない政治的コミュニケーションという理念は、公衆がもはや領域的な市民とは一致せず、経済がもはや国民的なものではなく、国家がもはや多くの問題を解決する必要かつ十分な能力をもたない現代において、いまなお批判的で解放的な役割を果たしうるのか。ここで疑いが生じるとすれば、それは公共圏理論の批判的な力がつねに二重の理想化仮説、つまり世論は規範的に正統で、政治的に実効的であるべきだという仮説に依拠してきたからである。たとえ反事実的だったとしても、ウェストファリア的レンズをとおして見れば、これら二つの理想はおそらくかなり明白であった。正統性は同胞市民が自分たちの政体のなかでの世論形成に同輩として参加しうることを要求し、実効性は国民的な世論が国家権力を市民の統制に従わせられるほど強いことを要求していたのである。しかし今日、事態はこれほど明白ではない。政治的同輩という共有された地位を享受する同胞市民間のコミュニケーションを演出するわけでも、それを対話者の意志を履行し、彼らの問題を解決しうる主権国家に向かわせるわけでもない、国境横断的な公共圏で形成される世論の正統性と実効性について語ることは、なにを意味しているのか。「公共圏の国境を横断すること」では、この尊ぶべき概念の批判的潜勢力を救い出すことのできる解答を探求する。私はユルゲン・ハーバーマスの理論だけでなく、自分自身の初期の「公共圏を再考する」試みにも言外に示されていたウェストファリア的な前提を明るみに出しながら、正統かつ実効的な公共性という理念を現在の条件に適したかたちで再構築することを提案している。この章はネオリベラルな時代の現存する民主主義体制についての批判であるが、ポストウェストファリア的な世界のための政治空間を再想像する試みにもなっている。

第6章では、これまで展開した概念を用いて、フェミニズム運動の軌跡について考察する。正義の「なに」をめぐるジェンダー志向的な理解の数十年にわたる変化に光をあてながら、私は第二波フェミニズムの歴史を三つの局面に区分している。第一の局面では、フェミニストたちは、ほかの新左翼の民主化勢力とともに、ほとんど階級間の再分配に限定された社会民主主義の想像力を根本的に問いなおした。第二の局面では、ユートピア的な活力が衰えるにつれて、フェミニストたちは差異の承認要求を前面に押し出す「ポスト社会主義的」想像力に引きつけられていった。今日、新しく生まれつつある第三の局面では、国境横断的な文脈のなかで活動しているフェミニストたちが、領域的境界を流れ出る、新しいジェンダー意識にもとづいた政治的代表をつくりだしている。「フェミニズムの想像力を地図化すること」では、こうした歴史を再構成しながら、再分配や承認を代表と統合する、新しい「ポストウェストファリア的」フェミニズムの想像力の輪郭を明らかにする。

つぎの二つの章は、ここで分析している政治空間の変化という観点から、二〇世紀の大思想家たちを再考したものである。第7章では、「グローバリゼーションの影のもとで」ミシェル・フーコーを再読する。「規律訓練からフレキシビリゼーションへ？」は現在の視点から書かれているが、『監獄の誕生』のようなフーコーの中期の大作を、フォーディズムの時代の社会規制についての、一面的ながらも卓越した説明として解釈している。これらの著作は一九六〇年代から一九七〇年代にさかのぼり、規律訓練の社会の歴史が終わろうとする瞬間に、その政治的論理をミネルヴァの梟のように跡づけている。そのころ、ケインズ的社会民主主義は、国家的にフレーム化されたノーマライゼーション〔規格化〕が国境横断的にフレーム化されるフレキシビリゼーション〔柔軟化〕に置き換えられる、新しいポストフォーディズム的体制に変異しようと準備していたのだ。この章では、この新しいネオリベラルな体制の輪郭を描いたあとで、今日に特有のポスト規律訓練的な様式の統治性についての、擬似フーコー的な説明を展開しうる可能性を熟考する。そうした試みは、前世紀のもっとも独創的で重要な思想家のひとりにふさわしい賛辞となるにちがいない。

ハンナ・アレントもまた、明らかに、そのような思想家のひとりである。第8章では、彼女特有の政治理論化の様式を再考し、それを現代に応用するための方法を構想する。「グローバリゼーションにおける人類の脅威」は、アレントを二〇世紀なかばの破局についての最大の理論家と位置づけながら、彼女のアプローチが二一世紀の人類に忍び寄る脅威をどこまで解明しうるのかを詳しく考察している。一方で、私は九・一一と米国の痛ましい対応の時代的な意味を解明するのに、アレント的な主題にはかなりの力があるとみている。その一方で、現在の危機を理論化しているポール・バーマン、ジョン・グレイ、マイケル・ハートとアントニオ・ネグリの、擬似アレント的だが根本的に欠陥のある試みを批判している。そして最後に、彼らの誤りを他山の石としながら、彼女の遺産を領有するためのもうひとつの方法を描くことにする。彼女自身は想像しえなかったかもしれないが、今日われわれが立ち向かわざるをえない人間性を否定する様式は、それによって明らかにされるだろう。

第9章では、本書の中心的な主題を繰り返す。初出となった『理論・文化・社会』でのインタヴューにおいて、私はケイト・ナッシュとヴィッキ・ベルとともに、「フレーム化の政治」をめぐる広範囲にわたる議論を行なった。彼女らの鋭い質問に刺激されながら、私は正義に関する自分の思想を、一方では現在の状況についての診断に、他方では批判理論家の役割についての見解に関連づけている。また、代表への転回を昨今のグローバリゼーションをめぐる闘争と対置することで、国境横断的な連帯、民主的なフレーム設定、そして解放的な社会変革のプロジェクトのための見通しも探究している。このインタヴューでは、天秤と地図の両方に取り組みながら、正義の秤＝尺度についての個人的および概念的な省察のいくつかを提示している。

本書は全体として以上のような問題関心に貫かれているが、たいてい対立的とみなされる、いくつもの伝統との遭遇をつうじて形成される批判理論化の手法によっても貫かれている。私は分析的政治哲学とヨーロッパ型の批判理論の両方から影響を受けており、「当為」にかかわる規範理論化と「存在」をとらえる時代診断を関連づけたいと一貫して願っている。また、構造的＝制度的批判と言語論的転回の両方にも関与しており、歴史的に形成された社会的権力の複合体の批判を、政治的な権利要求の文化と言語の批判に結びつけようともしている。最後に、私は闘技的なポスト構造主義の理論化とハーバーマスの討議倫理の両方に触発されており、支配的な理解が崩れ、隠された不正義があらわになる問題発見の局面への関心を、新しい理解が闘争と議論をつうじて形成され、不正義を是正しようとする公的な試みを活気づける問題解決の局面への関心と結合することを一貫して目的としている。これらのアプローチはどれも単独ではここで提起した問題に対処することができないと確信しているので、私はそれぞれの長所をより包容力のある批判理論化のもとで統合しようと試みている。願わくは、このような理論化が秤＝尺度の問題を明らかにし、またグローバル化する世界で正義の理想を推し進めるのにも役立たんことを。

第2章　グローバル化する世界で正義を再フレーム化すること

　グローバリゼーションは正義の論じ方を変えつつある。ほんの最近まで、社会民主主義の絶頂期には、正義をめぐる論争は「ケインズ的＝ウェストファリア的フレーム」というべきものを想定していた。正義に関する議論は、たいてい近代領域国家のなかで行なわれていたので、同胞市民間の関係にかかわり、国民的な公衆内部での討論に従い、国民国家による是正を期待するものとみなされていた。これは二つの主要な正義要求の家系、すなわち、社会経済的な再分配の主張と法的あるいは文化的な承認の主張のいずれにもあてはまることだった。ブレトンウッズ的な国際資本の統制システムがケインズ的な国家レヴェルの経済の舵取りを容易にしていたころ、再分配の主張はふつう領域国家内での経済的不公正に焦点を合わせていた。その要求者は国民世論に国家のパイの公平な分配を訴えながら、国民国家の国民経済への介入を要請してきたのである。同様に、「国内」空間と「国際」空間を明確に区別するウェストファリア的な政治的想像力にいまだ捕らわれていた時代には、承認の主張はたいてい内部の地位のヒエラルヒーを問題としていた。その要求者は国民の良心に国家的に制度化された侮辱の廃絶を訴えながら、国家政府に差別を非合法化し、市民間の差異を調停するよう圧力をかけてきたのである。いずれの場合も、ケインズ的＝ウェストファリア的フレームが当然視されていた。問題とされるのが再分配であれ承認であれ、つまり階級間の格差であれ地位のヒエラルヒーであれ、正義が適用される単位は、いうまでもなく近代領域国家であった(1)。

たしかに、例外はつねにあった。ときおり、飢饉やジェノサイドが国境を越えた世論を喚起した。そして、一部のコスモポリタンや反帝国主義者がグローバリズム的な見解を広めようと試みていた(2)。しかし、これらは規則を証明する例外であった。それらは「国際的なもの」の領域に委ねられることで、おもに安全保障や人道的支援の問題に焦点をあてた、正義とはまったく別の問題系に組み込まれていたのである。その結果、ケインズ的＝ウェストファリア的フレームは、異議を申し立てられるどころか、むしろ補強されることになった。その正義をめぐる論争のフレーム化は、第二次世界大戦の終結から一九七〇年代まで、広く自然に行き渡っていたのである。

当時はまだ意識されなかったが、ケインズ的＝ウェストファリア的フレームは社会正義をめぐる議論を特異なかたちで組み立てていた。当然のように近代領域国家を適正な単位とみなし、その市民を適格な主体とみなしながら、そうした議論はこれらの市民がたがいに負うものにほかならぬ関心を向けてきた。ある者の見方によれば、市民が法のもとで形式的に平等であれば十分であった。ほかの者にとっては、機会の平等も必要とされた。さらにほかの者にとっては、正義はすべての市民が政治共同体の正規の成員として、他者と同等に参加するのに必要な資源と尊重を入手することを要求するものであった。いいかえれば、その議論の焦点は、社会の内部では、いったいなにが社会関係の正しい秩序化とみなされるべきなのかにあった。論争者は正義の「なに」を論じることに没頭し、「だれ」を論じる必要をまったく感じていなかった。ケインズ的＝ウェストファリア的フレームが安定しているかぎり、その「だれ」はいうまでもなく国民であった。

しかし今日、ケインズ的＝ウェストファリア的フレームは、自明性のアウラを失いつつある。グローバリゼーションをめぐる意識の高まり、ポスト冷戦期の地政学的な混乱のために、多くの人々は自らの生を形成する社会的プロセスが、領域的な境界線を日常的に流出しているのに気づいている。たとえば、彼らはある領域国家でとられた決定が、多国籍企業、国際的なマネー投機家、巨大な機関投資家の行為のように、しばしばその外部の人々の生に影響を及ぼしていることに注目している。また、多くの人々は政府、非政府を問わない超国家的および国際的な機関の台頭、グローバルなマスメディアやサイバーテクノロジーをつうじた境界線をものともしない国境横断的な世論の台頭にも注目している。その結果、国境横断的な勢力にたいする新しい脆弱性の意識が生まれている。地球温暖化、ＨＩＶ＝エイズの拡大、国際テロリズム、超大国の単独行動主義に直面して、多くの人々はよき生を生きるチャンスが、領域国家に含まれるプロセスだけでなく、その境界線を侵犯するプロセスにも少なからず依存していると思うようになっているのだ(3)。

こうした条件のもとでは、ケインズ的＝ウェストファリア的フレームは、もはやいうまでもないことではない。多くの人々にとって、正義の問題を考えるのに近代領域国家が適正な単位であり、そのような国家の市民が適格な主体であるということは、自明の理ではなくなった。したがって、これまでの政治的な権利要求の構造を解体し、社会正義の論じ方も変えなければならなくなった。

このことは二つの主要な正義要求の家系にあてはまる。今日の世界では、再分配の主張はしだいに国民経済という前提を回避している。国境横断的生産、仕事のアウトソーシング、それと関連した「底辺への競争」の圧力に直面して、かつて国民単位でまとまっていた労働組合はしだいに国外での同盟者を探し求めている[4]。他方、サパティスタの運動に触発されて、貧窮した農民や先住民たちは、専制的な地方および国家当局にたいする自らの闘争を、多国籍企業の略奪やグローバルなネオリベラリズムの批判と結びつけている[5]。最後に、反世界貿易機関の抗議者たちは、領域国家の規制と課税の権力を逃れる巨大企業や投資家の能力を大いに高めた、新しいグローバル経済の統治構造を直接標的としている[6]。

同じように、承認を求めて闘う運動も、しだいに領域国家を越え出ようとしている。たとえば「女性の権利は人間の権利」という包括的なスローガンのもと、世界中のフェミニストは、地方の家父長制的慣習にたいする闘争を国際法改正の運動に結びつけている[7]。他方、領域国家内での差別に直面している宗教的および民族的マイノリティは、自らをディアスポラとして再構築し、国際的な世論を動員しうる国境横断的な公衆を形成している[8]。最後に、人権活動家たちの国境横断的な連合は、国家による人間の尊厳の蹂躙を裁きうる国際刑事裁判所のような、新しいコスモポリタン的な制度を建設しようと試みている[9]。

このような場合、正義をめぐる論争はケインズ的＝ウェストファリア的フレームを解体しつつある。正義の主張は国民国家だけに向けられることも、国民的な公衆だけで論じられることもないので、もはや同胞市民のあいだの関係にのみ焦点をあてるわけにはいかない。かくして、議論の文法は変わった。その争点が分配であれ承認であれ、なにが共同体の成員に正義の問題として課されるのかという問いにもっぱら焦点をあててきた論争は、いまや、だれが成員とみなされるべきか、どれが関連する共同体なのかをめぐる論争に急旋回しつつある。「なに」だけでなく「だれ」もまた、すっかり混乱しているのである。

いいかえれば、今日の正義をめぐる議論は二重の様相を呈している。一方で、それは以前とまったく同じように、内容についての第一段階の問いにかかわっている。正義はどの程度の経済的不平等なら認めるのか、どの程度の再分配が必要とされるのか、また従うべき分配的正義の基準はどれか。なにが平等な尊重を構成するのか、いかなる種類の差異が公的承認に値するのか、またどのように承認するのか。しかし、こうした第一段階の問い以上に、今日の正義をめぐる議論は第二段階の、メタ・レヴェルの問いにもかかわっている。第一段階の正義の問いを思考するのに適切なフレームとはいかなるものか。所与のケースで、正しい分配ないしは相互的な承認の資格をもつにふさわしい主体とはだれのことか。つまり、正義の内容だけでなく、そのフレームもまた争われているのだ。

かくして、われわれの社会正義の理論は大きな難題を突きつけられる。これらの理論は分配そして／あるいは承認をめぐる第一段階の問いにほとんど終始していたので、フレームというメタ争点について考察するための概念的資源をこれまで開発してこなかった。したがって、現状のままでは、それらがグローバル化する時代の正義の問題の二重性を扱うことができないのは明白である(10)。

本章では、こうしたフレームの問題について思考するための戦略を提案する。まず、正義の理論は三次元的なもの、すなわち、分配という経済的な次元と承認という文化的な次元に加えて、代表という政治的次元を組み込んだものにならなければならないということを論じる。また、代表という政治的次元それ自体が、三つの水準を内包するものと理解されるべきであるということも論じる。これら二つの議論を組み合わせることで、第三の問いが明らかになるだろう。それは「なに」と「だれ」の問いを越えた、「いかに」の問いと呼ぶべきものである。その問いはパラダイム転換もまた開始する。ケインズ的＝ウェストファリア的フレームが社会正義の理論とみなしたものは、いまやポストウェストファリア的な民主的正義の理論にならなければならないのである。

正義の三次元的理論のために——政治的なものの特殊性をめぐって

まず、正義一般とその特殊政治的な次元の内容から説明しよう。私見によれば、正義のもっとも一般的な意味は参加の同等性である。この平等な道徳的価値という原理についてのラディカルな民主主義的解釈に従えば、正義は万人が同輩として社会生活に参加しうる社会的配置を必要とする。不正義を克服することは、一部の人々が社会的相互作用の正規のパートナーとして他者と同等に参加するのを妨げる、制度化された障害を除去することである。以前、私は二つの異なる種類の不正義に対応する、参加の同等性をめぐる二つの異なる種類の障害について分析した[11]。一方で、人々は同輩として他者と相互行為するのに必要な資源を拒否する経済構造によって完全な参加を妨げられることがある。その場合、彼らは分配的不正義すなわち悪しき分配を被っている。他方で、人々は必要とされる名声を拒否する文化的価値の制度化されたヒエラルヒーによって、同等性の条件のもとで相互行為するのを妨げられることもある。その場合、彼らは地位の不平等すなわち誤った承認を被っている[12]。第一の場合の問題は社会の階級構造であり、それは経済的次元の正義に対応する。第二の場合の問題は地位秩序であり、それは文化的次元の正義に対応する。現代の資本主義社会では、階級構造と地位秩序は因果的に相互作用しているが、たがいにきちんと反映し合っているわけではない。むしろ、それぞれが他方にたいしてある程度の自律性をもっている。それゆえ、一部の経済主義的な分配的正義の理論がおそらく想定しているように、誤った承認が悪しき分配の副次的効果に還元されることはありえない。逆に、一部の文化主義的な承認の理論が仮定しがちなように、悪しき分配が誤った承認の付随現象的な表現に還元されることもありえない。つまり、承認の理論であれ分配の理論であれ、それだけでは資本主義社会に正義の適切な理解を差し向けることはできない。分配と承認の両方を内包する二次元的な理論のみが、社会理論的な複雑性と道徳哲学的な洞察に必要とされる水準を満たしうるのである[13]。

少なくとも、私はかつてこうした正義の見解に立っていた。そして、このような正義の二次元的な理解は、それが通用するかぎり、いまも正しいと思っている。しかし、今日では、それだけでは不十分だと考えている。分配と承認だけが正義の次元を構成するとみられたのは、ケインズ的゠ウェストファリア的フレームが自明視されていたかぎりのことであった。したがって、そのフレームをめぐる問いが議論されるようになると、私の以前の研究でも、ほかの多くの哲学者の研究でも見過ごされていた、正義の第三の次元が浮かび上がるようになった[14]。

この正義の第三の次元は政治的なものである。もちろん、分配や承認も、論争的で権力を負荷されているという意味では、それ自体政治的である。また、それらはたいてい国家による裁定を必要とするともみられてきた。しかし、政治的ということばにはもっと特殊な、構成的な意味があり、論争を組み立てる国家の管轄領域や決定ルールにもかかわっている。この意味での政治的なものは、分配や承認をめぐる闘争が演じられる舞台をしつらえる。社会的帰属の基準を確立し、だれが成員とみなされるのかを決定しながら、政治的次元の正義は、そのほかの次元の及ぶ範囲を指定する。それは、だれが正しい分配や相互的な承認の資格をもつ人々の集まりに包摂され、だれがそこから排除されるのかを命じるのである。同様に、この政治的次元は決定ルールを確立することで、経済的および文化的な次元の争いの舞台を設け、それらを解決するための手続きも規定する。それは、だれが再分配や承認を要求しうるのかだけでなく、そのような主張がどのように議題にのせられ、裁定されるべきなのかも命じるのである。

政治的次元の正義は成員資格と手続きの問題に集中しており、それゆえもっぱら代表に関係している。政治的なものの境界設定の側面にかかわる水準では、代表は社会的帰属をめぐる問題となる。ここで争点とされるのは、たがいに正義の主張を行なう資格をもった人々の共同体への包摂、あるいはそこからの排除である。また、決定ルールの側面にかかわる水準では、代表は公的な論争のプロセスを組み立てる手続きを問題とする。ここで争点とされるのは、政治共同体に包摂された人々が自らの主張を公表し、自らの係争を裁定するための条件である。[15] これら二つの水準では、代表をめぐる利害関係が正しいかどうかについての問いが生じうる。すなわち、政治共同体の境界線は、実際に代表の資格をもっているだれかを不当に排除していないか。また、その共同体の決定ルールはすべての成員に、公的熟議での平等な発言権と公的意思決定での公正な代表を付与しているか。こうした代表をめぐる問題は、とりわけ政治的なものである。これらは経済的および文化的な問いとは概念的に異なり、そうしたものに還元することはできない。もっとも、これから見るように、それらはたがいに分かちがたく絡み合ってはいるのだけれども。

政治的なものが経済的なものにも文化的なものにも還元されない、概念的に異なる次元の正義であるとすれば、それは概念的に異なる種類の不正義をもたらすということもできる。参加の同等性としての正義という見解にもとづくならば、（繰り返していえば）たがいに絡み合っているとはいえ、悪しき分配にも誤った承認にも還元されない、際立って政治的な同等性への障害があるということだ。そのような障害は、階級構造や地位秩序とは対照的に、社会の政治的構成から生じている。それらはとりわけ政治的な様式の社会の秩序化に根ざしており、分配や承認とともに、代表を正義の三つの基本的な次元のひとつとして概念化する理論をつうじてしか適切にはとらえられないだろう。

政治的不正義の二つの水準——通常政治の誤った代表から誤ったフレーム化まで

代表が政治的なものを画定する争点だとすれば、著しく政治的な不正義は誤った代表である。誤った代表が生じるのは、政治的境界線そして／あるいは決定ルールが、不当にも一部の人々から、政治的領域に限らずとも、社会的相互行為に他者と同等に参加する可能性を奪うよう機能するときである。たいてい絡み合っているとはいえ、誤った代表は悪しき分配や誤った承認には還元されず、そうした不正義がないところでも生じうる。

誤った代表は、少なくとも二つの異なる水準で区別される。政治的な決定ルールが包摂された人々の一部から同輩として完全に参加する機会を不当にも奪う場合、そのような不正義を私は通常政治の誤った代表と呼ぶことにする。こうしたフレーム内部での代表が問題とされるところでは、対立する選挙制度の功罪をめぐる政治学ではおなじみの論争が思いつくだろう。小選挙区制の勝者丸取り、比較多数得票のシステムは、不当にも少数派の同等性を奪ってはいないか。そうだとすれば、比例代表制か累積投票法が適切な是正方法なのではないか[16]。同様に、ジェンダーを顧慮しないルールは、ジェンダーにもとづく悪しき分配や誤った承認とともに、女性から政治参加の同等性を奪うよう機能してはいないか[17]。そうだとすれば、ジェンダー・クオータが適切な是正方法なのではないか。これらの問いは、たいていケインズ的＝ウェストファリア的フレームの内部で演じられる通常政治的な正義の領域に属している。

第二の水準の誤った代表は、おそらくこれほど明白ではない。というのも、それは政治的なものの境界設定の側面にかかわっているからである。ここで不正義が生じるのは、共同体の境界線が、正義をめぐる公式の論争に完全に参加する機会から、不当にも一部の人々を排除するように引かれるときである。このような場合、誤った代表はより深刻なものになるのだが、私はそれを誤ったフレーム化と呼ぶことにする。誤ったフレーム化がより深刻な性格をもつのは、フレーム化があらゆる社会正義にとって決定的に重要な役割を果たしているからである。フレーム設定は、取るに足らないどころか、もっとも重大な政治的決定のひとつである。この決定は成員と非成員を一刀両断し、共同体内部で分配、承認、通常政治的な代表の問題で考慮される資格をもった人々の世界から、後者を事実上排除する。その結果、深刻な不正義が生じる。正義の問題が不当にも一部の人々を考慮から締め出すようフレーム化されるとき、所与の政治的共同体で第一段階の正義の要求を迫るチャンスが奪われるという特別な種類のメタ不正義がもたらされるのだ。さらには、ある政治共同体から排除された人々が別のところでは正義の主体として包摂されていたとしても、その政治的区分によっていくつかの関連する正義の側面が彼らの及ばないところに遠ざけられているかぎり、この不正義は存続する。もちろん、それ以上に深刻なのは、いかなる政治共同体の成員資格からも排除された場合である。ハンナ・アレントが「権利をもつ権利」と名づけたものの喪失にも似て、そのような誤ったフレーム化は一種の「政治的な死」である。[18] それに苦しんでいる人々は、慈善や博愛の対象にはなるかもしれない。しかし、彼らは第一段階の主張を申し立てる可能性を剥奪されており、正義に関しては無人称となるのである。

グローバリゼーションが近年明らかにしだしたのは、誤った形式のフレーム化の誤った代表である。それ以前、戦後の福祉国家の絶頂期には、ケインズ的＝ウェストファリア的フレームが安定しており、正義について思考するときの主要な関心は分配であった。その後、新しい社会運動と多文化主義の台頭とともに、その重心は承認へと移動した。いずれの場合も、近代領域国家が自動的に想定されていた。その結果、正義の政治的次元は周辺に追いやられた。たとえ現われたとしても、それは政体内の決定ルールをめぐる通常政治的な論争の形式をとり、その境界線は自明視されていた。それゆえ、ジェンダー・クオータや多文化的権利の要求は、政治共同体にすでに原理的に包摂されている人々のために、参加の同等性の政治的障害を取り除こうとするものであった。[19] それらはケインズ的＝ウェストファリア的フレームを当然視していたので、正義の適正な単位は領域国家であるという前提を疑うことがなかったのである。

ところが今日、グローバリゼーションはフレームの問題を真正面から政治的議題にのせている。ケインズ的＝ウェストファリア的フレームはしだいに論争にさらされ、いまでは多くの人々に不正義の主要な媒体とみなされている。というのも、それは貧しく蔑まれた多くの人々が自分たちを抑圧する勢力に異議を申し立てられないように政治空間を分割しているからである。完全に破綻しないまでも、相対的に無力な国家の国内政治空間に彼らの主張を向かわせながら、このフレームは国外の権力に批判や規制が及ばないようにしている。[20] 正義の手から守られているのは、より強力な略奪者国家であり、外国の投資家や融資者、国際的なマネー投機家、多国籍企業を含む、国境横断的な民間の権力である。また、搾取的な相互行為の条件を定め、それらを民主的な規制から免れさせる、グローバル経済の統治構造も保護されている。[21] 最後に、ケインズ的＝ウェストファリア的フレームは自己防御的である。この国家間システムの建造物は、自らが制度化する政治空間の分割そのものを保護し、正義の問題をめぐる国境横断的な民主的意思決定を事実上排除しているのである。[22]

こうした視座から見れば、ケインズ的＝ウェストファリア的フレームは、貧しく蔑まれた人々を犠牲に、政治空間をいびつに区割り《ゲリマンダリング》する強力な不正義の道具である。国境横断的な第一段階の要求を迫るチャンスを奪われたこれらの人々にとって、悪しき分配と誤った承認にたいする闘争は、誤ったフレーム化にたいする闘争と結びつけられないかぎり、成功はおろか前進することもできない。それゆえ、誤ったフレーム化がグローバル化する時代を定義する不正義とみなされるのも意外なことではない。

このような条件のもと、誤ったフレーム化についての意識が高まるなか、正義の政治的次元を無視することは難しい。グローバリゼーションがフレームの問題を政治化しているかぎり、それはこれまでしばしば軽視されてきた正義の文法の側面も明らかにしている。だれもがフレームの問題を引き受けざるをえない以上、いかなる正義の要求も、暗示的であれ明示的であれ、なんらかの代表の観念を想定せざるをえないのは、もはや明白である。つまり、代表はつねにすでに、あらゆる再分配や承認の要求に内在している。政治的次元は、正義の概念の文法のなかに潜在し、それによって実際に必要とされている。つまり、代表なくしては再分配も承認もないのである[23]。

総じていえば、現代にふさわしい正義論は、三次元的なものでなければならない。それは再分配や承認だけでなく代表も内包しながら、フレームの問題を正義の問題としてとらえられるようにしなければならない。それは経済的、文化的、政治的な次元を組み込みながら、誤ったフレーム化の不正義を突きとめ、可能な是正を見きわめられるようにしなければならない。とりわけ、それは現代の主要な政治問題を提起し、それに答えられるようにしなければならない。悪しき分配、誤った承認、誤ったフレーム化にたいする闘争は、いかにしてポストウェストファリア的フレームのなかで統合されうるのか。

フレーム化の政治について——国家の領域性から社会的影響性へ?

ここまでは、正義の三つの基本的次元のひとつである政治的なものの還元不可能な特殊性について論じてきた。そして、政治的不正義の二つの異なる水準、つまり通常政治の誤った代表と誤ったフレーム化を確認してきた。つぎに、グローバル化する世界でのフレーム化の政治について検証することにしたい。そこで、ここでは肯定的および変革的アプローチを区別しながら、代表をめぐる適切な政治が第三の水準にも言及しなければならないことを論じるつもりである。そのような政治は一方で通常政治の誤った代表、他方で誤ったフレーム化を議論するにとどまらず、フレーム設定のプロセスを民主化することも目的としなければならない。

まず、「フレーム化の政治」が意味するものから説明しよう。この政治は成員と非成員の区別が立てられる第二の水準に位置し、政治的なものの境界設定の側面にかかわっている。フレーム化の政治はだれが正義の主体とみなされるのか、なにが適正なフレームなのかという問いに焦点をあてながら、政治空間の権威的な区分を確立し、強化するとともに、それに異論を唱え、修正する試みから成り立っている。ここには、不利な人々が正義の主張によって抑圧者と対決するのを妨げている障害の撤去を目的とした、誤ったフレーム化にたいする闘争も含まれる。フレーム化の政治はフレームの設定と異議申し立てに集中し、「だれ」という問いに関連づけられている。

フレーム化の政治は二つの異なる形式をとり、そのいずれもがグローバル化する世界ではすでに実践されている[24]。私が肯定的なフレーム化の政治と呼んでいる第一のアプローチは、ウェストファリア的なフレーム設定の文法を受け入れながら、現存するフレームに異論を唱えるものである。この政治では、誤ったフレーム化の不正義を受けていると主張する人々は、現存する領域国家の境界線を引きなおすか、ある場合には新しいものをつくりだそうと試みている。しかし、彼らはいまも領域国家が正義をめぐる論争を提起し解決するための適正な単位であると想定している。したがって、彼らにとっては、誤ったフレーム化の不正義は、ウェストファリア的な秩序が政治空間を分割している一般原則とは無関係である。むしろ、それらはこの原則が誤って適用された結果として生じたものなのである。このように、肯定型のフレーム化の政治を実践する人々は、国家の領域性という原則が、正義の「だれ」を構成する適切な基礎であると認めている。いいかえれば、所与の個人の集合体を正義の同胞主体に変えるのは、近代国家の領土での共同の定住そして／あるいはそうした国家に対応する政治共同体において共有される成員資格であるということに、彼らは同意している。つまり、肯定的なフレーム化の政治を実践する人々は、ウェストファリア的な秩序の基本文法に異議を申し立てるどころか、その国家領域的な原則を受け入れているのである(25)。

しかし、私が変革的アプローチと呼んでいる第二のフレーム化の政治では、まさにそうした原則が争われている。このアプローチを提唱する人々にとって、国家領域的な原則は、いかなる場合も、正義の「だれ」を決定するための適切な基礎とはなりえない。もちろん、彼らもその原則が多くの目的にとってはいまだに妥当することを認めている。つまり、変革を支持する人々は国家の領域性を完全に排除しようと提案しているわけではないのだ。しかし、彼らはその文法ではグローバル化する世界の、したがって性格上領域的ではない多くの不正義の構造的原因がはっきりしないと主張している。たとえば、だれが仕事にありつけ、だれがありつけないのかを決定するは、金融市場であり、「オフショア工場」であり、投資レジームであり、グローバル経済の統治構造である。また、だれがコミュニケーション的権力の回路に包摂され、だれがそこから排除されるのかを決定するのは、グローバル・メディアやサイバーテクノロジーの情報ネットワークである。そして、だれが長生きし、だれが若死にするのかを決定するのは、気候、疾病、薬物、兵器、バイオテクノロジーをめぐる生政治である。これらの、あまりにも人間の幸福の根本にかかわる問題において、不正義を行なう勢力は「場所の空間」ではなく「フローの空間」に属している。[26] それらはいかなる現実の、あるいは想像上の領域国家の管轄下にも置かれないので、国家領域的な原則の観点からフレーム化された正義の主張に応じられるようにはなっていない。いうなれば、これらの事例では、国家領域的な原則に依拠してフレームを決定すること自体が、不正義を犯すことである。領域的な線分に沿って政治空間を分割することで、この原則は超領域的そして非領域的な権力を正義の手から遠ざけている。それゆえ、グローバル化する世界では、それは誤ったフレーム化の是正というよりも、その強制か存続の道具として役立っているようである。

ポストウェストファリア的フレーム化

総じていえば、変革型のフレーム化の政治は、グローバル化する世界においてフレーム設定の深い文法を変えることを目的としている。このアプローチはウェストファリア的な秩序の国家領域的な原則を、ひとつないしはそれ以上のポストウェストファリア的な原則に置き換えようと試みている。その目的は正義の「だれ」の境界線だけでなく、それらの構成の様式、つまりそれらが引かれる方法を変えることによって、誤ったフレーム化の不正義を克服することである。それはポスト領域的な様式の政治的差異化を確立することである。[27]

ポストウェストファリア的な様式のフレーム設定は、どのようなものになりうるのか。むろん、明白な見解をもつには時期尚早である。けれども、当面もっとも見込みのある候補は「被害者限定原則」である。この原則は、所与の社会構造か社会制度によって影響される人々だけが、それに関して正義の主体としての道徳的地位をもつというものである。この見方によれば、ある人間集団を正義の同胞主体に変えるのは、地理的な近接性ではなく、人々の社会的相互行為の基準となるルールを設定し、それによってひとりひとりの生の可能性を利益と不利益のパターンに従って形成する、共通の構造的ないしは制度的なフレームワークでの重なり合いである(28)。

最近まで、この被害者限定原則は、たいてい国家領域的な原則と合致すると思われていた。ウェストファリア的な世界像に合わせて利益と不利益のパターンを決定する共通のフレームワークは、まさに近代領域国家の構成的秩序であるとみなされていたのだ。その結果、国家領域的な原則を適用すれば、同時に被害者限定原則の規範力もとらえられると思われていた。実際には、植民地主義や新植民地主義の長い歴史が証明しているように、厳密にそうだったわけではない。しかし、宗主国の視座から見れば、国家の領域性と社会的影響性の融合は解放の推進力をもつと思われていた。というのも、それは領土に居住するが現行の市民資格からは排除されている下層の階級や地位集団を、正義の主体として漸次的に編入するのを正当化するのに役立っていたからである。

しかし今日では、国家の領域性が社会的影響性の代理として機能しうるという観念は、もはや説得力をもたない。現在の条件のもとでは、よき生を生きるチャンスは自分が居住する領域国家の内的な政治的構成に完全に依存しているわけではない。領域国家がいまも妥当することは否定しがたいが、その効果は少なくとも同じくらい重大な影響力をもつ、ほかの超領域的および非領域的な構造によって媒介されている。総じていえば、グローバリゼーションは国家の領域性と社会的影響性の懸隔を押し広げているのである。これら二つの原則が分岐するにつれて、前者が後者の代用としては不十分であることが明らかになってきた。そこで、つぎのような問いが生じる。国家の領域性という迂回路を通らずに、被害者限定原則を正義のフレーム化に直接適用することはできるのか。[29]

これはまさに、変革的な政治の現場にいる人々が企てようとしていることである。悪しき分配と誤った承認の国外要因を動かす梃子を求めて、一部のグローバリゼーション活動家は被害者限定原則に直接訴えながら、国家領域的な政治空間の分割を迂回しようとしている。ケインズ的＝ウェストファリア的フレームによる排除に抗って、環境保護運動家や先住民は、自らの生を脅かす超領域的および非領域的な権力との関係のなかで、正義の主体としての地位を要求している。影響は国家の領域を超えると主張しながら、彼らは開発問題の活動家、国際的なフェミニストなどと共同して、自分たちに危害を及ぼす構造にたいしては、たとえ場所の空間に位置づけられないものであっても要求を行なう権利を主張している。これらの原告たちは、ウェストファリア的なフレーム設定の文法を捨て去り、被害者限定原則をグローバル化する世界の正義の問題に直接適用しているのである。

メタ政治的正義

このような事例では、変革的なフレーム化の政治が、複数の次元と複数の水準において同時的に進行している。ひとつの水準では、この政治を実践している社会運動は、悪しき分配、誤った承認、そして通常政治の誤ったフレーム化をめぐる第一段階の不正義の是正を目的としている。もうひとつの水準では、これらの運動は正義の「だれ」を構成しなおすことで、メタ・レヴェルの誤ったフレーム化の不正義を是正しようと試みている。さらにいえば、国家領域的な原則が不正義に異議を申し立てるよりも、それを免責するのに役立っている場合には、変革的な社会運動はその代わりに被害者限定原則に訴えている。それらはポストウェストファリア的な原則を呼び出しながら、フレーム設定の文法そのものを変え、それによってグローバル化する世界のための正義のメタ政治的な基礎を再構築しようと試みているのである。

しかし、変革的な政治の主張はさらにつづく。これらの運動は、ほかのいかなる要求よりも、フレーム設定のプロセスにおける発言権を主張している。フレーム設定を国家や国境横断的なエリートの特権とみなす標準的な見解を拒否しながら、それらは正義のフレームワークが作成され、修正されるプロセスを民主化することを事実上目的としている。正義の「だれ」を構成するのに参加する権利を主張しながら、それらは「だれ」を決定するさいの一般的な手続きとされる「いかに」も同時に変革している。したがって、もっとも再帰的かつ野心的なところでは、変革的な運動はフレームに関する議論を受け入れるための、新しい民主的なアリーナの創出を要求している。さらには、いくつかの事例では、そうしたアリーナそのものをつくりだしてもいる。たとえば、世界社会フォーラムでは、変革的な政治の現場にいる人々が、フレームをめぐる論争を公開し解決するのに、他者と同等に参加しうる国境横断的な公共圏を形成してきた。彼らはこのようにして、ポストウェストファリア的な民主的正義の可能性を知らしめつつある[30]。

変革的な政治の民主化の次元は、すでに論じた二つのものを超えた、政治的不正義の第三の水準を指し示している。これまで、私は通常政治の誤った代表という第一段階の不正義と、誤ったフレーム化という第二段階の不正義を区別してきた。しかし、いまでは「いかに」の問いに対応した、第三段階の政治的不正義を識別することもできる。非民主的なフレーム設定のプロセスにみられるように、この不正義は「だれ」にかかわる熟議と決定において、メタ政治的なレヴェルでの参加の同等性を制度化しえなかったことにある。ここで問われているのは第一段階の政治空間が構成されるプロセスなので、この不正義をメタ政治的な誤った代表と呼ぶことにしよう。メタ政治的な誤った代表が生じるのは、国家や国境横断的なエリートがフレーム設定の活動を独占し、そのプロセスで危害を加えられるかもしれない人々の発言権を奪い、彼らの要求が聞き入れられうる民主的なアリーナの創出を妨げるときである。その結果、圧倒的多数の人々は、信頼すべき政治空間の分割を決定するメタ討議への参加から締め出される。多くの人々はそうした参加のための制度的アリーナがなく、非民主的な「いかに」のアプローチに屈しており、同等性の観点から「だれ」をめぐる意思決定に関与するチャンスを奪われているのである。

総じていえば、誤ったフレーム化にたいする闘争は、新しい種類の民主主義の欠陥を明らかにしている。グローバリゼーションが誤ったフレーム化を可視的にしたように、ネオリベラルなグローバリゼーションにたいする変革的な闘争は、メタ政治的な誤った代表という不正義を可視的にしている。これらの闘争は、「だれ」に関する論争が民主的に公開され解決されうる制度の欠如を明るみに出すことで、「いかに」に注意を向けている。そうした制度の不在が不正義を克服する試みを妨げているのを証明することによって、それらは民主主義と正義の深い内的な関連を明らかにしている。その結果、現在の状況の構造的な特質に光があてられる。グローバル化する世界で正義を求める闘争は、メタ政治的な民主主義の闘争と手を結ばないかぎり成功しないだろう。つまり、この水準でも、代表なくしては再分配も承認もないのである。

独白的な理論と民主的な対話

これまで、現在の状況を際立たせているのは、正義の「だれ」と「いかに」の両方にかかわる激しい論争であるということを論じてきた。このような条件のもと、正義論はパラダイム転換を遂げつつある。かつて、ケインズ的゠ウェストファリア的フレームが定まっていたころ、ほとんどの哲学者はその政治的次元を見落としていた。彼らは領域国家を所与のものとして扱いながら、正義の必要条件を理論的に、独白的に突きとめようと努力してきた。したがって、彼らはいくつかの必要条件を決定するにあたって、それらに従うことになる人々の役割を思い描くことがなかった。国家的なフレームによって排除された人々についてはいうまでもないだろう。また、これらの哲学者はフレームの問いについて考察するのを怠り、フレーム化の決定によって自らの運命がまさに決定的に形成される人々が、その作成に参加する資格をもつということを想像することもなかった。彼らは対話的な民主主義の局面の必要性を否認しながら、独白的な社会正義の理論を生産することに満足してきたのだ。

しかし今日、独白的な社会正義の理論はしだいに説得力を失いつつある。これまで見てきたように、グローバリゼーションは「だれ」という問いを政治化したように、「いかに」という問いも問題化せざるをえない。そのプロセスはつぎのように展開する。フレーム設定での発言権を要求する人々の範囲が広がるにつれて、「だれ」に関する決定は専門家やエリートに委ねられる技術的な問題というよりも、むしろ民主的に処理されるべき政治的な問題とみなされるようになる。その結果、議論の責任は移動し、専門家の特権を擁護する人々は自らの論拠を示すよう要請される。彼らはもはや局外者ではなく、「いかに」をめぐる論争に必然的に巻き込まれる。つまり、メタ政治的な民主化の要求に対処しなければならないのである。

これと同じような変化が、昨今、規範哲学でも感じられるようになった。一部の活動家たちがエリートのフレーム設定の特権を民主的な公衆に移そうとしているように、一部の正義の理論家たちは、理論家とデモス〔民衆〕との古典的な分業体制を考えなおすよう提案している。これらの理論家は、もはや正義の必要条件を独白的に突きとめることには満足しておらず、正義の重要な側面を市民自身によって、民主的な熟議をつうじて決定されるべき集合的な意思決定の問題として扱う、対話的なアプローチへとしだいに向かっている。したがって、彼らにとっては、正義論の文法は変成しつつある。かつて「社会正義の理論」と呼ばれたものが、いまでは「民主的正義の理論」として現われているのである[31]。

しかし現状では、民主的正義の理論はまだ不完全である。独白的理論から対話的理論への移行を完成させるためには、対話的転回を提唱するほとんどの人々によって考察されてきたものを越えた、さらなる段階が必要である[32]。これからは、民主的な決定のプロセスが、正義の「なに」だけでなく、「だれ」と「いかに」にも適用されなければならない。その場合、正義論は民主的な「いかに」のアプローチを採用することで、グローバル化する世界にふさわしい様相を呈するだろう。それは通常政治の水準だけでなくメタ政治の水準でも対話的であり、それゆえポストウェストファリア的な民主的正義の理論となるのである。

参加の同等性としての正義という見解は、こうしたアプローチに難なく対応しうる。この原則には、民主的正義の再帰的な性格を表現する二重の特質がある。一方で、参加の同等性の原則は、社会的配置を評価する正義の実質的な原則を指定した帰結概念である。すなわち、社会的配置が正しいのは、それがすべての関係する社会的行為者に、同輩として社会生活に参加するのを可能にしているかぎりにおいてである。その一方で、参加の同等性は、規範の民主的正統性を評価する手続き上の基準を指定した過程概念でもある。すなわち、規範が正統であるのは、万人が同輩として参加しうる公正で開かれた熟議のプロセスにおいて、それが関係者全員の同意を集められたかぎりにおいてである。こうした二重の特質のために、参加の同等性としての正義という見解は、それ固有の再帰性をもっている。それは実質と手続きの両方を問題化することができるので、社会的配置のこれら二つの側面の絡み合いを可視的にする。つまり、このアプローチは民主的とされる意思決定を歪める不正な背景条件と、実質的に不平等な帰結をもたらす非民主的な手続きを明らかにするのである。かくして、われわれはいくつもの水準を容易に移動し、第一段階とメタ・レヴェルの問いのあいだを必要に応じて行き来することができる。参加の同等性としての正義という見解は、民主主義と正義の関連を明白にしながら、まさにグローバル化する世界で必要とされる一種の再帰性を提供しているのである。

結局のところ、参加の同等性という規範は、ここで提示したポストウェストファリア的な民主的正義の説明に合致する。この説明は三つの次元と複数の水準を内包することで、現在の状況を特徴づけている不正義を可視的にし、批判可能なものとする。それは誤ったフレーム化と誤った代表を概念化することで、標準的な理論によって見落とされてきた核心的な不正義をあばきだす。それは正義の「なに」だけでなく、その「だれ」と「いかに」にも焦点をあてることで、フレームの問題をグローバル化する世界での正義の中心的な問題としてとらえることを可能にするのである。

第3章　平等主義の二つのドグマ

最近まで、正義を求める闘争は、自明視されたフレーム、すなわち近代領域国家を背景に展開されてきた。そのフレームは自動的に設定されていたので、第二次世界大戦後の時期には、正義の範囲があからさまに論じられることはあまりなかった。争点が社会経済的な分配であれ、法的＝文化的な承認であれ、政治的な代表であれ、正義の適用される単位が主権国家と地理的に結びついた政治共同体であることは、一般にいうまでもないことであった。そうした「ウェストファリア的」な想定が保たれたことで、もうひとつの想定も導き出されていた。正義の義務に拘束される主体は、定義上、領域国家の同胞市民であった。社会民主主義の時代には、もっとも激しい政治闘争さえ、これらの想定によって制限されていた。いかなる正義が必要とされるのかについて、どれだけ強い意見の対立があったとしても、だれがそれを主張する資格をもつのかについては、ほとんどすべての人々が同意していた。社会主義者と保守主義者、リベラルとコミュニタリアン、フェミニストと多文化主義者にとって、正義の「だれ」は国内政治的な市民でしかありえなかった。

しかし今日では、正義の「だれ」が激しく争われている。共産主義の崩壊、ネオリベラリズムの台頭、米国のヘゲモニーの衰退といった画期的な地政学的展開が、戦後の政治空間の地図化を狂わせている。それと同時に、こうした不安定化の局面において、政治闘争もしだいにウェストファリア的フレームを侵害しつつある。人権活動家や国際的なフェミニストたちは、国境を横断する不正義を標的としながら、ともに構造調整や世界貿易機関を批判している。彼らは領域的な想像力を事実上打ち破り、正義の境界をより大きな尺度でふたたび地図化しようとしている。彼らは正義が国内の同胞市民間の関係でしかありえないという見解に異議を申し立て、「だれが対象となるのか」についての新しい「ポストウェストファリア的」な理解を表明している。彼らの主張がナショナリストや領域志向的な民主主義者の主張とぶつかるにつれて、正義の「だれ」があからさまに論じられる、新しい「メタ政治的」な論争が浮かび上がってきた。

いつもながら、理論はあわてて実践に追いつこうとする。これらの条件のもと、正義を理論化しようとする人々は、かつてはいうまでもないと思われていた争点に直面せざるをえない。なにが正義の理論化にとって適正なフレームなのか。国民経済という観念がしだいに非現実的になっているとき、分配的正義の問題はどのようにフレーム化されるべきなのか。また、文化や政治の流れが頻繁に国家の境界線を侵犯し、古い地位ヒエラルヒーを壊し、新しいものをつくりだしているとき、承認をめぐる問いはどのようにフレーム化されるべきなのか。最後に、重大な決定がしだいに領土を基礎とした政府の管轄外で行なわれるようになっているとき、代表をめぐる問いはどのようにフレーム化されるべきなのか。要するに、ポストウェストファリア的な世界では、正義の「だれ」はいかにして画定されるべきなのか。

本章では、これらの問いを遠回りして論じることにしよう。問題の媒介変数を明らかにするためには、ポストウェストファリア的な世界で社会正義について考えるのにふさわしいフレームを確立しようとした、いくつかの先行的な試みを検証しなければならない。私はそれぞれの長所と短所を判別しながら、主流の政治哲学者たちが正義の「なに」から「だれ」に関心を移すとき、なにが起きているのかを考察するつもりである。議論を先取りすれば、その結果、「なに」と「だれ」の二つを超えた、新しい問いに光があてられるだろう。つまり、それらの問いを深く考察すると、第三段階の、さらにメタ・レヴェルの問いが不可避的に導き出されるのである。私はそれを「いかに」をめぐる問いと呼ぶことにする。ここでの争点は、本質的に手続き的なものである。所与のケースで、正義について考えるのに適切なフレームをいかに決定すべきか。いかなる基準や決定手続きに従って決めるべきか。そして、適正なフレームを決定する「ひと」はだれなのか。

「なに」から「だれ」、そして「いかに」へ

前章では、正義を求める闘争の文法上の変化を地図化した。本章では、舞台は公共圏の政治から政治哲学へと移る。この学者集団の討議でも、正義に関する議論の文法は同じような変化を遂げている。政治哲学者たちもしだいに国境横断的なプロセスに気づき、それまで何十年も暗黙のうちに想定してきた

ケインズ的＝ウェストファリア的フレームを疑いはじめている。こうした哲学的議論の主要な新しい幕開けの結果、彼らは私がW・V・O・クワインにちなんで「平等主義の二つのドグマ」と呼ぶものの第一のドグマを克服している。[1] 説明しよう。

最近まで、政治哲学者たちは、おもに「なに」をめぐって彼ら自身の専門的な問いを議論するのに没頭してきた。これはアマルティア・センが「なにの平等か」と投げかけた問いである。[2] 分析的な伝統では、分配的正義の理論家たちは、なにが公正に分配されるべきかについてもっぱら論じ、社会関係の正義を評価するために採りうる測定基準として、権利、資源、基本財、機会、現実の自由、それに潜在能力の優劣を争ってきた。[3] これと同じように、ヘーゲル的な伝統でも、承認の理論家たちは、なにが相互に承認されるべきかについて論じてきた。それは集団アイデンティティか、個人の業績か、それとも自律的な人格性か。文化の独自性か、共通の人間性か、それとも社会的相互行為における要求者のパートナーとしての地位か。[4]「なにの平等か」に集中するあまり、これら二つの伝統の哲学者たちはつぎの重要な問いを見過ごしがちであった。それはデボラ・サッツが「だれのあいだの平等か」と提起した問いである。[5] 彼らもまた、公共圏での議論の文法を無意識に繰り返しながら、ケインズ的＝ウェストファリア的フレームをもっぱら無批判に想定していた。彼らはそうした前提をほかに採りうる代案と比べて正当化することもせず、私が平等主義の第一のドグマと呼んでいるもの、つまり国民的な「だれ」という検証されざる仮定に従っていたのである。[6]

今日、これとは対照的に、哲学者たちは「なにの平等か」を争いつづけながら、「だれのあいだの平等か」についてもはっきりと論じている。しだいに、その分野はコスモポリタン、国際主義者、そしてリベラル・ナショナリストに仕切られつつある。第一の陣営の人々にとって、他国よりも自国の同胞への関心を道徳上どうしても優先しなければならないという理由はない。したがって、正義は必然的にすべての人間存在の関係にかかわる。(7) これとは対照的に、第二の陣営の人々にとっては、境界づけられた政治共同体の特別な性格が二つの異なる正義の要件を正当化している。すなわち、そうした共同体の内部ではより多くの要求が受け入れられるが、それら共同体のあいだではより少ない要求しか受け入れられないということである。(8) 最後に、第三の陣営の人々にとっては、正義の要件は共通の政治的構成、共有された倫理的地平、「運命共同体」としての歴史的な自己同一化といった、道徳的に関連する特徴をもった共同体の内部でのみ適用される。逆に、そうした固有の特徴がなければ、正義の拘束力のある義務は適用されないというわけである。(9)

いま、このような対立が顕在しているということは、平等主義の第一のドグマ、すなわち、十分に議論されなかった国民的な「だれ」という暗黙の前提が崩れていることの表われである。たしかに、多くの正義の理論家たちはいまもケインズ的゠ウェストファリア的フレームに同意しているが、その代案にたいしては、はっきりと弁明しなければならなくなった。採りうるフレームの優劣を公然と争いながら、政治哲学者たちは「だれ」にかかわるドグマのまどろみからついに目を覚ましたのである。

しかし、そうした抑圧の解除を言祝ぐまえに、これらの議論をもっと検証しなければならない。詳しく見れば、多くの哲学者たちはこの平等主義の第一のドグマを克服したけれども、ほとんどはいまも第二のドグマに従っていることがわかるだろう。

分配的正義の分析的な理論家たちの「だれ」をめぐる論争を考察してみよう。これらの論争は、主としてジョン・ロールズの一九九九年の著書『万民の法』と、それに先立つ同名のアムネスティ講義を中心に繰り広げられ、平等主義的なリベラル・ナショナリストとグローバルおよび国際的な分配的正義の提唱者たちとの対立を引き起こした[10]。一方には、ロールズ自身が立っている。ロールズは平等主義的な分配的正義の規範が、グローバルあるいは国際的なレヴェルでも適用可能であるということを認めなかった。彼は国内領域と国際領域のあいだに鋭いウェストファリア的な区別を立てながら、国内領域を分配的正義の唯一の独占的な範囲とみなし、国際正義を平等主義的な経済要求の基礎とならないよう理解していたのである[11]。他方、ロールズの反対側には、二つの異なる哲学者のグループが立っている。これらはともにケインズ的＝ウェストファリア的な「だれ」を拒否し、より大きなポストウェストファリア的な代案を支持している。第一のコスモポリタン的な「だれ」を擁護するグループにとっては、平等主義的な分配の規範はグローバルに、国籍や市民資格にかかわらず、個人のあいだで適用される。したがって、たとえばスーダンの貧窮した個人は、地球の同胞住民にたいして、越境的な経済的正義の要求を行なう人格としての道徳的地位をもつ[12]。第二の国際主義的な「だれ」を擁護するグループにとっては、平等主義的な分配の規範は国際的に、すなわち領域的に境界づけられた集合体のあいだで適用される。この場合、スーダン人のような貧窮した「国民」が、ほかのオランダ人やアメリカ人といった繁栄した「国民」にたいして、越境的な経済的正義の要求を行なう法人としての道徳的地位をもつ[13]。つまり、コスモポリタンにとっては、分配的正義の「だれ」は個別の人格のグローバルな集合である。これとは対照的に、国際主義者にとっては、その「だれ」は領域国家をもった法人的な政治共同体の集合である。

かくして、リベラル・ナショナリスト、平等主義的国際主義者、そしてコスモポリタンのあいだで、

「だれ」をめぐる三つ巴の論争となった。この論争は高度に洗練され、また複雑であり、リベラルな社会における正義と寛容の関係についての大きな意見の対立も含まれている[14]。しかし、そうした争点はさておき、ここではほかのものに焦点をあてる。すなわち、この論争の参加者たちは、いかにして分配的正義の適正なフレームを決定しようとしているのか。それぞれの「だれ」をめぐる見解を掘り出しながら、それらの「いかに」についての基底的な想定を検証することにしよう。ここでの争点は、手続きにかかわるものである。ケインズ的＝ウェストファリア的な「だれ」とグローバルあるいは国際主義的な「だれ」のどちらかを決定するプロセスを、さまざまな論争者たちはどのように思い描いているのか。各人いかなる基準や決定手続きに照らして選択しているのか。それぞれの哲学者は、結局のところ、だれにフレームの決定権を事実上委ねているのか。

この論争のほとんどの参加者は、ロールズにならって、「原初状態」の装置を引き合いに出して自らのフレーム選択を正当化している。彼らはその装置をいかに最適に設計し適用するかについては意見が異なるけれども、国際正義の原則は自分自身の状況の個別の特徴については知らないが、社会や歴史についての一般的な背景知識はもっている「当事者」によって選択されるということには同意している[15]。彼らはとくに、当事者はさまざまな個人の相対的な生のチャンスを決定する社会構造の性質と程度についての、論争的とはみなされない経験的な社会科学の理解に照らして選択すると想定している。とはいえ、これらの哲学者たちは、当事者の知識の実質的な内容については鋭く対立している。リベラル・ナショナリストにとって、当事者は個人の生の見通しが自分自身の社会の国内的な制度的フレームワークに依存することを「知っている」と想定される[16]。これとは対照的に、コスモポリタンにとっては、当事者は個人の幸福の主要な決定因がグローバル経済の基礎構造であることを「知っている」[17]。最後に、平等主義的な国際主義者にとっては、当事者はひとの生の見通しが国内的および国際的なレヴェルの制度的配置によって共同決定されることを「知っている」[18]。

当事者の社会科学的な背景知識をめぐるこれらの差異は、彼らの国際正義の原則の選択に大きく影響している。ロールズとともに国家の高度な自己充足性を想定すれば、当事者は国境横断的な分配的正義の条項を含まない「万民の法」を採用するだろう[19]。国際主義者とともに、国家的および国際的な構造が個人の生のチャンスを共同決定すると想定すれば、当事者はもっとも恵まれない社会の最大の利益のための越境的な再分配を認めた、もうひとつの「万民の法」を採用するだろう[20]。コスモポリタンとともにグローバル経済の優位性を想定すれば、当事者はグローバルな格差原理を選択し、世界のもっとも恵まれない個人の最大の利益のためのグローバル経済の再構築を命じるだろう[21]。

したがって、この論争では、それぞれの哲学者がつぎの問いにどう答えるのかということに、「だれ」の選択はほとんど切り詰められている。グローバルな「基礎構造」とみなされるほど、個人の相対的な生のチャンスに影響を及ぼしうるグローバルな経済は存在するのか。あるいは、さまざまな国民の相対的な生のチャンスは、それぞれの国内社会の政体構造によって独占的あるいは一義的に決定されるのか。あるいは最後に、生のチャンスは国内的および国際的な構造によって共同決定されるのか[22]。

総じていえば、「だれ」の選択はつまるところ因果的な優位性をめぐる問い、すなわち、現在の状況において人々の生のチャンスを決定する主要な要因はなにかという問いに切り詰められている。とはいえ、この論争では、こうした問いが十分に概念化されているわけではない。論争者たちはそれに正面から取り組むどころか、むしろ遠回しに触れるだけである。というのも、それぞれの哲学者は実際には論争的な見解であるものを、まるで固定した事実のように提示しているからである。たとえば、ロールズは自らのケインズ的＝ウェストファリア的な「だれ」の選択を、推定上の社会科学的な事実に部分的に訴えることで正当化している。第三世界の貧困の主要な原因は、国際的な政治経済ではなく、「重荷を負った社会」の不十分な内的構成にあるということ[23]。同じように、彼の批判者たちは自らのポストウェストファリア的な「だれ」の選択を、それとは正反対の社会科学的な事実を強調することで正当化している。グローバルそして／あるいは国際的な構造が、そうした貧困を引き起こし再生産するだけでなく、第三世界の社会の内的な政治的構成を歪めるのにも実質的な役割を果たしているということ[24]。いずれの場合も、仮定された「事実」の論争的な性格は、それ自体論争的な、暗黙の社会理論上の想定や歴史解釈への依存とともに否認されている。その結果、「ほかのどこか」に舞台裏がつくられ、社会科学者たちはそうした困難な問いをしまいこんだのだろう[25]。

それゆえ、この論争では、すべての陣営が同じように「だれ」を決定している。だれもがつぎのように想定している。分配的正義のフレームは、人々の生のチャンスに因果的な優位性をふるうという意味で「基礎的」とみなされた構造の範囲に合致する。そして、そうした構造の同一性は、論争的ではない経験的な事実の問題である、と。つまり、この論争のすべての哲学者は、フレームの決定権を社会科学者に事実上委ねているのである。

したがって、平等主義の第二のドグマはここにある。それは通常社会科学が正義の「だれ」を決定しうるという、暗黙の、論じられざる想定である。次節では、こうした想定の是非を、その代案と比べて考察することにする。ここでは、規範理論と社会科学の関係についての特殊な見解が、あさはかにも最近の論争に入り込んでいることに注意を向けるにとどめたい。この見解を安易に引き受けているかぎり、哲学者たちは手続き上の問いを批判的反省へと開くことはできない。彼らは方法論的に自己反省的なかたちで、つぎのように問うことができないのだ。グローバル化する世界で社会正義について考察するための適正なフレームを、どのように決定すべきなのか。いかなる基準や決定手続きに訴えるべきなのか。そして、決めるべき「ひと」はだれなのか。

総じていえば、政治哲学者たちはそうした問いを、これまで体系的に反省してこなかった。このことは、ここで考察した分配的正義の分析的理論家たちにあてはまる。しかし、彼らに対峙するヘーゲル派にも、それは等しくあてはまる。というのも、その承認の理論もまた、すでに熱心に「だれ」を問いはじめているのに、「いかに」の問いをやりすごす傾向にあるからである[26]。こうした状況は皮肉に思われるかもしれない。いずれの伝統の哲学者も、平等主義の第一のドグマを克服しようとしながら、その第二のドグマには屈しているのである。

かくして、今日正義について論じる人々は、きまりの悪い立場に立たされる。一方では、ケインズ的＝ウェストファリア的フレームへのドグマ的な愛着を捨てたことで、「だれ」をめぐる問いにはあらんかぎりの答えが手に入れられるようになった。他方では、「いかに」について十分に考察してこなかったために、それらの答えのどれかを決めるための弁明しうる手続きにはいたっていない。つまり、現代の差し迫った問いへの納得のいく答えは、まだ用意されていないのである。なにがグローバル化する世界で正義の必要について考察するのに適正なフレームなのか。

第二のドグマを越えて――通常社会科学的な「いかに」から批判的＝民主的な「いかに」へ

そうした問いへの満足のいく答えにたどり着こうとするなら、「いかに」をめぐって展開される新しい再帰的な議論をはじめることで、平等主義の第二のドグマを克服する必要がある。そこで、そのような議論のためのいくつかの媒介変数を説明することにしたい。まず、先ほど議論したアプローチの長所と短所を検討することからはじめる。以下では、それを「通常社会科学的アプローチ」と呼ぶことにしよう。(27) それから、その代案となる「批判的＝民主的」な「いかに」のアプローチを説明するつもりである。

通常社会科学的アプローチの基礎は、少なくとも三つの相関する認識にみいだされる。第一に、このアプローチは、正義をめぐる議論をそれらが生じる社会的情況のなかに位置づけることが重要であり、それらをそうした情況に適した観点からフレーム化する必要があるということを認めている。第二に、このアプローチのなかでもここで考察したものは、そのような情況、すなわち基礎構造の範囲と、分配的正義の「だれ」とのもっともらしい概念的なつながりを仮定している。つまり、人々の集合を分配的正義の同胞主体に変えるのは、彼らの社会的相互行為の条件を指定し、彼らに便益と義務を分配し、それぞれの生のチャンスを形成する、共通のフレームワークでの重なり合いであるという仮定である。第三に、そうした認識の根底にあり、このアプローチをさらに説得力のあるものにしているのは、所与の社会構造によって影響される人々だけが、それに関して正義の主体としての道徳的地位をもつという

「被害者限定」原則である。

これら三つの認識は、ともに強力な概念上の布置連関をつくりだしている。「だれ」をめぐる現在の論争は、グローバル化する世界で人々の生を形成している勢力をとらえられる、社会的および歴史的な情況についての揺るぎない理解に照らしてしか満足には解決されない、とそれらは主張している。このように、もっとも一般的な観点から述べられると、そうした主張は反駁しがたいように思われる。「いかに」の問いにたいして受け入れられるアプローチは、正義の情況、主要な因果的勢力、そして被害者限定原則について弁明しうる解釈を組み込み、また、それらの関係を理論化したものでなければならない。

しかし、結局はこれらの認識をどう概念化するかにかかっている。通常社会科学的アプローチに依拠する人々は、それらを論争的な想定に依存しない、固定した経験的事実の問題として説明している。実証主義をしのばせる彼らの見解によれば、社会理論的な論争に巻き込むために正義を論じる人々は必要ではない。事実と価値、因果説明と歴史解釈の関係に思いわずらわずとも、通常科学の既存の成果を調べるだけでよいというわけである。

しかし実際には、ここで問われている重要な概念は、どれもそのようには仕上げられない。正義の情況について提示される説明は、固定した経験的事実の問題に還元されるどころか、そもそも理論負荷的で価値負荷的であり、それゆえ論争的である。グローバリゼーションの規模と現実をめぐる最近の論争を思い起こすだけで、正義の情況を特定しようとする試みが、規範で充満した解釈と政治的な判断に依拠していることはわかる。[28] したがって、敵対する概念説明を判定する任務を、実証主義的に理解された社会科学に任せるわけにはいかない。むしろ、それは対話的に、つまり採りうる構想を検証し、それらの根底にある想定を明るみに出し、それらの優劣をつける多面的な実際の討議のなかで、社会的知識と規範的反省の内的関係に十分に配慮して扱われなければならない。結局のところ、論争的ではない経験的事実の問題でしかないかのように「正義の情況」に訴えることでは、「だれ」をめぐる議論は解決されない。逆に、なにが関連する情況とみなされるのか、そのような情況をどう説明するかについての意見の対立を、はっきりと明示しなければならない。そうすることで、それらの対立はグローバル化する世界での社会正義の「だれ」をめぐる、より大きな政治的議論の一部として扱われるだろう。

同じことは「基礎構造」の概念にもあてはまる。その認識はもともとロールズの一九七〇年の著書『正義論』のなかで、ひとが誕生によって参入し、死によってのみ退出する「閉じた社会」を表わすために展開されたものである。[29] ロールズはあらゆる越境的な移動を排除することで、成員の生のチャンスが自らの内的な制度的配置にのみ依存する自己充足的な社会を仮定していた。こうした理想化された前提に立つかぎり、そのような配置が、同定可能な境界づけられた住民だけの生のチャンスを決定する、画一的に広がる単一の構造をつくりだすと想定することは、おそらく意味のあることであった。しかし、そうした反事実的な前提に立たないとすれば、画一的に広がる単一の基礎構造という認識は支持しがたい。そこに越境的な相互行為が持ち込まれると、さまざまな争点に応じていくつもの異なる「だれ」を指定する、地方的、国家的、地域的、グローバルといった、複数の非同型的な構造の可能性がただちに開かれる。それと同時に、人々の生のチャンスが、部分的には重なり合うが、同じようには広がらない複数の構造によって重層決定される蓋然性も開かれる。これらの構造がどう相互作用するかは、社会科学者によってうまく理解されているわけではない。彼らの説明はたがいに矛盾しており、論争的である。こうした条件のもとでは、たんなる社会科学的な事実に訴えることで「だれ」を決定しようとする試みは、とうてい説得力をもたない。今日、構造的因果関係をどう理解すべきかについて真剣に考察するということは、敵対する社会理論や歴史解釈が評価にさらされる係争地に入っていくということである。これらの問題についての論争もまた、はっきりと明示しなければならない。それらはもはや正義論に外在するものとしては扱われず、「だれ」をめぐる、より大きな議論のなかでの規範的反省との直接的なコミュニケーションに引き入れられるべきである。

被害者限定原則も、これと同じような複雑性に包囲されている。たしかに、所与の構造によって影響された人々だけが、それに関して正義の主体としての道徳的地位をもつというのは、直観的には説得力がある。しかし、論争的ではない社会科学的な事実に訴えることで、その原則を操作可能にすることができるわけではない。問題は、いわゆる「バタフライ効果」を考えると、ほとんどすべてのことに、ほとんどすべてのひとが影響されるという経験的な証拠もあげられるということである。それゆえ、必要とされるのは、道徳的地位を付与するに足るとみなされる影響性の水準と、そうではないものを見きわめる方法である。しかし、通常社会科学では、そうした基準を提供することができない。むしろ、被害者限定原則を操作可能にするためには、経験的に形成された規範的反省を歴史解釈や社会理論化と組み合わせる、複雑な政治的判断がなければならない。そのような判断はそもそも対話的であり、いくつもの「だれ」の説明を生み出す、被害者限定原則のさまざまな解釈に優劣をつけることを求められている。(30)

総じていえば、通常社会科学的な「いかに」のアプローチは、それ自体の中心概念を実証主義的に誤解している。しかも、このアプローチは、フレーム化の決定の遂行的な次元を認識しようともしない。その支持者たちは、だれがなにに影響されるのかについては、彼らがフレーム化の決定からは独立しているとみなした世界の状態に言及することで、「だれ」の選択を正当化しうると仮定している。しかし、多くの場合、だれが所与の構造によって影響されるのかという問題は、その構造を所与の方法で、所与の範囲で組み立てる決定から独立しているわけではない。構造が明らかに特定の「だれ」を指定するために設計されているような場合、それ自体が「根拠となる事実」をつくりだしている。つまり、だれが影響されるのかという「経験的事実」は、それに先立つ設計から独立しているのではなく、そうした設計の遂行的な人工物なのである。そのような場合、「だれ」を決定するために通常社会科学に訴えることは、独立した認識的考察を導くことではない。むしろ、それは先行するフレーム化の決定を無批判に受け入れることである。

また、それゆえ、このアプローチは正義の主体を誤解している。通常科学に訴えることで「だれ」を決定しようとする人々は、正義の主体をまるで客体のように扱う傾向にある。彼らはだれがなにに影響されるのかについての事実を発見することに焦点をあてており、人間存在をおもに構造的な力によって左右される受動的な客体のように解釈している。もちろん、彼らの究極の目的は、個人の私的自律、つまり自分自身の生のプランを構想し追求する平等な自由を促進することである。しかし、その結果、公的自律の重要性、つまり自らを拘束する規範のフレーム化にたがいに参加する、団結した社会的行為者の自由は軽視される。フレームを決定する権限を社会科学の専門家に付与しているかぎり、このアプローチはこれらの専門家の決定に従わされる人々の公的自律を否認している。つまり、それはフレームに関する決定から民主的正統性を剝奪しているのである。

まとめると、通常社会科学的アプローチのこれらの欠点は、グローバル化する世界において「だれ」を「いかに」決定するべきかという問いを再考する必要を示している。実現性のあるアプローチは、正義の情況、構造的因果作用、そして被害者限定原則についての新しい概念化を求めている。その任務は、ポスト実証主義的な社会的知識の理解に照らして、これらの概念をそれぞれ再構築することである。

出発点として率直に認めなければならないのは、現在、これらの重要概念についての固定した、論争的ではない説明はないということである。このメタ的な前提は、前節で論じた哲学者たちが想定していた第一段階の前提とは質的に異なる。彼らはなんらかの因果的優位性に関する実質的な主張の固定した真理を想定することからはじめるのだが、私はそうしたすべての主張の論争的な性格を想定することからはじめることにする。[31] その結果、「だれ」をめぐる論争が解決されるプロセスについての、もうひとつの、より複雑な見解が示されるだろう。

「批判的＝民主的」な「いかに」のアプローチと呼ぶべきこの見解によれば、「だれ」をめぐる議論は、認識的であると同時に政治的でもある二重の性格をもっている。認識的な側面では、これらの議論はグローバル化する世界における脆弱性の性質と相互依存の規模についての知の主張を繰り広げる。しかし、それらの主張は通常科学によっては立証されない。むしろ、それらを判定するには、証明的、解釈的、規範的、歴史的、概念的といった、さまざまな水準と種類の問いが往還的に論じられる、広範囲の、開放的な様式の推論が必要とされる。それぞれの水準で、論争者たちは理由と反対理由を提示し合うが、しばしば彼十分な理由とみなされるものについて固定した合意に到達するわけではない。したがって、しばしば彼らの議論は再帰的になり、議論それ自体のプロセスのこれまで自明視されてきた側面を検証する。それゆえ、このアプローチでは、フレームをめぐる議論は、社会的知識のポスト実証主義的な理解をともなった、対話的、コミュニケーション的な合理性を表わしている。つまり、批判的＝民主的な「いかに」のアプローチは、通常科学に訴えるのではなく、批判理論に関連づけられる推論の様式を組み込んでいるのである。

しかし、認識的な次元だけが「だれ」をめぐる論争の本質なのではない。批判的＝民主的な見解によれば、これらの論争には政治的な次元もある。その議論は複数の水準の論争であふれ、論争者の評価的で解釈的な関与をはらんでいる。このアプローチは、こうした政治的な側面を通常科学に訴えることで隠すのではなく、それを明らかにするよう提案し、対話者には、彼らの主張に充満している利害関心と価値への関与を公的に開示し、率直に議論するよう奨励する。しかし目下のところ、論争者はフレームをめぐる議論に、同等性の観点から参加しているわけではない。彼らは等しく有利なわけではない社会的および地理的な場所に位置づけられており、論争が権力の不均衡に貫かれていることに気づいている。これらもまた明らかにされなければならない。批判的＝民主的アプローチは、コミュニケーション的理性の再帰能力に依拠しながら、参加者に論争を汚している権力の不均衡を問題化するよう奨励する。いいかえれば、その目的は潔くすることである。このアプローチは、論争の消しがたい政治的な側面を認めながら、「だれ」をめぐる議論をできるかぎり民主化しようと試みるのである[32]。

総じていえば、批判的＝民主的な「いかに」のアプローチは、二つの基本的な理念を組み合わせている。一方には、社会的知識と規範的反省の関係についての批判理論的な構想がある。もう一方には、公正な公的論争への民主政治的な関心がある。こうした認識的および政治的な関与の組み合わせのおかげで、このアプローチは通常科学的アプローチの欠陥を、湯水とともに赤子を流すようなことなく改善することができるはずである。「正義の情況」、「構造的決定」、「被害者限定原則」といった重要概念は、捨てられるのではなく、むしろ対話され、民主的な議論をつうじて批判的反省へと開かれる。その結果、グローバル化する世界についての社会的知識は、放り出されるどころか、専門家から取り戻され、「だれ」をめぐる広範囲の民主的な議論のなかに位置づけなおされるだろう。このアプローチはあらゆるフレームの決定の消しがたい遂行的な次元を認識しており、正義の主体を因果的な客体のみならず、社会的および政治的な行為者としても解釈している。それは公的自律の重要性を理解しており、民主的な正統性を主張しうる、正義の「だれ」を決める手続きを奨励することを目的としているのである。

「だれ」をめぐる論争を民主化すること——制度的および概念的な争点

つぎに、批判的＝民主的な「いかに」のアプローチは、いくつかの点で、通常社会科学的なアプローチに改良を加える。しかし、それが含意するものは、まだ完全には解き明かされていない。制度的には、このアプローチは「だれ」をめぐる議論を民主的に提起し解決する、新しい国境横断的な領域をつくりだす必要を示している。そうした領域は、現存する領域的に基礎づけられたフレームが不当にも自分たちを排除しているという人々の主張を聞くための討議空間となるだろう。しかし重要なのは、ケインズ的＝ウェストファリア的フレームを、単一の、すべてを包摂するグローバルなフレームと置き換えることではない。グローバリゼーションが複数の不正義の構造についての解釈を含んでいる以上、むしろ重要なのは、排除された人々の主張をめぐる民主的な討論をつうじて、だれが所与のケースで考慮に値するのかについての、より十分な、相互主観的に弁明しうる理解を生み出すことである。その結果、そのような討論をつうじて現われ、さまざまな争点に関して考慮に値すると判断された、複数の、機能的に定義された「だれ」に対応する、複数の、機能的に定義されたフレームが、おそらくもたらされる。とはいえ、批判的＝民主的な「いかに」のアプローチは、領域的に定義されたフレームを廃棄するとか、それを機能的に定義されたものと完全に置き換えるといったことを構想しているわけではない。むしろ、領域的に定義されたフレームや「だれ」は、多くの目的にとってはいまも重要であり、機能的に定義されたフレームや「だれ」と並行して存在しつづけることになりそうである。

いずれにしろ、重要な点はこういうことである。暫定的に正当なものとして現われるいかなる形状のフレームも、排除をめぐる新しい主張が現われ、その形状が異議を申し立てられるにつれて、自らを未来の修正に開かなければならない。批判的＝民主的な「いかに」のアプローチは、フレームをめぐる論争はいかなる決定的な、最終的な解決も許されないと想定しながら、それらをグローバル化する世界の政治的な生の永続的な特徴とみなしている。つまり、そのような論争を民主的に立ち上げ、暫定的に解決するための、新しい、恒久的な制度を提唱しているのである。

たしかに、このアプローチをどう制度化するかについては、困難な、未解答の問いがまだ多くある。ひとつの問題は、所与の争点にたいして地位を主張するが、既存の領域的に基礎づけられたフレームによって排除されている人々に、いかにして十分な代表と平等な発言権を保証するかということである。

もうひとつの問題は、たんに採りうるフレームを討論するだけの弱い公衆と、拘束力のある決定を行なうことで、そのような討論を暫定的に解決する強い公衆との適切な分業体制を、どのように構想するかということである。(33) また、フレームをめぐる論争を審判するにあたって、公平な、第三者的な裁判官や調停者が果たしうる役割にかかわる問題もある。(34) さらには、ポストウェストファリア的な「だれ」を擁護する人々との誠実な対話に入るのを拒む、お決まりのイデオロギー的なナショナリストをどう扱うかという問題さえある。これらの関連した問題を処理するためには、現実主義的ユートピアニズムの精神の制度的想像力が必要である。

そのうえ、批判的＝民主的アプローチは、少なくとも三つの強力な概念上の難題にも直面している。このアプローチが新しい、さらにメタ・レヴェルの問い、すなわち、だれがフレームを決定する民主的なプロセスに参加するのかという問いを提起しているとすれば、そうしたひとつの難題は、無限後退という亡霊である。批判的＝民主的アプローチが第二段階の民主的な「だれ」、つまりメタ・デモスを必要とするかぎり、それはデモスがデモスを決定しえないように、境界線とフレームは民主的には決定されないという「民主主義の逆説」を招いているようにも思われる。(35) これはときに圧倒的な議論とみなされるけれども、私はそうした反論に納得してはいない。それは非民主的に決定された（国民的な）「だれ」の必要が広く受け入れられていた、ケインズ的＝ウェストファリア的な時代には有効だったかもしれないが、民主的な期待が高まり、領域的に境界づけられた「だれ」が争われ、多くの人々が正義の問いの再フレーム化に発言権を要求している今日では、追い払われているように思われる。フレームをめぐる論争はいつでもすぐに片づくわけではないようなので、難題としてのみならず、機会としても、すなわち創造的な制度的思考の拍車としても扱うべきである。つまり、論理矛盾に直面して両手を上げるのではなく、そうした議論を民主的に解決するための制度的配置を想像することで、それをたくみにかわす方法を構想するよう努めるべきである。[36]

批判的＝民主的な「いかに」のアプローチの第二の概念上の難題は、正義と民主主義の関係の循環性から生じている。フレームをめぐる議論を民主的に解決しようとするかぎり、このアプローチは自らが促進しようとする帰結そのもの、すなわち、民主的な議論と意思決定に万人が同輩として参加しうるほど正しい社会的配置を、先行的な背景条件として想定しているように思われる。こうした反論は、民主的と主張される実際の熟議を汚している現実世界の資源と地位の不均衡はもちろん、民主主義と正義の内的な概念上のつながりをいみじくも指摘している。とはいえ、この反論は領域国家の水準のものを含む、あらゆる民主的プロセスに、ほとんど一般的にあてはまる。領域国家の水準で民主主義者がこうした反論におずおずと頭を下げないように、ここでもそうすべきではない。むしろ、悪循環とみえるものを好循環に変える方法を構想するよう努めるべきである。D・W・ウィニコットにちなんで、「ほどほどによい熟議」と呼びうるものを確立することからはじめるのも、ひとつの考えである。[37]そのような熟議は参加の同等性にはとうてい及ばないかもしれないが、どれだけ稳健であろうとも、いくつかの社会改革を正統化するには、ほどほどによいものである。というのも、それらの改革がいったん制度化されると、つぎは参加の同等性により近い熟議がもたらされるからである。そして、このさらなる熟議も、追加の、わずかに稳健ではない改革を正統化するのに「ほどほどによい」ものとなり、それらの改革がさらにつぎの熟議の質を高めていくだろう。[38]したがって、この難題の場合、先ほど論じたものと同じように、解決策は民主主義の再帰能力、すなわち、それ自体の手続きとフレームの、これまで自明視されてきた側面を問題化して修正する能力に依拠することである。

第三の概念上の難題は、道徳的なものと政治的なものの区別にかかわる。そうした区別は、ケインズ的＝ウェストファリア的フレームのなかでは明瞭であった。このフレームは同胞市民に負わされる政治的義務と、人間存在そのものに負わされる道徳的義務を対照していたのである。それと比べると、ここで提起したアプローチは、一見するとそのような区別を崩しており、グローバル化する世界ではすべての正義の問いが政治的になるとほのめかすことで、政治を道徳化するおそれがある。そういう議論もある。しかし実際には、こうした反論は見当ちがいである。たしかに、批判的＝民主的アプローチは領域横断的な正義の問題を処理しうる新しい政治制度を確立しようとしており、かつての視座からみれば「たんに」道徳的であるようにも思われる。しかし、それは正義のあらゆる問いが、どれも同じように政治的になるということではない。それよりも、道徳的なものと政治的なもののウェストファリア的な鋭い区別は、一方では領域的にフレーム化された「より厚みのある」政治的な問いを、他方では非領域的にフレーム化された「あまり厚みのない」政治的な問いを包含した連続体に取って代わられることになりそうである。その場合、政治は道徳化されるというよりも、むしろ微妙な差異をつけられ、さまざまな形式の政治的なものの範囲が開かれることになるだろう。さらに、こうした視座からみれば、政治的なものと道徳的なものの鋭い区別は、国境横断的な政治制度の可能性を誤って否定した、ケインズ的＝ウェストファリア的フレームの人工物であることも明らかにされる。しかし、このように説明したからといって、そうした区別はもはや立てられないということにはならない。これからは、その区別を異なるかたちで立てなければならない。それもまた論争的で修正に開かれたものとして扱われるので、対話的に裁定されなければならないのだ。かくして今日、いつどこで政治的なものと道徳的なものを区別するかという問いは、民主的な討論に開かれた政治的な問いとして現われる[39]。

総じていえば、批判的=民主的な「いかに」のアプローチは、概念上の反論には基本的に妨げられることはない。したがって、このアプローチを展開することは十分に価値のある試みであり、未解決の制度的および概念的な問題はこれによって申し分なく解決されると指摘して、締めくくりたいと思う。とくに強調すべきは、つぎの三つの事案である。

まず、このアプローチを展開することで、平等主義の第二のドグマを克服するのに重要な前進を遂げることができる。説得力のある魅力的な批判的=民主的な代案を表明することは、通常社会科学的な「いかに」のアプローチを批判的反省から遮断している、正当化されざる自明性のアウラを消し去る助けとなるだろう。

つぎに、このアプローチを展開することで、正義と民主主義の関連を深めることができる。現在、ポストウェストファリア的な正義をめぐる騒々しい平等主義の理論は、そのほとんどが民主主義理論とは隔絶して進行している。他方、ポストウェストファリア的な民主主義をめぐる野心的な理論は、その不可欠の補完物として求められる、強力に平等主義的な社会正義の構想をいまだに展開していない。批判的=民主的な「いかに」のアプローチは、一方では平等主義と専門家支配の、他方では民主主義とナショナリズムの事実上の同盟に反対しながら、これらの二つの政治理論の考察を関連づけることになるだろう。

最後に、もっとも重要なことに、擁護しうる批判的＝民主的な「いかに」のアプローチを展開しなければ、「だれ」の問いにたいして弁明しうる答えには、けっして到達しないだろう。そして、それは現代の喫緊の問い、すなわち、グローバル化する世界で正義の問いをどうフレーム化するのかという問いに答えられる立場に、われわれがまだ立っていないということを意味している。

第4章　変則的正義

追悼リチャード・ローティ、その大いなる触発

いくつかの文脈では、正義をめぐる公的論争は通常的言説の様相を呈している。論争者は、所与のケースで正義がまさになにを要求しているのかについて、どれだけ激しく対立していたとしても、理解しうる正義の主張がどのようなものであるかについては、いくつかの基本的な前提条件を共有している。それらの前提条件には、そうした主張を行なう資格をもった行為者の類型（たいていは個人）、そして是正を求めるべき機関の種類（典型的には領域国家）についての存在論的な想定が含まれている。また、正義の要求が向けられるべき対話者の集合（たいていは境界づけられた政治共同体の市民）を固定し、その利益と関心が考慮に値する人々（同前）の世界を画定する、範囲についての想定も共有されている。最後に、論争者は正義の問いが理解されやすく生じる空間（しばしば分配をめぐる経済的空間）、そして不正義をはらみうる社会的分裂（典型的には階級やエスニシティ）についての社会理論的な想定を共

有している。このように、正義について論じる人々が一連の基本的な想定を共有した文脈では、彼らの論争は相対的に規則的な、認識しうる形態を帯びている。そうした対立は一連の組織化原理をつうじて構成され、了解しうる文法を表わしており、それゆえ「通常的正義」の形式をとる。(1)

もちろん、いま説明した意味で、正義の言説がいつも完全に通常的であるというのは疑わしい。現実には、正義をめぐる公的論争が所与の一連の構成的前提によって定められた範囲内にきちんと収まるような文脈は、おそらくないだろう。また、すべての参加者があらゆる想定を共有するといった事態に遭遇することもないだろう。もっといえば、たとえ通常性に近い状況が実際に現われたとしても、それが支配的な合意に反対する人々の抑圧や周辺化に依拠していないとはいいきれないだろう。

とはいえ、このような但し書きにもかかわらず、「通常的正義」について有意味に語ることはできる。トマス・クーンの通常科学の理解になぞらえれば、構成的前提にたいする反対や不服従が封じ込められているかぎり、正義の言説は通常的である。(2) 逸脱が私的なものにとどまるか異常として現われるかぎり、それらが積み重なって言説を破壊しないかぎり、正義をめぐる公共圏の対立領域は、認識可能な、したがって「通常的」な形態のままである。

こうした基準によれば、現在の文脈は「変則的正義」のものである。(3) 正義をめぐる公的論争が増殖するにつれて、それらの論争は通常的言説の構造化された特性をしだいに失っている。今日の論争者は、正義を主張する主体がどのようなものであるべきかについて共有された理解をほとんどもっていない。集団や共同体を妥当とみなす者もいれば、個人しか容認しない者もいる。同じように、今日正義について論じる人々は、是正の機関について共通の見解をほとんどもっていない。新しい国境横断的あるいはコスモポリタン的な制度を構想する者もいれば、自らの訴えを領域国家に限定する者もいる。また、論争者は対話者の適切な範囲についてもしばしば異なる見解をもっている。自らの主張を国際的な世論に向ける者もいれば、境界づけられた政体のなかに議論を封じ込めようとする者もいる。そのうえ、現在の論争者はだれが正義の問題において考慮されるべきかについてもしばしば対立している。すべての人間存在に地位を付与する者もいれば、同胞市民に関心を制限する者もいる。また、それゆえ、彼らは正義の要求が生じうる概念上の空間についてもたびたび対立している。再分配の（経済的）要求のみを容認する者もいれば、承認の（文化的）要求や代表の（政治的）要求も容認しようとする者もいる。最後に、今日の論争者はどの社会的分裂が不正義をはらみうるのかについてもしばしば対立している。国籍や階級のみを容認する者もいれば、ジェンダーやセクシュアリティも受け入れる者もいる。

その結果、昨今の正義をめぐる論争は、方向の定まらない傾向にある。共有された前提条件の秩序化する力がないので、それらの論争は通常的言説のように組み立てられてはいない。このことは、たいていドクサ〔意見〕がつねに問題となりやすい市民社会での、正義をめぐる非公式な論争において明白である。たとえば、デンマークのムハンマド風刺画事件がそうである。これは文明の衝突とか、リベラルな公共理性の試練というよりも、正義をめぐる一種の変則的な言説としてとらえられるべきである。しかし、正義の通常化を存在理由とした、裁判所や調停機関のような制度化された議論の領域でも、変則性は渦巻いている。たとえば、最近の死刑判決で、外国の裁判所の見解を引用することが適切かどうかをめぐって争われた、米国の最高裁判所の判事たちの議論がそうである。(4) こうした基本的前提をめぐる論争が増殖するにつれて、逸脱は例外というよりも規則になっている。変則性は、相対的に安定した議論の領域内での異常として現われるどころか、正義の言説の中枢を侵している。第一段階の論争が生じると、だれが対象となるのか、なにが問題とされるのかといった構成的前提をめぐるメタ論争が、ただちにのしかかってくる。正義の実質的な問いだけでなく、正義の文法それ自体も混乱しているのだ。

このような状況は、けっして前例のないことではない。ざっと振り返ってみても、いくつかの歴史上の類例をあげることができる。ヨーロッパの過去の変則的正義の時代のひとつは、封建的な政治的想像力は解かれつつあったが、領域国家のシステムがまだ固まっていなかったウェストファリア条約への移行期である。[5] もうひとつは、三つの主要な帝国の廃墟のただなかで、生まれたばかりの国際主義がよみがえったナショナリズムとぶつかり合っていた第一次世界大戦後の時期である。[6] これらの場合、確実で安定したヘゲモニーが存在せず、競合するパラダイムが衝突していたので、正義を通常化しようとする試みは成功しなかった。そうした事例は、ほとんど例外的ではない。実際には、通常的正義は歴史的には変則的であり、変則的正義のほうが歴史的な規範を表わしているようである。

とはいえ、今日の変則性は歴史的にみて特異で、冷戦秩序の崩壊、米国のヘゲモニーの低下、ネオリベラリズムの台頭、グローバリゼーションの新しい噴出といった、最近の展開を反映している。これらの条件のもと、既存のパラダイムは動揺する傾向にあり、正義の要求はこれまでの通常性からたやすく引き離されるようになった。これは正義要求の三大家族、すなわち社会経済的な再分配の要求、法的あるいは文化的な承認の要求、そして政治的代表の要求のそれぞれにあてはまる。たとえば、国境横断化した生産、グローバル化した金融、ネオリベラルな通商投資レジームの結果、再分配の要求はしだいに議論の国家中心的な文法やアリーナを侵犯している。同じように、国境横断的な移動やグローバル・メディアの流通を考えると、かつては隔たっていた「他者」の承認の要求がより身近なものとなり、それまで自明視されていた文化的価値の地平をかき乱している。最後に、超大国のヘゲモニーの低下、グローバルな統治、そして国境横断的な政治の時代においては、代表の要求が、これまでの近代領域国家のフレームをしだいに壊しつつある。こうした脱通常化の状況では、正義の主張は、基本的前提を共有しない対抗主張とただちに衝突する。最近の論争は、争点が再分配であれ、承認であれ、あるいは代表であれ、いかなる通常性も見あたらない、正義の言説の混乱状態を証明している。

このような状況では、ありふれた正義論はほとんど指針とならない。それらは通常的正義の文脈に合わせて公式化されており、主として第一段階の問いに焦点をあてている。なにが富と資源の正しい分配を構成するのか。なにが相互的な承認あるいは平等な尊重とみなされるのか。なにが政治的代表や平等な発言権の公正な条件を定めるのか。ありふれた正義論は共有された文法にもとづいており、道徳的地位、社会的分裂、是正の機関をめぐって対立する想定にぶつかったとき、どう進めばよいかを指示することができない。つまり、それらは現代を非常に特徴づけている変則的正義の問題を扱うための概念上の資源とはなりえないのである。

いかなる種類の正義論であれば、こうした状況での指針となりうるのか。いかなる類型の理論化であれば、正義をめぐる第一段階の論争に、なにが了解可能な第一段階の主張とみなされるのかというメタ議論がのしかかるような事態を扱うことができるのか。本章では、変則的な時代の（不）正義をめぐる問いにアプローチする方法を提起するつもりである。ここでいうべきことは、三つの部分に分けられる。まずは、現代の正義論争における三つの変則性の結節点を突きとめることである。つぎに、それらの変則性を明らかにするために、それぞれに対応する三つの概念上の戦略を公式化することである。そして最後に、変則的な時代の不正義にたいする闘争の理論と実践にとっての、いくつかの含意を考察することである。

グローバル化する世界の変則性の結節点

まず、最近の社会正義をめぐる論争を描写することにしよう。

先進国の労働組合は、国内外の労働者のための正義を促進すると主張しながら、生産条件が国内の環境、健康、安全基準に満たない輸入品を食い止めようと試みている。発展途上国の労働者を代表する機関は、つぎのように反論している。自分たちには現在おそらく満たすことのできない基準を押しつけているという点で、この一見進歩的なアプローチは実際には一種の不正な保護主義である、と。これは国内のみならず国境横断的な公共圏でも議論されていることだが、前者の立場は領域国家の水準での民主政治をつうじて正義を追求しようとする人々によって支持され、後者の立場はグローバルな正義の提唱者と自由市場論者の両方から擁護されている。一方、企業と国家は、これと関連する問題を国際法の領域で議論している。たとえば、北米自由貿易協定〔ＮＡＦＴＡ〕の調停委員会が、カナダの比較的厳格な環境法と労働法が通商に違法な制約を課していると主張する、米国に本部を置く多国籍企業からの異議申し立てを受けた。三人の裁定委員のうちの米国の代表は、自由貿易を理由に企業を支持した。カナダの代表は、カナダ市民の自治権を引き合いに出して、それに反対した。決定票を投じるのは、メキシコの代表だ。彼は企業を支持し、つまり米国側に立ちながら、貧困国の発展の権利を訴えるのである。しかし、それと同時に、これらの訴訟手続きの正統性も議論されている。国境横断的な市民社会では、ＮＡＦＴＡ、世界貿易機関、その他のグローバル経済の統治構造にたいして、示威者たちが抗議している。世界社会フォーラムに集まった活動家たちは、これらの構造が不正で反民主的であると表明しながら、もうひとつの「下からのグローバリゼーション」の形勢を議論している。

これは「変則的正義」の一例である。公式的なもの、非公式のもの、主流のもの、従属的なものといった、さまざまな討議領域を横切りながら、議論の中心は目のくらむ速さで移動している。そして、論争の地勢図はもはや自明ではなく、それ自体が議論の対象となっている。国外の抗議者が国内論争の境界に穴を開けようと奮闘する一方で、ナショナリストや一国民主主義者はそうした論争を領域化しようと試みている。また、国家や企業が論争を地域的な裁定機関のなかに閉じ込めようと働きかける一方で、国境横断的な社会運動は論争を拡大しようと懸命になっている。つまり、通常的言説では争われなかった論戦の形態そのものが、ここでは明白な闘争の焦点となっている。それゆえ、論争者たちは実質的な争点を議論しながら、だれがなにについて、だれにたいして要求を行なう資格をもつのか、そのような要求はどこで、いかにして審理されるのか、それが認められたとすれば、だれが是正する義務を負うのかということについても、深刻な意見の対立を繰り返している。

しかし、こうした変則性は三つの主要な結節点のまわりに群がっており、まったくのでたらめというわけではない。第一の結節点は、正義の「なに」をめぐって共有された見解の不在を表わしている。ここで問われるのは、正義の内容、その関心対象となる実体である。正義が比較の関係であるとすれば、それが比較するものはなにか。いかなる社会存在論的な前提条件が、適当な主張と不適当な主張を区別するのか。こうした問題は、通常的正義ではいうまでもないことである。たとえば、すべての当事者が正義を分配的観点から、一般的には性質上経済的な、分割可能な財の配分にかかわるものと理解している場合が、そうである。これとは対照的に、変則的な文脈では、正義の「なに」が争われる。ここでは、共通の存在論を共有しない主張に遭遇する。ある当事者が分配の不正義を認めているところに、ほかの当事者は地位のヒエラルヒーを、さらにほかの当事者は政治的支配をみいだしている。[7] つまり、現状は正しくないということに同意している人々でさえ、それをどう説明するかについては対立しているのである。

「なに」についての異なる想定は、先ほど描写した例にあふれている。そこでは、分配の不正義を温存する、保護主義的な障壁の撤廃をめざした国外の労働者の経済的主張が、境界づけられた政体の民主的主権を脅かす、ネオリベラルな侵略の撃退をめざした領域的市民の政治的主張とぶつかり合っていた。その結果、自称民主主義者や自称平等主義者のあいだでさえ、不正義をどう是正するかはもちろん、それをどう理解するかをめぐっても合意はまるで成り立たなくなった。正義の「なに」そのものが混乱しているのだ。

変則性の第二の結節点は、正義の「だれ」をめぐって共有された理解の欠如を表わしている。ここで問われるのは、正義の範囲、それが適用されるフレームである。だれが所与の問題で正義の主体とみなされるのか。だれの利益と必要が考慮に値するのか。だれが平等な関心を払われる資格をもつ人々の集合体に属するのか。これらの問題は、通常的正義ではいうまでもないことである。たとえば、すべての当事者が自分たちの争いを領域国家に内在する問題としてフレーム化し、それによって正義の「だれ」を境界づけられた政体の市民と同一視する場合が、そうである。これとは対照的に、変則的正義では、その「だれ」が混乱している。ここでは、正義論争の対立するフレームに遭遇する。ある当事者が国内的、領域的な「だれ」の観点から問いをフレーム化しているところで、ほかの当事者は地域的、国境横断的、グローバルな「だれ」を前提としている[8]。

これらの問題についての異なる想定も、対立するフレームをはらんだ、先ほど描写した例に浸透している。そこでは、一部の論争者はカナダの労働規制を国内的な効果の観点から評価していたが、ほかの論争者はより大きな北米地域での効果を考慮し、さらにほかの論争者はもっと先の、発展途上国の労働者、あるいはグローバルな人類の利益にも目を向けていた。その結果、「だれ」が対象となるのかについての合意は失われる。正義の「なに」だけでなく「だれ」も争われるというわけである。

変則性の第三の結節点は、正義の「いかに」をめぐって共有された見解の欠如を表わしている。ここで問われるのは、本質的に手続き的なものである。所与のケースで、正義について考察するのに適切な文法をどのように決定するのか。いかなる基準や決定手続きによって、「なに」や「だれ」をめぐる論争を解決するのか。通常的正義では、「なに」や「だれ」は争われないので、これらの問いは基本的に生じない。これとは対照的に、変則的正義では、どちらの媒介変数も混乱しており、「いかに」をめぐる意見の対立がかならず噴出する。ここでは、論争を解決するための対立するシナリオに遭遇する。ある当事者が国家間条約の権威を引き合いに出すところで、ほかの当事者は国際連合、権力の均衡、あるいはいまだ発明されざるコスモポリタン的民主主義の制度化された手続きに訴えている。(9)「いかに」をめぐる不確実性は、先ほど描写した議論にあふれている。そこでは、国家や企業は紛争解決のためにＮＡＦＴＡに目を向けるが、反ネオリベラリズムの活動家たちは、グローバルな世論に影響を与えることをめざした、国境横断的な民衆闘争に目を向けている。前者は条約にもとづく紛争解決の地域的な領域に訴えるが、後者は拘束力のある決定を作成し執行するための制度化された権威をもたない「世界社会フォーラム」に訴えている。つまり、ここには、いかにして正義の文法をめぐる論争を解決するのかについての同意がない。正義の「なに」と「だれ」だけでなく「いかに」も混乱しているのだ。

これら三つの変則性の結節点は、いずれも、これまで支配的だった文法の動揺を表わしている。「なに」をめぐる今日の不確実性は、そうした文法による正義の内容についての定義の脱中心化を表わしている。ここで問題化されたのは、正義をもっぱら公正な経済的分配と同一視した見解である。そうした理解は、第二次世界大戦後の数十年間、議論の核心部分となっていた。分配的な「なに」の解釈は、第一世界の社会民主主義、第二世界の共産主義、第三世界の「開発主義」という、それ以外には共通点のない政治文化を包囲しながら、非経済的な不正義を周辺化する傾向にあった。それは悪しき分配を究極の不正義とみなし、地位のヒエラルヒーに根ざした誤った承認の不正義、さらには社会の政治的構成に根ざした誤った代表の不正義をおおい隠してきた。(10)

これと同じように、「だれ」をめぐる今日の不確実性は、それまでの文法のフレームの動揺を表わしている。この場合、問題化されたのは、近代領域国家が正義の適用される唯一の単位であるというウェストファリア的な見解である。その見解は、戦後期のほとんどの正義の言説をフレーム化していた。それは分配的構想と結びついて、ほかの点ではばらばらの世界中の政治文化を組織していた。人権、プロレタリアの国際主義、第三世界の連帯というのは口先だけのことであった[11]。ウェストファリア的フレームは正義を事実上領域化し、その範囲を境界づけられた政治共同体の市民に限定していたのだ。その結果、越境する正義の拘束力のある義務は、完全に締め出されたわけではないが、大幅に制限された。このフレームは、個別の並列的に配置された、領域的に境界づけられた国内の「だれ」を構築しながら、越境的な不正義をおおい隠してきた[12]。

最後に、「いかに」をめぐる今日の不確実性は、以前には語られなかった戦後の文法の特徴をはじめて露呈している。可視的になり、それゆえ論争可能になったのは、それまで隠されてきた支配的な想定であった。正義の言説の核心部分がウェストファリア的＝分配主義的な想定によって押さえられているかぎり、「なに」や「だれ」をめぐる論争を解決するための制度や手続きの必要が公然と認識されることはなかった。そのような必要が認識された場合は、強力な国家や民間のエリートが、政府間組織や密室のなかで争いを解決すると想定されていた。その結果、「なに」や「だれ」をめぐる開かれた民主的討論は活気を失っていた。

しかし、これら三つの通常化の想定は、今日どれも自明ではなくなった。分配的な「なに」の支配は、少なくとも二つの陣営から異議を申し立てられている。ひとつは、差異の調停を試みる多文化主義者から差異の排除を企てるエスノナショナリストにいたる、承認の政治のさまざまな現場にいる人々である。もうひとつは、選挙人名簿のジェンダー・クオータ運動を展開するフェミニストから権力の分有を要求する国内マイノリティにいたる、代表の政治のさまざまな現場にいる人々である。その結果、正義の「なに」をめぐっては、今日少なくとも三つの敵対する構想が作動するようになった。すなわち、再分配、承認、代表である。

他方、ウェストファリア的な「だれ」の支配は、少なくとも三つの方向から異議を申し立てられている。第一は、関心の範囲を下位国家的な単位に位置づけようと試みる、地方主義者や共同体主義者である。第二は、正義の範囲を「ヨーロッパ」や「イスラーム」といった、完全に普遍的ではないが、より大きな単位と同一視することを提唱する、地域主義者や国境横断主義者である。第三は、すべての人間存在を平等に考慮することを提唱する、グローバリストやコスモポリタンである。その結果、正義の「だれ」をめぐっては、今日少なくとも四つの敵対する見解が作動するようになった。すなわち、ウェストファリア的、地方的＝共同体主義的、国境横断的＝地域的、そしてグローバル＝コスモポリタン的な見解である。

最後に、支配的な「いかに」の沈黙の統治は、民主的な期待の全体的な高まりによって異議を申し立てられている。そのような期待から動員された運動は、いかなるものであれ「なに」や「だれ」についての発言権を要求している。そうした運動は支配的な制度やフレームに反対しながら、正義の文法を決定する国家やエリートの特権に事実上異議を申し立てている。それらは「なに」と「だれ」をめぐる広範な論争を刺激しながら、支配的な想定のかたわらで、正義の「いかに」についての草の根民主主義的な見解を作動させているのである。

「なに」、「だれ」、「いかに」をめぐって敵対する見解の出現は、今日不正義について懸念している、すべての人々に重大な問題を提起している。これらのメタ論争は、喫緊の第一段階の正義の問題を見失うことなく、なんとしても遂行されなければならない。しかし、三つの媒介変数はすべて同時に作動しており、どれも堅固な土台となるわけではない。変則性は、いたるところに立ちはだかっているのだ。

変則的な時代に正義を理論化するための戦略

いかなる種類の正義論であれば、こうした状況での指針となりうるのか。納得のいく答えを見つけるためには、当面の問題の均衡のとれた見解からはじめなければならない。手がかりは、変則的正義の肯定的および否定的な側面を認識することである。その肯定的な側面は、論争の領域の拡大であり、それまでの文法が無視してきた不正義に異議を申し立てるチャンスの拡大である。たとえば、分配的な「なに」の脱中心化は、誤った承認と誤った代表という非経済的な危害を可視化し、批判可能なものにした。同じように、ウェストファリア的な「だれ」の脱通常化は、いままでおおい隠されてきたメタ不正義の類型を認識可能にした。正義をめぐる第一段階の問いが不正にフレーム化されるという意味で、それを「誤ったフレーム化」と呼ぶことにしよう。たとえば、分配問題の国家的なフレーム化がグローバルな貧者の主張を排除する場合が、そうである。(13) 誤った承認、誤った代表、そして誤ったフレーム化が、基本的には純然たる不正義のカタログにあると想定するならば、私はそうすべきだと思うが、それらをおおい隠してきた文法の動揺は、肯定的な展開として評価されなければならない。つまり、変則的正義の良い面はここにある。それは不正義を争う可能性を拡大したことである。

しかし、変則的正義には否定的な側面もある。問題は、拡大した論争だけでは不正義を克服しえないことである。不正義を克服するには、少なくとも二つの追加的な条件が必要とされる。ひとつは主張が公平に審理される相対的に安定したフレームワーク、もうひとつは是正のための制度化された機関と手段である。これらの条件は、どちらも変則的正義にはない。「なに」、「だれ」、「いかに」が争われている文脈で、どうすれば要求は公正に評価され、不正義は正統に修復されるのか。つまり、変則的正義の否定的な側面はここにある。それは拡大した議論のただなかで、不正義を確認し是正するための手段を減らしたことである。

変則的な時代に正義を理論化しようとする人々は、こうした等式の両面を視野に入れなければならない。いかなる種類の理論化であれば、拡大した議論を価値あるものとみなしながら、減退した調停と是正の能力を強めることができるのか。ここでは、あえて完璧な答えを示そうとするのではなく、先ほど説明した変則性の三つの結束点を再検証することで、その糸口を探り当てることにしたい。それらをひとつひとつ考察することで、変則的な時代の正義の考え方についての重要ななにかがわかるだろう。

正義の「なに」——三次元の参加の同等性

まず、「なに」の問題から考察しよう。ここでの問いは、いかなる種類のアプローチであれば、還元的な分配主義をめぐる論争を妥当なものとみなしながら、正義の内容について敵対する理解を内包した論争を解決するための見通しを明らかにすることができるのか、ということである。簡潔に答えれば、それは多次元的な社会存在論を規範的な一元論と組み合わせたアプローチである。説明しよう。

拡大した議論を妥当なものとみなすためには、正義論は論争者の主張を公平に聞くことのできる見通しを示さなければならない。あらかじめ要求を締め出すのを避けたいのであれば、その理論は正義の「なに」についての非標準的な見解に立った主張を受け入れることができなければならない。つまり、それはあくまでも包摂性に立ちながら、不正義はひとつ以上のかたちで現われるのであって、「なに」についてのいかなる単一の見解もそれらすべてをとらえることができない、と想定することからはじめるべきである。それは社会存在論的な一元論を却下し、正義を複数の次元を内包したものとみなすべきである。というのも、それぞれの次元は分析的に異なる様式の不正義と結びついており、また概念的に異なる類型の社会闘争をつうじて明らかにされるからである。

すでに示唆した三つの可能性を考察してみよう。まず、労働運動の観点からみれば、正義は経済的次元を含んでいる。これは政治経済に根ざしており、その関連する不正義は悪しき分配すなわち階級の不平等となる。つぎに、多文化主義をめぐる闘争の視座からみれば、正義は文化的次元を内包している。これは地位秩序に根ざしており、それに対応する不正義は誤った承認すなわち地位のヒエラルヒーである。最後に民主化闘争のレンズをとおしてみれば、正義は政治的次元を包含している。これは社会の政治的構成に根ざしており、その関連する不正義は誤った代表すなわち政治的発言権の欠如である。

つまり、ここには正義の「なに」をめぐる三つの異なる見解がある。それぞれがほかのものには還元しえない真の不正義の形式に対応しているかぎり、いずれも現代の理論化からは正当に排除することができない。したがって、不正義に関する存在論的な一元論は、根本的に間違っている。[14]「なに」についての単一の一元論的な説明を主張する人々とは反対に、正義は再分配、承認、代表の三つの次元を内包した、多次元的な概念とみなされるべきである。[15]こうした構想は、変則的な時代にはとくに有益である。「なに」についての複数の見解をはらんだ論争では、まず三つのすべての次元の主張が基本的に理解可能であると想定することによってのみ、すべての主張者は公平に聞いてもらえるのである。

　しかし、なぜ三つだけなのか。先ほどあげた例は、正義の諸次元は一度にすべてを与えられるというよりも、社会闘争という媒介をつうじて歴史的に開かれるということを示している。この見方によれば、社会運動が正義の新しい次元を開くのは、それらが通常的正義の既存の文法を侵犯する主張を、説得力のあるものとして確立するのに成功したときである。そうした文法は自らの成員が受けた不利益をおおい隠してきたことを、遡及的に明らかにされるだろう。しかし、「なに」についての目新しい理解が広く認識されるようになるまでは、その侵犯的な主張の爆発は変則的言説をまき散らす。[16]その時点では、正義の新しい次元が開かれているかどうかは不明である。したがって、これらの条件のもとで正義を理論化する試みは、そうした可能性も考慮に入れておかなければならない。そのような見通しを独断的に閉ざす者は、自分の思考が時代にはそぐわないことを表明しているのだ。

　そうだとすれば、変則的な時代の正義論にはなにが求められているのか。まずは、主張者の「なに」についての非標準的な見解に解釈学的な施しを行ない、それらを理解可能で潜在的に妥当なものとみなさなければならない。それと同時に、この理論はそのような見解を、つぎのように考察しながら検証しなければならない。それらはこれまでの文法によって締め出されてきた、純然たる形式の不正義を実際に明らかにしているのか。そうであるとすれば、これらの新しく開示された不正義の形式は、いままで見落とされていた次元の社会の秩序化に根ざしているのか。[17]今日の文脈では、これは正義の「なに」についての少なくとも三つの異なる見解、すなわち再分配、承認、代表にもとづいた主張を、基本的に適切で理解可能なものとして受け入れることを意味する。[18]とはいえ、この理論は経済、文化、政治に集中した、正義の三次元的な見解を暫定的に採用しているのであって、社会闘争をつうじたさらなる次元の発見には開かれていなければならない。

しかし、多次元的な社会存在論だけでは解決とはならない。複数の不正義の様式を認めると、それらを共通の物差しのもとで束ねる必要もただちに生じる。つまり、それらをすべて包括する規範的原理が必要とされるのである。そのような通約的な原理がなければ、異なる次元を横断する主張を評価することも、したがって「なに」をめぐる複数の見解を内包した論争を推し進めることもできないだろう。

そうした原理とはいかなるものか。私の提案は、三つのすべての次元の主張を参加の同等性という包括的な規範原則に従わせることである。この原理に従えば、正義は万人が社会生活に同輩として参加することのできる社会的配置を必要とする。[19]参加の同等性としての正義という見解によれば、不正義を克服することとは、一部の人々が社会的相互行為の完全なパートナーとして、他者と同等に参加するのを妨げている制度化された障害を解体することを意味する。以下の議論で示すように、そうした障害には少なくとも三つの類型がある。第一に、人々は同輩として他者と相互行為するのに必要な資源を拒否する経済構造によって、完全な参加を妨げられることがある。その場合、彼らは分配的不正義すなわち悪しき分配を被っている。第二に、人々は必要とされる名声を拒否する文化的価値の制度化されたヒエラルヒーによって、同等性の条件のもとで相互行為するのを阻まれることがある。その場合、彼らは地位の不平等すなわち誤った承認を被っている。[20]第三に、人々は公的審議と民主的政策決定での平等な発言権を拒否する決定ルールによって、完全な参加を妨げられることがある。その場合、彼らは政治的不正義すなわち誤った代表を被っている。[21]

ここでは、三つの異なる不正義の類型が、共通の結果にいたるということが説明されている。いずれの場合も、一部の社会的行為者が他者と同等に社会的相互行為に参加するのを妨げられている。[22]したがって、三つの不正義はすべて単一の原理、すなわち参加の同等性の原理を侵害していることになる。この原理は三つの次元を包括し、それらを通約可能なものにするのに役立つのである。[23]

こうした説明については、その正確な詳細よりも、その包括的な概念構造のほうが重要である。とりわけ重要なのは、このような正義の「なに」についての見解が、多次元的な社会存在論を規範的一元論に結びつけていることである。したがって、それは変則的正義の肯定的および否定的な側面に対処しうる。その存在論的な多次元性のおかげで、それは通常化する分配主義をめぐる論争を妥当なものとみなすことができる。それは誤った承認と誤った代表が基本的に純然たる不正義であることを表明しながら、これまでの文法を侵犯する主張に公平に耳を傾けるのである。それと同時に、その規範的一元論のおかげで、このアプローチは三つの様式の不正義を共通の物差しのもとに束ねることができる。それは再分配、承認、そして代表の要求を、参加の同等性という包括的な原則に従わせながら、それらのすべてを調停しうる討議空間をつくりだしている。つまり、このアプローチは、正義の「なに」についての見解がいくつも作動している変則的言説の条件のもとで、それらの主張を評価しうる展望を開いているのである。

とはいえ、大きな問題がまだ残っている。だれのあいだの参加の同等性なのか。だれが、だれと同等に、どの社会的相互行為に参加する資格をもつのか。正義の「だれ」に言及する適切な方法を見つけられないかぎり、こうした「なに」のアプローチはまだ有効ではない。

正義の「だれ」——誤ったフレーム化と従属

したがって、「だれ」にかかわる、変則的正義の第二の結節点に移ることにする。この問題についても、変則的正義の肯定的および否定的側面に、ただちに対処しなければならない。いかなる種類の理論化であれば、ウェストファリア的フレームをめぐる論争を価値あるものとみなしながら、だれが対象となるのかをめぐって対立する見解を内包した議論を整理することができるのか。簡潔に答えれば、それは再帰的であると同時に決定的でもある理論化である。説明しよう。

拡大した論争を価値あるものとみなすためには、変則的正義に関する考察は、正義の第一段階の問いが不正にフレーム化されているという主張に開かれなければならない。そのような主張が公平に聞かれるよう保証するためには、まず、誤ったフレーム化の不正義が基本的に存在しうるということを想定しなければならない。つまり、変則的正義の理論化は再帰的でなければならない。分配、承認、代表をめぐる第一段階の問いに、参加の同等性という原則を適用するためには、フレームそれ自体が争われる、つぎの水準に跳び移ることができなければならない。「だれ」をめぐる問いを正義の問いとして把握することができるのは、再帰的になることによってのみである。

どうすれば、変則的正義で必要とされる再帰性を生み出しうるのか。ここで提案する戦略は、政治的次元についての特異な認識に依拠している。これまで、私はこの次元を通例にならって、もっぱら「通常政治の誤った代表」にかかわるものとみなしてきた。これは境界線と成員資格が固定的であると広く想定された、政治共同体の内部で生じる政治的不正義である。したがって、通常政治の誤った代表は、ある政体の意思決定のルールが、基本的に成員とみなされた一部の人々から、同輩として完全に参加するチャンスを剥奪するとき生じる。近年、こうした不正義は、選挙人名簿のジェンダー・クオータ、多文化的権利、先住民の自治、地域主権の要求から、選挙資金改革、区割り、比例代表、累積投票の要求にいたる、通常政治的な代表の様式でも変革の要求を引き起こしている[24]。

これらの問題は重要ではあるが、物語の半分しか構成していない。境界づけられた政体のフレームのなかで生じる通常政治の不正義に加えて、「メタ政治的不正義」というべき、もうひとつの水準を概念化することもできる。それは政治空間の境界づけられた政体への分割の結果として生じるものである。この第二の水準には、誤ったフレーム化の不正義が含まれる。そのような不正義は、ある政体の境界線が、不当にも一部の人々から、公式の正義をめぐる論争にそもそも参加するチャンスを剥奪するとき生じる。そうした場合、非成員として構成された人々は、政体の内部において分配、承認、通常政治的代表の問題で考慮される資格をもった人々の世界から、不当にも排除される。さらに、この不正義はある政体から排除された人々が、別の政体では正義の主体として包摂されている場合にも生じる。それは政治的分割の結果、関連する正義のいくつかの側面が、彼らの手の届かないところにあるような場合である。その一例は、推定上対等な主権国家からなる国際システムが、グローバルな貧者を犠牲に政治空間をいびつに区割り《ゲリマンダリング》している方法である。

世界社会フォーラムと結びついた、多くの「もうひとつのグローバリゼーション」活動家たちは、誤ったフレーム化ということばを使っているわけではないが、彼らの主張にはそうした観念が言外にみなぎっている。彼らのみるところ、ウェストファリア的フレームは、グローバルな貧者が越境的な不正義の犯人に立ち向かうのを妨げており、それゆえ不正である。このフレームは彼らの要求を弱小国家あるいは破綻国家の国内政治の領域にそらし、より強力な略奪国家、外国の投資家や債権者、国際的なマネー投機家、そして／あるいは多国籍企業といった国外の悪人たちを事実上免責している[25]。同じく重大なことに、それは外国の強奪を可能にする背景構造、とりわけ、グローバル経済の搾取的な統治構造と国家間システムの非民主的な設計への異議申し立ても妨げている[26]。

いずれにせよ、世界社会フォーラムの活動家たちの一部は、このように主張している。彼らの関心は、ここでいう第二の正義の水準、誤ったフレーム化の害悪を含むメタ政治的な水準に合致している。この水準は第一段階の正義のフレーム化それ自体が不正かもしれないという可能性に向けられており、それゆえフレームの問いを正義の問いとしてとらえる。その結果、それは変則的正義における「だれ」をめぐる論争を分析するのに必要とされる再帰性を提供するのだ。

しかし、再帰性だけでは解決にはならない。誤ったフレームの不正義が基本的に存在しうるということを受け入れるとすれば、それらが実際いつ、どこに存在しているのかを判断するための手段がただちに必要とされる。つまり、変則的な時代の正義論は、フレームを評価するための決定的な規範原則を必要とするのである。そうした決定原則がなければ、さまざまなフレームを見定めることも、したがって「だれ」をめぐって対立する理解を内包した論争を整理することもできない。

フレームを評価するための決定原則とはいかなるものか。近年、三つの主要な候補が提示されている。成員資格原則の提唱者は、政治的帰属の基準に訴えることで「だれ」に関する論争を解決しようとしている。したがって、彼らにとっては、諸個人の集合を正義の同胞主体に変えるのは、共有された市民資格あるいは共有された国籍である。[27] このアプローチは政治的成員資格にもとづいてフレームを画定するので、現存する制度的現実そして／あるいは広く認められた集合的同一化に根拠づけられるという利点をもっている。しかし、そうした長所は短所でもある。実際、成員資格原則は、特権的で有力な人々の排他的ナショナリズムをあまりにも安易に追認し、その結果、既存のフレームを批判的な検証から守るのにも役立っている。

それゆえ、一部の哲学者や活動家が、人間主義の原則に注目しているのも不思議ではない。彼らはより包摂的な標準を求めており、人格性の基準に訴えることで「だれ」に関する論争を解決しようとしている。したがって、彼らにとっては、諸個人の集合を正義の同胞主体に変えるのは、自律性、合理性、言語使用、善の観念を形成し追求する能力、道徳的危害にたいする脆弱性といった、人類に共通する顕著な特徴の所有である。[28] このアプローチは人格性にもとづいてフレームを画定するので、排他的ナショナリズムの批判的な歯止めにはなる。しかし、その高邁な抽象化は弱点でもある。それは現実的あるいは歴史的な社会関係を不遜にも忘却し、無差別にも、あらゆることに関して、あらゆる人々に地位を付与してしまう。それはグローバルな人類という万人仕様のフレームを採用することで、さまざまな問題が異なる正義のフレームや秤を必要とする可能性を締め出してしまうのである。

それゆえ、さらに別のグループの哲学者や活動家が、成員資格の排他的ナショナリズムと人間主義の抽象的グローバリズムの両方を拒否しているのも当然である。被害者限定原則の提唱者たちは国境横断的な正義の概念化をめざしており、社会的な相互依存の関係に訴えることで「だれ」をめぐる論争を解決しようとしている。したがって、彼らにとっては、人々の集団を正義の同胞主体に変えるのは、入り組んだ因果関係における客観的な重なり合いである[29]。このアプローチは成員資格の自己利益中心的な観念の批判的な歯止めとなり、また社会的な関係も視野に入れられるという長所をもっている。しかし、それは「だれ」を客観主義的に、因果性の観点から理解することで、その選択を主流の社会科学に事実上委ねている。しかも、被害者限定原則は、だれもがあらゆることに影響されると主張するバタフライ効果の背理にもとらわれている。それは道徳的に関連する社会関係を見分けられず、自らが避けようとした万人仕様のフレームに抵抗することができない。つまり、それもまた変則的な時代に「だれ」を決定するための擁護しうる基準とはなりえないのである。

成員資格、人間主義、被害者性のそれぞれの欠陥を考えると、いかなる種類の決定原則が、変則的正義において敵対するフレームを評価するのに役立ちうるのか。私は誤ったフレーム化の告発を、被治者限定原則というべきものに従わせることにしたい。この原則によれば、所与の統治構造に従属する人々だけが、それに関係する正義の主体としての道徳的地位をもつ。この見解では、人々の集合を正義の同胞主体に変えるのは、共有された市民資格や国籍でも、共通する抽象的な人格性の所有でも、因果的な相互依存という単純な事実でもなく、むしろ、人々の相互行為を左右する基本ルールを定める統治の構造への共同の従属である。いかなる統治構造であっても、被治者限定原則は道徳的関心の範囲を従属の範囲に合わせるのだ(30)。

もちろん、すべては「統治の構造への従属」という表現をどう解釈するかにかかっている。私はそれを広く、さまざまな類型の権力にたいする関係を含むものと理解している。統治構造は国家に限定されず、重要な社会的相互作用の範囲を組織する強制可能なルールをつくりだしている、非国家的な機関も含んでいる。もっともわかりやすい例は、世界貿易機関や国際通貨基金といった、グローバル経済の基本ルールを定める機関である。しかし、ほかにも多くの例があげられる。たとえば、環境規制、原子力、治安、安全保障、健康、知的財産権、民事および刑事の法執行などを統治する国境横断的な機関である。これらの機関が巨大な国境横断的な住民の相互行為を規制しているかぎり、たとえルール作成者が自らの統治する人々に説明責任を負わないとしても、それらは後者を従わせているということができる。こうした統治構造の広い理解を考えると、「従属」ということばも同じように広く理解されなければならない。この概念は公式の市民資格に、あるいは国家の管轄権内にあるという条件にすら制限されないので、非国家的および超国家的な形式の統治性の強制権力に従うという条件までも含んでいる。

このように理解すれば、被治者限定原則はフレームの（不）正義を見定める批判的な基準となりうる。ある問題が正しくフレーム化されるのは、関連する社会的相互行為の範囲を規制する統治構造に従わされた万人が平等に考慮される場合だけである。もっといえば、そうした考慮に値するためには、すでに問題となる構造の公式に認められた成員である必要もない。それに従わされているだけでよいのだ。グローバル経済の統治構造が押しつけるルールの結果、その経済から非自発的に切り離されたサハラ以南のアフリカ人は、公式にはグローバル経済に参加していると認められなくとも、その経済に関係した正義の主体とみなされるのである[31]。

被治者限定原則は、先行する諸原則の主要な欠点を補っている。成員資格とはちがって、それは排他的ナショナリズムの自己利益中心的な盾を突き破り、誤ったフレーム化の不正義を想定することができる。人間主義とは異なり、それは社会関係に注目することで、抽象的、包括的なグローバリズムを克服している。被害者性とはちがって、それは道徳的に関連する社会関係の類型、つまり統治構造への共同の従属を特定することで、バタフライ効果の無差別性を回避している。被治者限定原則は、ウェストファリア的な「だれ」を単一のグローバルな「だれ」に置き換えるどころか、正義のいかなる万人仕様のフレーム化にも反発している。今日の世界では、だれもが地方的、国家的、地域的、グローバルといった、複数の異なる統治構造に従っている。したがって、必要なのはさまざまな問題に合わせて、いくつもの異なるフレームを画定することである。被治者限定原則はさまざまな目的に応じて複数の「だれ」を選び出すことができるので、いつ、どこで、どのフレームを適用するのか、すなわち、所与のケースで、だれが、だれと同等に参加する資格をもつのかを教えてくれるのである。

しかし、こうした提案についても、その詳細よりも、その包括的な概念構造のほうが重要である。ここできわめて重要なのは、このアプローチが正義のフレームをめぐる再帰的な問いを決定的な評価原則と組み合わせていることである。そのようにして、それは変則的正義の両面、すなわち肯定的および否定的な側面に注意を払っている。その再帰性のおかげで、誤ったフレーム化という概念は、ウェストファリア的フレームをめぐる論争を妥当なものとみなしている。この概念はメタ・レヴェルに向けられており、第一段階の正義の問いが不正にフレーム化された可能性を認められるようにしている。それと同時に、その決定的な性格のおかげで、このアプローチはさまざまな「だれ」の正義を評価する方法を提供している。それは提起されたフレームを被治者限定原則に従わせることで、それらの優劣をつけることを可能にしている。つまり、このアプローチは変則的な時代の「だれ」をめぐる論争を整理するのに、かなり有望である。

とはいえ、もうひとつの大きな問題が残っている。どのように被治者限定原則を実行すべきか。変則的な時代において、その原則はいかなる手続きやプロセスを経て適用され、だれが対象となるのかという論争を解決しうるのか。正義の「いかに」に言及する適切な方法を見つけられないかぎり、こうした「だれ」のアプローチもまだ有効ではない。

正義の「いかに」——メタ民主主義を制度化すること

最終的に、これは「いかに」の問いに到達する。この問題にとっても、秘訣は変則的正義の肯定的および否定的な側面に対処することである。いかなる種類の正義の理論化であれば、拡大した論争を価値あるものとみなしながら、正義の「いかに」についての共有された理解が存在しない議論を整理することができるのか。簡潔に答えれば、それは対話的であると同時に制度的でもある理論化である。説明しよう。

拡大した論争を価値あるものとみなすためには、変則的な時代の正義論は、これまでの考察で明らかになった二つのアプローチを避けなければならない。まず、それは強力な国家や民間のエリートが正義の文法を決定するというヘゲモニー的推定を保留しなければならない。すでにみたように、「だれ」をめぐる議論がほとんど行なわれず、また密室のなかで解決されるよう制限されていた通常的正義では、そのような見解はいうまでもないことであった。しかし、社会運動がウェストファリア的フレームを争うようになると、それらの運動はフレームの問いを広範な公的論争にふさわしい主題として扱ったという事実だけで、そうした特権に立ち向かうようになった。それらは「だれ」を決定するときの発言権を要求しながら、同時にヘゲモニー的な「いかに」も問題化している。つまり、これらの運動は、ほかのいかなる要求よりも大切なことを要求している。それは変則的な時代において正義のフレーム化をめぐる議論を取り扱うための、新しい、非ヘゲモニー的な手続きを編み出すことである。こうした要求も、公平に聞くべきである。それをあらかじめ締め出さないようにするためには、このような時代の正義論は、「いかに」についての非標準的な見解を受け入れなければならない。

つぎに、変則的な時代の正義論は、「科学主義的推定」というべきものを却下しなければならない。これは被害者限定原則の一部の提唱者によって想定されており、彼らの正義の「いかに」の理解によれば、フレームに関する判断は、だれがなにによって影響され、したがって、だれがどの争点において考慮に値するのかについて論争的ではない事実を知っていると想定された、通常社会科学によって決定されるという。しかし、変則的正義においては、事実主張の根底にかならずある歴史解釈、社会理論、規範的想定そのものが争われるので、フレームをめぐる議論は単純な経験的事実の問いには還元されない(32)。

もっといえば、不正義の条件のもとでは、社会「科学」の主流とみなされるものは特権的な人々の視座を反映し、その盲点を隠蔽したものかもしれない。そうした条件のもとで科学主義的推定を採用することは、不利な立場の人々の主張を締め出すことになりかねない。したがって、拡大した論争を支持する理論は、そのような推定を却下しなければならない。それは社会的知識の妥当性を否定することなく、「だれ」をめぐる議論は「正義の専門家集団」によって解決されるという提言を拒絶しなければならない[33]。

ほかには、どのようなことが考えられるだろうか。ヘゲモニー的推定と科学主義的推定は、それぞれの差異にもかかわらず、同じ前提を共有している。いずれもフレーム化の議論を独白的に、政治論争の討議的なやりとりに説明責任を負わない権威（一方は権力、もう一方は科学）に訴えることで解決しようとしている。変則的な時代の正義論は、こうした独白的な前提を拒絶しなければならない。論争を価値あるものとみなすためには、それはフレーム化の議論を対話的に、制約されない包摂的な公的討論によって正統に解決されるべき政治対立として扱わなければならない。変則的正義の理論化は権威への訴えを拒絶し、被治者限定原則を「だれ」をめぐる議論に適用する対話的なプロセスを構想しなければならない。

つまり、変則的な時代の正義論は対話的でなければならないのだ。しかし、対話だけでは解決とはならない。フレームの対立は討議的に取り扱われるべきであるということを受け入れるとすれば、「だれ」をめぐる公的な論争が拘束力のある解決に行き着く方法をただちに構想しなければならない。論争と正統な意思決定の関係についての説明がなければ、被治者限定原則を実行することも、したがって変則的正義の議論を進めることもできないのである。

この関係をどう理解するべきか。ひとつのアプローチは、対立と決定の結びつきを市民社会に位置づけようとするものである。これを「民衆主義」と呼ぶことにしよう。たとえば、このアプローチは被治者限定原則を適用する任務を、世界社会フォーラムのような社会運動や討議領域に割り当てようとする。[34]しかし、民衆主義は対話主義の要件を満たしているようにもみえるが、少なくとも二つの理由から不十分である。まず、たとえ最適に編成された市民社会であっても、正義を再フレーム化するという提案を正統化しうるほど代表的でも民主的でもない。つぎに、市民社会は自らの提案を拘束力のある政治的決定に変える能力をもっているわけでもない。いいかえれば、市民社会の行為者は目新しい主張を公的論争に導入することはできるが、自分たちだけでは主張を保証することも、拘束力のある決定を行なうこともできないのである。

これらの限界は、対話的プロセスの第二の経路、つまり公式の制度的経路の必要を示している。この第二の経路は、第一の経路にたいして動的な相互作用の関係にある。双方向のコミュニケーション・プロセスの一方とみなされる公式の制度的経路は、したがって、もう一方の市民社会の経路に応答しなければならない。[35]しかし、それは二つの点で後者とは異なっている。まず、制度的経路は審議の民主的正統性を確保するために、公正な手続きと代表的な構造を必要とする。つぎに、代表者たちは世論と選挙をつうじて説明責任を負いながら、だれが所与の統治の構造に実際に従わされているのかに関してコミュニケーション的に生み出された判断を反映した、「だれ」についての拘束力のある決定を行なう能力をもっていなければならない。

結局のところ、変則的正義は、フレーム化をめぐる論争を公開し解決しうる、新しいグローバルな民主的制度を必要としている。私が提案しているアプローチは、そのような論争はけっしてただちに消え去るわけではなく、いかなる決定的で最終的な解決にもなじまないということを想定しており、それらの論争をグローバル化する世界の永続的な特徴とみなしている。つまり、そのような論争を民主的に、国境横断的な市民社会との永遠の対話のなかで立ち上げ、暫定的に解決するための新しい制度を提唱しているのである。

たしかに、そのような配置の設計と作用については、もっと多くのことが語られなければならない。しかし、ここでの議論の目的からいえば、その詳細よりも、その包括的な概念構造のほうが重要である。とりわけ重要なのは、こうした正義の「いかに」をめぐる見解が、対話的および制度的な特徴を組み合わせていることである。その結果、この見解は変則的正義の両面、すなわち肯定的および否定的な側面に注意を払う。その対話主義のおかげで、それはこれまで自明視された正義の媒介変数をめぐる論争を価値あるものとみなす。それは独白主義を却下し、ヘゲモニー主義と科学主義が締め出した主張が公平に聞かれるようにするのだ。それと同時に、その複線的な性格のおかげで、それは民衆主義の正統性と決定にかかわる欠点を克服する。正義の再フレーム化というメタ要求を、市民社会と新しいグローバルな代表制度の双方向のコミュニケーション・プロセスに従わせることで、それは「だれ」をめぐる意見の対立という文脈のなかで被治者限定原則を実行するための手続きを構想する。つまり、このアプローチは変則的正義におけるフレーム化の対立を暫定的に解決する見通しを開くのである。

しかし、それだけではない。メタ問題を整理する手段を提供することで、この提案は最初に取り上げた、喫緊の第一段階の問題につうじる道も明らかにしている。それは誤ったフレーム化の不正義と折り合うと同時に、悪しき分配、誤った承認、誤った代表の不正義に取り組む方法も開いている。つまり、このアプローチは変則的な時代の不正義を克服ないしは縮小するための政治的シナリオの構想を可能にするのである。

こうした目的を促進することをねらいとして、私は本節における議論を組み立ててきた。ここでは、変則的言説の条件に適合する正義論は、三つの特徴を組み合わせるべきであると論じた。まず、そのような理論は、社会存在論においては多次元的で、規範的には一元論的な正義の「なに」の説明を内包しなければならない。たとえば、再分配、承認、通常政治の代表の要求を、参加の同等性という原則に従わせる説明である。つぎに、この理論は、再帰的であると同時に決定的でもある「だれ」の見解を内包しなければならない。たとえば、誤ったフレーム化の不正義にたいする主張を、被治者限定原則に従わせる見解である。最後に、変則的な時代の正義論は、対話的であると同時に制度的でもある「いかに」の見解を内包しなければならない。たとえば、メタ政治的な主張が熟議民主主義的な決定の手続きに従わせられる、新しいグローバルな代表制度を構想する見解である。

しかし、より重要なのは、これらの詳細よりも、ここで説明した一般的な問題のほうである。変則的正義の条件のもと、これまで「なに」、「だれ」、「いかに」について自明視されてきた想定は、もはやいうまでもないことではなくなった。したがって、それらの想定そのものが批判的な議論や再検討に開かれなければならない。そうした議論の秘訣は、つぎの二つのことを回避することである。一方では、還元的な分配主義や過ぎ去りしウェストファリア主義のような、もはやグローバル化する世界には適合しない想定にしがみつこうとする、反動的で結局はむだな誘惑に抗わなければならない。他方では、まるで論争それ自体が解放であるかのように、変則性そのものを祝福するのを避けなければならない。本節では、変則的正義を不正義にたいするあらゆる闘争が赴くべき当面の地平とみなす、もうひとつの態度を類型化しようと試みてきた。今日われわれの世界を侵食している巨大な不正義を縮小しようと望むことができるのは、こうした条件の危うさと見通しの両方を認識することによってのみである。

新しい通常？　再帰性、闘技、ヘゲモニーについて

最後に、私の包括的な議論の概念的および政治的な含意のいくつかを考察することにしたい。これまでのところ、私の議論は二つの異質な要素、ひとつは診断的、もうひとつは再構築的なものを内包してきた。まず診断的な部分では、現在を政治的論争の媒介変数が混乱した変則的正義の時代として説明した。変則性の三つの異なる結節点を見分けながら、脱通常化に苦しむ（ウェストファリア的＝分配主義的）言説編成の輪郭を地図化したのである。つぎに再構築的な部分では、変則的な時代の正義について考察するための三つの対応する戦略を提案した。ありふれた正義論が通常的言説を前提としていることを指摘しながら、正義の「なに」、「だれ」、「いかに」についていかなる同意もない文脈により適合した、代替的な理論化のモデルをつくりだそうとしたのである。私の議論がこれら二つの異質な要素から成り立っているとすれば、それらの関係についての問いも生じるだろう。いかなる概念的な論理と政治的な展望が、現在の状況の時代診断と理論的な再構築の試みを結びつけるのか。[36]

二つの可能性が考えられる。ひとつの読み方によれば、変則的正義の否定的な特徴は、再通常化に向けた試みを保証しえないほど、不正義にたいする闘争を無力化している。この見解が強調するのは、要求を聞き入れるための相対的に安定したフレームワークが存在しないなかでは、解放的な変革はありえないということである。そのように仮定すれば、目標は現在の状況に応じて、そのようなフレームワークを再構築することである。うまくいけば、グローバル化する世界により適合した、新しい「なに」、「だれ」、「いかに」の解釈にもとづいた、新しいパラダイムの正義の通常的言説が導き出されるかもしれない。それゆえ、この読み方によれば、私の詳細な提案はそうしたパラダイムを構築することに向けられる。その包括的な議論の趣旨は、「新しい通常」をつくりだすことなのだろう。

たしかに、グローバル化する世界に適合したかたちで、正義の対立を再構築しうる新しい通常を考案するのも、けっして悪いことではない。しかし、そのようなアプローチが現状に十分ふさわしいかどうか疑ってみる理由もある。まず、再通常化は新しい論争の場を拙速にも閉ざし、それらが説得力をもつのを誤って妨げるおそれがある。また、それは新しく理解しうる正義要求とみなされるものを前もって限定的に定義することで、新しい排除を固定化するおそれがある。最後に、「新しい通常」を確立しようとする試みは、正義の情況が流動的で柔軟性を要求している歴史的な転換期に、一連の固定された正義の想定を安置するおそれがある。これらの理由から、ここで示した包括的な議論のもうひとつの読み方を考えてみるべきである。

私の念頭にある第二の読み方は、通常的正義と変則的正義の区別を揺るがす帰結を構想したものである。この読み方はこれらの言説のそれぞれの短所を強調しながら、それらの欠点を回避し、それぞれの最良の特徴を組み込んだ代替的なモデルを求めている。変則的言説とは異なり、この望ましいモデルは今日の正義の闘争を、当事者がたがいに向き合い、観察者の注意と判断を駆り立てるような議論として組み立てるのに十分な能力をもっている。他方、通常的言説とはちがって、この期待されるモデルは「なに」、「だれ」、「いかに」についての目新しい主張を受け入れるのに十分な自己問題化の能力をもっている。通常的言説と変則的言説の特徴を組み合わせることで、政治的議論に必要とされる問題解決への方向を取り入れるが、あらゆる問題解決を暫定的なものとして、すなわち疑問、可能であれば停止、その結果再開に従うものとして扱う正義の文法が導き出される。このようなモデルは新しく生まれる排除への応答性を涵養しながら、これまで締め出されてきた不正義を開示することを目的とした再帰的な自己問題化を促す、誤ったフレーム化のような概念を引き立てるだろう。こうした読み方によれば、この包括的な議論の趣旨は、変則性にふけることでも、新しい通常をあわてて立てることでもない。むしろ、それは再帰的正義と呼びうる、第三の様式の言説をつくりだすことなのである。

再帰的正義という観念は、現在の変則的言説の文脈にうまく適合する。こうした文脈では、「なに」、「だれ」、「いかに」をめぐる論争は、すぐには解決されそうにない。したがって、これら三つの変則性の結節点を、予期しうる将来にわたって持続する正義の言説の特徴とみなすことには意味がある。とはいえ、今日の世界における第一段階の不正義の重大さを前にして、継続中のメタ議論を免罪符として扱うとすれば、それは想像しうるかぎりで最悪の対応であろう。つまり、言説の変則性を理由に、不正義を正そうとする試みを先送りしたり、追い払ったりしてはならないのだ。「再帰的正義」という表現は二重の関与を表わし、二つの水準で同時に作動する理論化の様式を指し示している。不利な立場にある人々のための緊急の要求を考慮しながら、それらの要求と組み合わされるメタ・レヴェルの意見の対立を分析すること。変則的な時代には、これら二つの水準は解きがたく絡み合っており、再帰的正義はどちらも無視することはできない。そのような正義の理論化は二つの水準の交差点で作用し、それらを往還しながら、たがいの欠点を軽減しうる矯正的な能力を動員する。通常的言説と変則的言説の区別は、このようにしてかき混ぜられるのである[37]。

これらの理由から、私は自らの包括的な議論の目的を、新しい通常というよりも一種の再帰的正義として理解することにしたい[38]。こうした読み方は、さらに考慮に値する二つの付加的な含意をもっている。第一の含意は、政治哲学ではよく知られた討議倫理的アプローチと闘技的アプローチの対立にかかわる。正しいか間違っているかは別にして、前者はときにうんざりするほど通常化するものとみなされ、後者はしばしば無責任といっていいほど変則性にふけっているとみなされる[39]。私はこれらの応酬し合う非難に優劣をつけようとはせずに、そうした対立もまた再帰的正義の観念によってかき混ぜられるということを示すつもりである。闘技モデルのように、再帰的正義は通常的正義の排除を浮かび上がらせる問題発見の局面に価値をみいだし、後者が沈黙させてきた主張者を抱きしめ、後者が締め出してきた不正義を明るみに出す。これはすべて不正義を争うには欠かしえないとみなされる。しかし、討議倫理のように、再帰的正義は政治的議論、集合的意思決定、公的活動を可能にする問題解決の局面にも価値をみいだしている。これはすべて不正義を正すには避けられないとみなされる。再帰的正義はこれらの二つの局面、すなわち問題発見と問題解決の局面を調停しようと試みており、闘技と討議倫理の標準的な対立を偽りの反定立とみなしている。それはどちらかのモデルを絶対化したり、その結果もう一方の洞察を排除したりするのを拒否し、それぞれの要素に依拠しながら、変則的な時代に合った新しい理論化の様式をつくろうとしているのである。

第二の含意は、変則的正義の問題設定とヘゲモニーのそれとの関係にかかわる。周知のように、ヘゲモニー理論は権力の荒々しい抑圧の側面とは別に、その第二の言説的な側面を概念化している。この第二の側面は雑多な構成員のために「共通感覚」を構築し、それによって支配者が彼らを共有された政治的世界に引き入れる能力を含んでいる。そうした世界のなかで、それぞれの構成員は自らを政治的主体として組み立て、自らの関心と目標を他者に理解されうるように公式化することができる[40]。このようにみれば、ヘゲモニーは正統な政治的意見の対立の世界を画定すると同時に、その外部を理解しがたい領域として構成する能力を含んでいる[41]。これはつぎのようにもいいかえられる。それ自体ほとんど自明の一連の構造化する背景的前提を設けることで、ヘゲモニーは説得力のある正義の要求とそうではない要求をあらかじめ決定するのである。

このように理解すれば、ヘゲモニー理論はここで立てた問題設定と明らかに類似している。それとの関連でいえば、通常的正義のエピソードは、相対的に安定した、争われることのないヘゲモニーの時期に対応している。そうした場合、共通感覚を外れた主張は放逐され、対抗ヘゲモニー的な陣営に吸収されることもない。これとは対照的に、変則性のエピソードは、あからさまなヘゲモニー闘争の時期と相関している。そうした場合、対抗ヘゲモニー的な編成は、これまで共通感覚として通ってきたものを問題化するのに十分な結集力を獲得している。しかし、こうした類似性とは別に、ヘゲモニーの問題設定は今日の変則性についての異なる歴史的な説明を提示している。そのレンズをとおしてみれば、この説明は「グローバリゼーション」の主体なきプロセスというよりも、一九八九年のソ連の崩壊以後の米国のヘゲモニー凋落に跡づけられる。米国のヘゲモニーが冷戦にもとづいていたとすれば、その地政学的な秩序の失効は「自由世界」を画定してきた（ウェストファリア的＝分配主義的な）正義の文法にたいする異議申し立てを提起している。米国は「テロとの戦い」に関して説得力のある冷戦後の共通感覚を表明しておらず、これまでのところ自らのヘゲモニーを持続することができないということがわかった。その結果、権力の二つの側面に、紛れもない不一致が生じている。米国の軍事的優位は、それに見合うだけの、正義をめぐる対立を通常化しうる共通感覚を構成する能力と対応していないのだ。したがって、正義の言説が脱通常化にさらされ、「なに」、「だれ」、「いかに」をめぐる論争が増殖しているのも不思議ではない。

あえてこのように論じてみると、それはここで展開したものと実際に敵対しているわけではない。それどころか、ヘゲモニーの視座は変則的／通常的言説の問題設定を補完している。前者が正義の言説を歴史的、戦略的にとらえ、権力の変化を理解することを目的としている一方で、後者はその言説を哲学的、規範的に問いただし、解放的な変革の当面の可能性を開くことを目的としている。したがって、これら二つの視座はたがいに両立しないどころか、たがいを豊かにしている。ヘゲモニー理論と同じく、変則的／通常的というフレームワークは、正義の言説の歴史性と権力負荷性を認めている。しかし、それは解放への関心を付け加えており、正義の文法は従属者が権威ある観点から語るのを可能にするよう再構成されるべきだと主張している。このように、ここで展開した視座は、ヘゲモニー理論だけでは手に入れられない、批判理論化の重要な成分を供給している。たしかに存在する道徳的な怒りのために現代の不正義をあばきうる、とらえにくいが触発する正義の言説の構想。リチャード・ローティのことばによれば、それは「社会的希望」の、さもなくば失われたであろう成分を供給しているのである。

第5章　公共圏の国境を横断すること
——ポストウェストファリア的世界における世論の正統性と実効性について

　今日、「国境横断的公共圏」、「ディアスポラ的公共圏」、さらには台頭しつつある「グローバルな公共圏」について語ることは常識となっている。そして、そうした議論には明白な論点がある。増大するメディア研究の文献は、国民および国家の境界を流出する討議のアリーナの存在を記録している。数多くのカルチュラル・スタディーズの研究者は、そのようなアリーナの輪郭と、それらを貫通するイメージや記号の流れをたくみに描き出している。(1)「国境横断的公共圏」という観念は直観的には説得力があり、それゆえ社会的現実をしっかりと把握しているように思われる。

　しかし、この観念は問題を提起している。公共圏という概念は、コミュニケーションの流れを理解するだけでなく、民主主義の批判理論に寄与するためにも編み出されたものであった。そうした理論では、公共圏はコミュニケーションによる世論形成の空間とみなされている。そのプロセスが包摂的で公平であるかぎり、公共性は批判的な検証に耐えられない見解を却下し、それに耐えられる見解の正統性を保証すると想定される。つまり、だれが、いかなる条件で参加するのかが問われるのである。さらに、公共圏は世論を政治的な力として凝集する媒体ともみなされている。市民社会の熟慮された意見を動員しながら、公共性は官僚に説明責任を負わせ、国家の行動が市民の意志の表われであることを保証すると想定される。つまり、公共圏は主権的な権力と相関していなければならないのである。これら二つの考え、すなわち世論の規範的正統性と政治的実効性は、ともに批判理論における公共圏の概念には不可欠である。(2) それらがなければ、この概念は批判的な効力と政治的な効用を失ってしまうだろう。

けれども、これら二つの特徴は、今日「国境横断的公共圏」と呼ばれる討議のアリーナとは容易には結びつかない。対話者が政治生活に平等に参加する権利をもった政治共同体の同胞成員ではないコミュニケーションのアリーナに、正統な世論という観念を結びつけることは難しい。また、主権国家と相関しない討議の空間に、実効的なコミュニケーション的権力という観念を結びつけることも困難である。つまり、今日「国境横断的公共圏」について語ることの意味は、けっして明白ではない。少なくとも、批判理論の視座からみれば、この表現はいくぶん撞着語法のように聞こえるのだ。

とはいえ、「国境横断的公共圏」という観念を軽率にも捨てるべきではない。このような観念は、現在の「ポスト国家的な布置状況」で批判理論を再構築しようとする人々には不可欠であると思う。しかし、そうした観念に比較的ありふれた常識的な方法で、その内容についてはすでに知っているかのように言及するだけでは不十分である。むしろ、振り出しに戻り、公共圏理論を問題化し、そして最後にコミュニケーション的権力の規範的正統性と政治的実効性という構想を再構築することが必要である。秘訣は二つの等しく不完全なアプローチの隘路をすり抜けることである。一方では、実在する現実に理論を適用するだけの経験論的アプローチを避けなければならない。なぜなら、そうしたアプローチは規範的な力を犠牲にするおそれがあるからである。他方では、理想的な理論を引き合いに出して社会的現実を非難する外在論的アプローチも避けなければならない。なぜなら、そうしたアプローチは批判的な牽引力を失うおそれがあるからである。これらに代わりうるのは、むしろ、規範的な基準と解放政治的な可能性を歴史的に開かれた布置状況のなかに正確に位置づけようとする、批判理論的アプローチである。

しかし、このプロジェクトは大きな困難に直面している。少なくともユルゲン・ハーバーマスが先鞭をつけた一九六二年以後、公共圏理論はウェストファリア的な政治的想像力によって暗示的に形成されてきた。それは自らの領域国家をもった境界づけられた政治共同体というフレームを暗黙のうちに前提としてきたのである。[3] 同じことは、フェミニズム、多文化主義、反人種差別といった、その後のほとんどすべての平等主義的な公共圏理論の批判にもあてはまる。実際、この理論のウェストファリア的な支柱が問題化されだしたのは、ようやく最近になってからである。つまり、一方ではポスト冷戦期の地政学的な混乱のために、他方では「グローバリゼーション」と結びついた国境横断的な現象の噴出のために、公共圏理論を国境横断的なフレームで再考することが可能になり、また必要にもなったのである。けれども、ほかならぬこれらの現象は、困難な問いを提起している。公共圏という概念は、現在を理論化する批判的な道具としては救済しがたいほど、その深い概念構造において完全にウェストファリア的なのか。あるいは、その概念はポストウェストファリア的なフレームに適合するよう再構築されうるのか。後者の場合、その課題はたんに国境横断的な公共圏を現存する制度として概念化することではない。

むしろ、それは現在の布置状況の解放的な可能性を照らし出しうるように、公共圏の批判理論を再定式化することである。

本章では、そうした議論のための媒介変数を説明する。私は決定的な答えを提示するというよりも、むしろ議論の地勢図を描き出し、問いを提起するつもりでいる。とはいえ、公共圏理論は基本的には重要な批判的＝概念的な資源であり、できるなら廃棄するよりも再構築すべきであるという想定からはじめている。ここでの議論は三つの部分に分けて進められる。まず、ハーバーマスの公共圏理論の暗黙のウェストファリア的前提を解明し、そうした前提が主要なフェミニズム的、反人種差別的、多文化的な批判にも残存していることを証明する。つぎに、伝統的な公共圏理論とその批判的な対抗理論化の両方を問題化している、国境横断性のいくつかの際立った局面を明らかにする。そして最後に、公共圏の理論家たちがこれらの難題に応答しうるいくつかの戦略を提案する。私の包括的な目的は、現在脱政治化される危険にある公共圏理論を再政治化することである。

古典的公共圏理論とそのラディカルな批判——ウェストファリア的フレームを主題化すること

まず、あらゆる議論の典拠とされるユルゲン・ハーバーマスの『公共性の構造転換』から導き出される、公共圏理論のいくつかの分析的な特徴をおさらいしておこう。この初期の著書において、ハーバーマスの探究は二つの水準で同時的に進められている。ひとつは経験的で歴史的なもの、もうひとつはイデオロギー批判的で規範的なものである。これら二つの水準において、公共圏は境界づけられた政治共同体や主権領域国家、しばしば国民国家と同一の広がりをもつものとして概念化されていた。たしかに、これはかならずしも完全に明示的だったわけではない。しかし暗黙のうちに、ハーバーマスによる公共圏の説明は、いずれもウェストファリア的な政治空間のフレーム化を自明視した、少なくとも六つの社会理論的な前提に依拠していた。

一、『構造転換』では、公共圏は境界づけられた領土に主権的権力を行使する近代的な国家装置と相関していた。したがって、ハーバーマスは、世論は基本的に自らの住民の営みを規制し、また彼らの問題を解決しうるウェストファリア的な国家に向けられるものであると想定していた[4]。

二、『構造転換』では、公共圏での議論の参加者は境界づけられた政治共同体の同胞成員であると理解されていた。彼らの議論の目的をデモス〔民衆〕の明白な一般利益とみなしながら、ハーバーマスは暗黙のうちに公衆の成員を民主的なウェストファリア的国家の市民と同一視していた[5]。

三、『構造転換』では、公共圏での議論の主たる話題は政治共同体の経済的関係の適切な組織化であると理解されていた。しかも、そのような関係は法的に構成され、国家の規制に基本的に従う資本主義市場経済に位置づけられていた。実際、ハーバーマスは、公衆の関心の第一の焦点は国民経済であり、それはウェストファリア的国家によって制御されると想定していた[6]。

四、『構造転換』では、公共圏は遠隔的なコミュニケーションを可能にし、そうすることで空間的に分離した対話者を公衆へと編成した近代的なメディアと関連づけられていた。しかし、ハーバーマスは国民的なメディア、とくに国民的な出版や放送に焦点をあてており、暗黙のうちに公共性を領域化していた。したがって、彼はウェストファリア的国家によって制御される、国民的コミュニケーションの基盤を暗黙のうちに想定していた。(7)
五、『構造転換』では、公共圏での議論は完全に了解可能で、言語的に透明であるということが自明視されていた。ハーバーマスは公的コミュニケーションの単一の共有された言語的媒体を暗黙のうちに前提としており、公的論争は国語で行なわれると実際に想定していた。(8)
六、最後に、『構造転換』では、公共圏の文化的起源が一八世紀および一九世紀の出版資本主義の文学や小説に跡づけられていた。これらのブルジョワ様式は、私的な個人が自らを公衆の成員として思い描くことのできる、新しい主観的な姿勢をつくりだしたと評価されている。(9) したがって、ハーバーマスは公共圏での主観性の構造を、国民という想像の共同体を生み出したのとまさに同じヴァナキュラーな文芸形式に根拠づけていた。(10)

これら六つの社会理論的な前提が、ハーバーマスの公共圏をめぐる初期の説明をウェストファリア的な政治空間のフレーム化に結びつけている。『構造転換』では、公衆は近代領域国家や国民的な想像力と相関しているのだ。もちろん、そうした国民的な側面が同書で主題化されることはほとんどなかった。しかし、それは暗黙のサブテクストとして存在しており、ハーバーマスがのちに明らかにした論点を裏切っている。すなわち、歴史的にみれば、近代の公共性の台頭は国民国家の台頭と一致しており、それゆえウェストファリア的な国家が国民という想像の共同体と混同されるようになったという論点である。(11) なるほど、ハーバーマスが今日主張しているように、現在の民主制国家は社会統合の基礎としての国民的アイデンティティをかならずしも必要とはしないのかもしれない。[12] だが、『構造転換』での公共性の構想が、国民的なサブテクストをもっていたのはたしかである。同書の公共圏の説明は、国家的に屈折されたウェストファリア的フレームを前提としていたのである。

しかし、それだけではない。その（国民的）ウェストファリア的な前提のために、『構造転換』は歴史的に特殊な政治的プロジェクト、すなわち、近代領域（国民）国家の民主化という視点から公共圏を概念化していた。ハーバーマスはそうしたプロジェクトのウェストファリア的なフレームを疑問視するどころか、その内部にきちんと位置づけられる熟議モデルの民主主義を構想していた。このモデルでは、民主主義は領域的に境界づけられた公的コミュニケーションのプロセスをつうじた、国語で行なわれ、国民的なメディアを介して中継される、一連の国民世論の形成を必要としている。そうした世論は領域的に境界づけられた共同生活の組織化、とくに国民経済にかかわる国民の一般利益を反映しなければならない。このモデルは世論を政治的な力として動員することも必要としている。公共性は国民に実際に権力を付与することで、立法者に影響を及ぼし、国家官僚に説明責任を負わせなければならない。それはこのように国家の政治的支配の「合理化」を助長しながら、ウェストファリア的な国家の活動と政策が、討議的に形成された国民の政治的意志を反映することを保証しなければならない。それゆえ、『構造転換』では、公共圏は（国民的）ウェストファリア的民主主義の重要な制度上の構成要素である。

つぎに、経験的にみれば、『構造転換』はウェストファリア的国民国家の、不完全とはいえ歴史的なプロセスを強調している。規範的にみれば、それは領域的に境界づけられた政体のための熟議民主主義のモデルを表明している。したがって、公共圏は現存するウェストファリア的国家の民主主義の欠陥を突きとめ、批判するためのベンチマークとして役立っていた。つまり、ハーバーマスの初期の理論は、以下のように問うことを可能にしていた。すべての市民が実際に国家の政治的公衆の完全な成員となっているのか。万人が平等な条件で参加することができるのか。いいかえれば、国民世論とみなされているものは本当に正統であるのか。さらに、そうした世論は民間の権力を抑制し、国家官僚の行動を市民の統制に従わせられるほどの政治的な力を保持しているのか。ウェストファリア的市民社会で生成されるコミュニケーション的権力は、ウェストファリア的国家の立法および行政権力に実際に翻案されているのか。いいかえれば、国民世論は政治的に実効的であるのか。このような問いを探究するよう仕向けながら、『構造転換』は近代のウェストファリア的国家の現存する民主主義の批判に寄与してきた。

一部の読者は、こうした批判があまりラディカルではないと感じた。同書の遅ればせの英訳後の議論では、その反論は二つの異なる潮流に分岐する傾向にあった。ひとつの潮流は、ハーバーマスが追い求めた以上に世論の正統性を問いただした。この「正統性批判」ともいうべき反論を唱える人々は、市民社会内部の関係に焦点をあてながら、『構造転換』は公衆とは名ばかりの成員の一部から、公的論争に他者と対等に、完全なパートナーとして参加する能力を剥奪するシステム障害をおおい隠していると主張した。このような批判者たちは市民社会における階級間の不平等や地位のヒエラルヒーを強調し、それらがウェストファリア的なフレームが原則としては包摂するが、実際には排除もしくは周辺化している人々、たとえば無産労働者、女性、貧者や、人種的、宗教的、民族的マイノリティに及ぼす影響を分析した。[13] つまり、この批判は民主主義理論や社会的現実において世論とみなされたものの正統性を疑問視したのである。

第二の批判の潮流は、ハーバーマスの世論の実効性の問題化を徹底した。この「実効性批判」の提唱者たちは、市民社会と国家の関係に焦点をあてながら、『構造転換』は討議的に形成された世論から政治的影響力を剝奪するシステム障害を網羅していないと主張した。これらの批判者たちは、そうした障害が公共圏の「再封建化」というハーバーマスの説明では十分にとらえられないと確信しており、市民社会から国家へのコミュニケーション的権力の流れを妨害する構造的な力を理論化しようと試みた。彼らの批判は民間の経済権力と官僚の既得権益のそれぞれの役割を強調することで、資本主義社会における政治的な力としての世論の実効性をめぐる疑念を深めるのに役立ったのである(14)。

このように焦点にちがいはあるが、これら二つの批判の潮流はより深い想定を共有している。『構造転換』と同じように、正統性の批判者と実効性の批判者は、ともにウェストファリア的な政治空間のフレーム化を自明視していた。たしかに、一部の正統性批判の提唱者は、ハーバーマスの説明ではほとんど言及されなかった公共性の国民的なサブテクストを明るみに出した。それが国内のマイノリティに及ぼす排他的な影響を分析しながら、多文化主義的な批判は公的論争における参加の不均等の除去を期待して、公共圏からマジョリティの国民的特権を一掃しようと試みた。しかし、その論点は公共圏の領域的な基礎を問うことではなかった。批判者たちはウェストファリア的フレームを疑問視するどころか、その内部での世論の正統性を促進しようと試みていたのである。これと同じ目標が、実効性批判にも浸透している。この批判の提唱者たちは、世論は領域国家に向けられるのが当然であるとみなしながら、国家を討議的に形成されたデモスの意志により確実に従わせることを期待した。つまり、ハーバーマスよりもラディカルかもしれないが、どちらの批判者も彼と同じように、自らの公共圏の考察をウェストファリア的フレームのなかに位置づけていたのである。

私自身の「公共圏を再考」した初期の試みも例外ではなかった。初出となった一九九一年の論文のなかで、私はハーバーマスにならって「リベラル・モデルのブルジョワ公共圏」と呼んだものに、これら二つの類型の批判を向けていた。まず、正統性の側面から、私の批判は市民社会内部の不平等が世論に及ぼす影響に焦点をあてた。公共圏での対話者は地位や階級の格差にとらわれずに、「あたかも」同輩であるかのように熟議することができるというリベラルな見解に反駁しながら、私は社会的平等が政治的民主主義の必要条件であると論じた。巨大な不平等という現実世界の条件のもとでは、政治的発言権の不均等を除去する方法は、ブルジョワ的公共性のいくつかの基本的特徴に異議を申し立てる、社会運動の闘争をつうじてしかないと判断した。単一の包括的な公共圏という通例のリベラルな構想を複雑にしながら、下層の対抗的公衆の増殖が、階層化した社会における従属階層の参加を促進しうると主張したのである。また、なにが公的関心とみなされるのかについても、その通例のリベラルな見解にあるブルジョワ男性主義の偏向を明るみに出しながら、公私の境界線を引きなおそうとするフェミニズムのような試みを支持した。けれども、このような批判は国民的＝領域的な公共性の理解を前提としていた。それはウェストファリア的フレームに異議を申し立てるどころか、その内部での世論の正統性を促進することを目的としていたのである(15)。

私の論文は、世論が政治的な力を手に入れる能力を問いただす、実効性批判も提起していた。コミュニケーション的権力の行政権力への翻案を妨害する勢力を突きとめながら、私は機能的な公共圏はつねに市民社会と国家の明確な分離を必要とするという通例のリベラルな見解を疑問視した。世論は形成しても拘束力のある法を制定するわけではない市民社会の「弱い公衆」と、熟議はしても結局は主権的な決定に委ねられる国家内部の「強い公衆」を区別しながら、前者にたいする後者の説明責任を促進しうる制度的配置を構想したのである。また、ラディカルな民主主義的代案を想像しうる空間を開くことを目的として、市民社会において意思決定する「ある程度強い」公衆といった、混成的な形式をハーバーマスがどうやら締め出していることも疑問視した。とはいえ、ここでもウェストファリア的フレームを問おうとはしなかった。それどころか、私の議論の主眼は、ウェストファリア的国家にたいする世論の実効性を促進することだったのである[16]。

正統性批判も実効性批判も、それらが通用した範囲では、いまも正しかったと思っている。しかし、私はどちらも十分遠くまでは及ばなかったとも考えている。どちらの批判も、公共圏をウェストファリア的フレームのなかに位置づけた『構造転換』の社会理論的な支柱を問いただすことも、ましてや修正することもしなかった。どちらの批判も、境界づけられた政治共同体における熟議民主主義という展望をいまだに志向しており、公衆を領域国家の市民にあいかわらず結びつけていた。どちらも、公共圏での論争の主たる話題は民主的な国家による国民経済の適切な舵取りであり、そうした論争は国民的なメディアをつうじて国語によって行なわれるという想定を捨てることはなかった。つまり、正統性批判も実効性批判も、ウェストファリア的フレームに異議を申し立てることはなかった。どちらも『構造転換』と同じ政治的プロジェクトによって動かされ、近代領域国家における熟議民主主義を促進しようと試みていたのである。

同じことは、その後の『事実性と妥当性』におけるハーバーマスの公共性の議論にもあてはまる。とりわけ、同書は公共圏をふたたび取り上げ、二つの批判の要素を取り入れている。「私的自律と公的自律の重なり合い」を強調しながら、ハーバーマスは平等を追求することで民主主義を促進する、あるいは民主主義を追求することで平等を促進する、第二波フェミニズムのような解放的社会運動の役割を価値あるものとみなした。[17] このように社会的立場と政治的発言権の相互依存を認めることで、彼はかつて軽視していた民主制国家における世論の正統性の欠陥という側面に取り組んだのである。さらに、『事実性と妥当性』では、実効性の問題も大きく取り上げられている。コミュニケーション的権力を行政権力に翻案する適切な媒体として法を理論化しながら、ハーバーマスは弱い公衆が強い公衆に影響を及ぼし、行政国家機構を統制する「公式」の民主的な権力の循環と、民間の社会権力と官僚の既得権益が立法者を統制し、世論を操作する「非公式」の非民主的な権力の循環を区別した。日常的には非公式の循環がはびこっていることを認めることで、彼は民主制国家における世論の実効性の欠陥をより詳しく説明したのである。[18]

たしかに、ハーバーマスが批判者たちの関心に、それぞれ的確に応えられたかどうかはわからない。[19] しかし、たとえ彼に有利に解釈したとしても、『事実性と妥当性』がウェストファリア的フレームをあいかわらず想定していることに変わりはない。『構造転換』からの多くの離脱にもかかわらず、この後期の著書はいまだに世論の名宛人を、国民の一般利益のもとで国民経済を舵取りしうる主権的な領域国家とみなしている。また、それはいまだに世論の形成を、国民的なコミュニケーションの基盤を介した国民的なメディアで行なわれるプロセスとみなしている。もちろん、ハーバーマスは民主制国家をナショナリズムの外皮から解き放つことを目的として、ポストナショナリズム的な形式の社会統合、すなわち「憲法パトリオティズム」を提唱している。[20] しかし、彼はここにおいて、より排他的に領域的であるがゆえに、より純粋にウェストファリア的な公共性の概念を事実上支持したことになる。

総じていえば、批判理論における公共性の論争は、大きな盲点をはらんでいる。『構造転換』から『事実性と妥当性』をつうじて、私を含む、論争のほとんどすべての参加者は、公共圏を領域国家に関連づけていた。ほかの重要な意見の対立にもかかわらず、だれもがウェストファリア的な政治空間のフレーム化を、画期的な歴史的展開がそのフレームを疑わしいものとしていたと思われるときも想定していたのである。

ポスト国家的な布置状況——ウェストファリア的フレームを問題化すること

今日、公共圏理論のウェストファリア的な盲点は見逃しがたいものとなっている。争点が地球温暖化であれ移民であれ、女性の権利であれ通商の条件であれ、失業であれ「テロとの戦い」であれ、現在の世論の動員が領域国家の境界で止まることはめったにない。多くの場合、対話者がデモスすなわち政治的市民を構成しているとはかぎらない。また、彼らのコミュニケーションがウェストファリア的国家に向けられたり、国民的なメディアをつうじて中継されたりすることもあまりない。さらに、論じられる問題はそもそも国境横断的であり、ウェストファリア的空間に位置づけられることも、ウェストファリア的国家によって解決されることもほとんどない。そのような場合、現在の世論の形成はウェストファリア的フレームをたいてい無視している。つまり、かつて公共圏理論においていうまでもないことであった想定は、いまや批判と修正を大いに必要としているのだ。

それゆえ、現在の議論において「国境横断的公共圏」、「ディアスポラ的公共圏」、「グローバルな公共圏」といった表現がとても顕著にみられるのも不思議ではない。これらの現象についての見解は二つの陣営に分けられる。ひとつの陣営は国境横断的な公共性を、二〇世紀後半のグローバリゼーションと結びついた新しい展開として扱っている。この陣営は、近代の国家間システムはこれまでほとんどの政治論争を国家中心的な討議のアリーナに導いてきたと主張しながら、ウェストファリア的フレームはごく最近までは公共圏を理論化するのに適切であったと擁護している[21]。第二の陣営は、これとは対照的に、公共性は少なくとも一七世紀の国家間システムの起源から国境横断的であったと強調している。この陣営は、世界宗教や近代の帝国主義はいうまでもなく、啓蒙の国際的な「文学の共和国」構想や、奴隷制廃止論や社会主義のような国家をまたいだ運動を引用しながら、ウェストファリア的フレームはつねにイデオロギー的で、公共圏のそもそも境界づけられない性格をおおい隠してきたと主張している[22]。これら二つの解釈には、明らかに利点がある。前者は政治空間のヘゲモニー的分割を正確にとらえ、後者は宗主国の民主主義が植民地支配と結びついて現われ、国境横断的な世論の流れを駆り立てたことを思い起こさせる。したがって、これらの差異は当面のところ触れないでおこう。国境横断的な公共性が長い歴史をもっていることを認めながらも、私はその現在の形状が新しいものであり、さらにもうひとつの「公共圏の構造転換」を表わしていると想定することにしたい。この点においては、現在の世論の構成がウェストファリア的フレームを打ち壊していることに、どちらの当事者もきっと同意するであろう。

とはいえ、まだ十分な含意が導き出されているわけではない。国境横断的公共性の多くの研究者は、もっぱら「ハイブリッド化」とか「グローバル化」といった国境横断的な流れの文化的側面に焦点をあてており、批判理論にとって最重要の問いを提起するのを怠っている。今日世論がウェストファリア的フレームを流出しているのだとすれば、支配を抑制し、統治を民主化するその批判的な機能はどうなっているのか。より詳しくいえば、対話者がデモスすなわち政治的市民を構成していないとき、世論の正統性をそれでも有意味に問いただすことはできるのか。そして、そのような文脈では、正統性はなにを意味するのか。同じように、世論が原理上は自らの領土を統制し、自らの市民の問題を公益のもとで解決しうる領域国家に向けられないとき、世論の実効性をそれでも有意味に問いただすことはできるのか。そして、こうした状況において、実効性はなにを意味するのか。これらの問いに満足のいく答えがないとすれば、公共圏の批判理論は使いものにはならないだろう(23)。

　論点を明らかにするために、公共圏理論の六つの構成的前提をふたたび論じることにしたい。それぞれの前提に合わせて、経験的にみて状況はどうなっているのか、批判的カテゴリーとしての公共圏の地位はどうなっているのかを考察することにしよう。

　一、まず、世論の名宛人が、境界づけられた領土にたいして排他的な分割されざる主権をもった、近代のウェストファリア的国家であるという想定から考察しよう。経験的にみれば、このような主権の見解はかなり疑わしい。これは貧しい弱小国家にかぎったことではない。今日では、強力な国家も国際機関、政府間ネットワーク、非政府組織との多くの重要な統治機能に連帯責任を負っている。これは環境規制のような比較的新しい役割だけでなく、防衛、治安、民法および刑法の執行のような古典的なものにもあてはまる。たとえば、国際原子力機関、国際刑事裁判所、世界知的所有権機関などである。[24] たしかに、これらの機関は、かつての国家間システムのようにヘゲモニー的な国家に支配されている。しかし、今日のヘゲモニーの行使のされ方は明らかに新しい。それは排他的な分割されざる国家主権というウェストファリア的なモデルに訴えるというよりも、しだいにポストウェストファリア型の分散した主権をつうじて作動している。[25] それゆえ経験的にみれば、第一の公共圏理論の前提は成り立たない。

それでは、公共圏理論はどうなるのか。残念ながら、その理論の支柱が誤りであっただけでなく、世論の批判的機能も危うくなると思われる。国家が自らの領土を完全にコントロールしないのであれば、国家が戦争を行ない、秩序を守り、法を執行する単独の分割されざる能力をもたないのであれば、それらの市民の世論はいかにして政治的に実効的たりうるのか。論証のために、国民的な公共性が正しく形成され、正統性の基準を満たしていると認めたとしても、あるいは、そうした公共性が議会の意志と国家の行政に影響を及ぼしていると認めたとしても、それは分散した主権という条件のもとで、どのように遂行されうるのか。要するに、ポストウェストファリア的な世界では、世論はどうすれば批判的な力として実効的たりうるのか。

二、つぎに、公衆は国民すなわち国土の住民と一致し、その共通の利益を境界づけられた政治共同体の一般意志として公式化するという想定を考察しよう。この想定もまた反事実的である。ひとつには、市民資格、国籍、領土での居住の等式は、移民、ディアスポラ、二重、三重の市民資格の配置、先住民共同体の成員資格、複数居住のパターンといった現象にはそぐわない。あらゆる国家は今日その領土に非市民を抱えている。ほとんどの国家は多文化的そして／あるいは多民族的である(26)。そして、あらゆる国籍がそこかしこに散らばっている。しかし、公共圏が今日政治的成員資格と同一の広がりをもたないという事実は、同時に戸惑いをもたらしてもいる。しばしば対話者は同じ国民でもなければ同胞市民でもない。それゆえ、彼らが形成する意見は、いかなるデモスの共通利益や一般意志も表わしてはいない。ポストウェストファリア的な公共性は、政治的な対等者としての地位を共有しない市民のあいだの論争を制度化するというよりも、たいていは、グローバルなネットワーク化の物質的および象徴的な必需品をもった国境横断的エリートに権力を付与するものとみられている(27)。

ここにも経験的のみならず、概念的で政治的な困難がある。対話者がデモスを構成していないとすれば、彼らの集合的な意見はどのようにして拘束力のある法や行政上の政策に翻案されうるのか。さらに、彼らが参加の権利、地位、発言権において推定上平等な同胞市民ではないとすれば、彼らが形成する意見はどのようにして正統なものとみなされるのか。要するに、ポストウェストファリア的な世界において、実効性と正統性の批判的な基準は国境横断的な世論に有意味に適用されうるのか。

三、さて、公共圏での議論の主たる話題は領域国家による国民経済の適切な規制であるという想定を考察しよう。こうした想定も現在の条件にはそぐわない。アウトソーシング、多国籍企業、事業の海外登記をみるだけで、領域的に基礎づけられた国民生産が今日ではほとんど非現実的であることがわかる。さらに、ブレトンウッズ的な資本管理の解除と不眠不休のグローバルな電子金融市場の出現のために、国家の通貨管理は現在かなり制限されている。最後に、世界貿易機関、国際通貨基金、北米自由貿易協定の政策に抗議する人々が主張しているように、通商、生産、金融の基本ルールは国境横断的に、いかなる公衆よりもグローバル資本に説明責任を負った機関によって立てられている。(28) これらの条件のもとで、国民経済という前提は反事実的になっている。

その結果、公共圏の批判的機能はここでも危うくなっている。国家が自らの住民の明白な一般利益に沿って国民経済を舵取りすることができないとすれば、国民世論はいかにして影響力となりうるのか。また、経済の統治がウェストファリア的空間に位置づけられない機関に委ねられているとすれば、それはどのようにして世論に説明責任を果たすことができるのか。さらに、それらの機関が自由貿易の名のもとで国内の労働法や環境法を無効にしているとすれば、それらが構造調整の名のもとで国内の社会的支出を禁止しているとすれば、それらが主要な公的問題から政治的規制の可能性を一掃するネオリベラルな統治を制度化しているとすれば、要するに、それらが民主的なプロジェクトを体系的に後退させ、市場を飼いならすために政治を活用するというよりも、むしろ政治を飼いならすために市場を活用しているとすれば、市民の世論はどのようにして影響を及ぼすことができるのか。最後に、世界資本主義のシステムがグローバルな貧困層の大規模な損害にかかわっているとすれば、現行の政策によって影響された人々がそれらの功罪を同輩として議論することができそうもないとき、国境横断的な世論とみなされるものはどこまで正統なものとなりうるのか。

総じていえば、ポストウェストファリア的な世界では、経済に関する世論はどうすれば正統かつ実効的なものとなりうるのか。

四、同じように、世論は印刷と放送に集中した、国民的なコミュニケーションの基盤をつうじて伝達されるという想定も考察してみよう。この想定は、コミュニケーションのプロセスはどれだけ分散していても「世論」につながるほど凝集的で政治的に焦点が合っているということを含意している。しかし、これも現在の条件では反事実的とされる。たとえば、国家権力を公共性の検証に従わせることに焦点をあてた国民メディアとしてはまったく機能しない、下位国家的あるいは国境横断的なニッチ・メディアの氾濫を想起してみよう。もちろん、それらと平行して出現したグローバル・メディアを付け加えることもできる。しかし、市場によって駆り立てられ、企業によって所有されたこれらの発表の場が、国境横断的な権力を抑制することに焦点をあてることはほとんどない。さらにいえば、多くの国々が国営メディアを民営化したが、それは決定的に複雑な帰結をもたらしている。一方では、より独立した出版やテレビ、より包摂的な民衆主体の番組制作の見通しが開かれたが、その一方では、市場の論理、広告主の権力、トークラジオや「娯楽報道番組」のような疑わしい混合物も急速に広まったのである。最後に、国家の統制を迂回する直接的な国境横断的コミュニケーションを可能にした、瞬時的な電子機器、ブロードバンド、衛星通信技術にも言及すべきである。これらの開発は、いずれもコミュニケーション的基盤の脱国民化を示している(29)。

それゆえ、ここでも公共圏の批判的機能は脅かされている。もちろん、新しい批判的な世論形成のいくつかの好機をみることはできる。しかし、それらはコミュニケーションの流れの分散と複雑化をともなっている。その領域が企業のグローバル・メディア、限定的なニッチ・メディア、脱中心的なインターネットに分断されているとすれば、いかにして批判的な世論は大きな尺度で形成され、政治的な力として動員されうるのか。また、共通の市民資格に結びついた形式的平等のようなものさえないとすれば、いかにして国境横断的なメディアの受け手となる人々は、ともに同輩として熟議することができるのか。繰り返していえば、現在の条件のもとで、どうすれば世論は規範的に正統であり、政治的に実効的たりうるのか。

五、公共圏でのコミュニケーションの言語的媒体となるとみなされた、単一の国語という想定についても考察してみよう。すでに指摘した住民の混合の結果、国語は国家の写像とはならなくなった。問題は、公式の国家言語が地方的および地域的な方言を犠牲に強化されたということだけではない。かつてはそれだけであったが、いまでは現存する国家が事実上多言語的であり、そこかしこに言語集団が散らばり、より多くの話者が多言語的であるということも問題である。たしかに、英語がグローバル・ビジネス、大衆娯楽、研究機関の共通語にはなっている。しかし、言語はいまだに政治的な断層線であり、カナダはもはやそうではないが、ベルギーのような国々を吹き飛ばすおそれがあり、また南アフリカのような国々を民主化したり、ヨーロッパ連合のような国境横断的な編成体を確立したりする試みを複雑にしている(30)。

これらの展開も、世論の批判的機能を脅かしている。公共圏が単一言語的であるとすれば、それはいかにして影響されるすべての人々の包摂的なコミュニケーション共同体を構築しうるのか。逆に、公共圏が政治的境界線をまたいだ言語共同体と合致しており、いかなる市民にも対応していないとすれば、それはいかにして世論を政治的な力として動員しうるのか。同様に、EUのような新しい国境横断的な政治共同体が多言語的であるとすれば、それらの共同体はいかにして全デモスを内包しうる公共圏を構築することができるのか。最後に、国境横断的な公衆が英語で、つまりほかの人々を犠牲にして、グローバル・エリートや英語圏の旧植民地住民に有利な言語でコミュニケーションを行なっているのだとすれば、それらの集団が形成する意見はどうすれば正統なものとみなされうるのか。このような理由から、そしてこのようなかたちで、言語の問題はポストウェストファリア的世界における世論の正統性と実効性を危うくしている。

六、最後に、公共圏は連帯を支えるのに必要な共通の社会的想像力を提供する、国民のヴァナキュラーな文学に依拠しているという想定を考察しておこう。こうした想定も今日では反事実的である。「世界文学」の台頭を含む、文化の混交性とハイブリッド化を考えてみよう。また、紛れもなくアメリカ的なものであれ、たんにアメリカ的な娯楽を様式的にまねたものであれ、グローバルな大衆娯楽の台頭を考えてみよう。最後に、映像文化の目を見張る台頭、もっといえば、文化における映像的なものの勃興と印刷および識字的なものの相対的な凋落を考えてみよう。[31] いずれの場合も、ハーバーマス(そしてベネディクト・アンダーソン)が公共圏の対話者の主観的な姿勢を支えているとみなした(国民)文学的な文化形成を認めることは困難である。[32] それどころか、公共圏が国民文学的な文化に根ざした、共通の社会的想像力という文化的な土台を必要としているのであれば、今日それが効果的に機能するのをみることも難しい。

総じていえば、公共圏は世論のそれぞれの構成要素に関して、しだいに国境横断的もしくはポスト国家的になっている。[33] これまでウェストファリア的な国民として理論化されてきたコミュニケーションの「だれ」は、今日ではしばしばデモスを構成しない、分散した対話者の集合となっている。これまでウェストファリア的な国民経済に根ざした、ウェストファリア的な国益として理論化されてきたコミュニケーションの「なに」は、今日では地球全体に広がり、それにともなって拡大した連帯やアイデンティティがもたらされたわけではないが、国境横断的なリスクの共同体に及んでいる。かつてはウェストファリア的な国土として理論化されていたコミュニケーションの「どこ」は、今日ではしだいに脱領域化されたサイバースペースを占有しつつある。かつてはウェストファリア的な国民的印刷メディアとして理論化されていたコミュニケーションの「いかに」は、今日では支離滅裂に重なり合う映像文化の広大な言語横断的な結びつきを内包している。最後に、かつては世論に応答しうる主権的な領域国家として理論化されていたコミュニケーションの「だれに」つまり名宛人は、今日では容易に識別することも、説明責任を負わせることもできない、無定形に混在する公的および私的な国境横断的権力となっている。

郵便はがき

料金受取人払

本郷局承認

5788

差出有効期間
2025年1月
31日まで

113-8790

（受取人）

東京都文京区
本郷7-2-8

吉川弘文館　営業部内
〈書物復権〉の会　事務局　行

ご住所　〒 TEL	
お名前（ふりがな）	年齢 代
Eメールアドレス	
ご職業	お買上書店名

※このハガキは、アンケートの収集、関連書籍のご案内のご本人確認・配送先確認を目的としたものです。ご記入いただいた個人情報は上記目的以外での使用はいたしません。以上、ご了解の上、ご記入願います。

10出版社　共同復刊
〈書物復権〉

岩波書店／紀伊國屋書店／勁草書房／青土社／創元社
東京大学出版会／白水社／法政大学出版局／みすず書房／吉川弘文館

この度は〈書物復権〉復刊書目をご愛読いただき、まことにありがとうございます。

本書は読者のみなさまからご要望の多かった復刊書です。ぜひアンケートにご協力ください。

アンケートに応えていただいた中から抽選で10名様に2000円分の図書カードを贈呈いたします。

(2025年1月31日到着分まで有効) 当選の発表は発送をもってかえさせていただきます。

●お買い上げいただいた書籍タイトル

この本をお買い上げいただいたきっかけは何ですか？
1．書店でみかけて　2．以前から探していた　3．書物復権はいつもチェックしている
4．ウェブサイトをみて（サイト名：　　　　　　　　　　　　　　　　　　）
5．その他（　　　　　　　　　　　　　　　　　　　　　　　　　　　　　）

●よろしければご関心のジャンルをお知らせください。
1．哲学・思想　2．宗教　3．心理　4．社会科学　5．教育　6．歴史　7．文学
8．芸術　9．ノンフィクション　10．自然科学　11．医学　12．その他（　　　）

おもにどこで書籍の情報を収集されていますか？
．書店店頭　2．ネット書店　3．新聞広告・書評　4．出版社のウェブサイト
．出版社や個人のSNS（具体的には：　　　　　　　　　　　　　　　　　）
．その他（　　　　　　　　　　　　　　）

今後、〈書物復権の会〉から新刊・復刊のご案内、イベント情報などのお知らせをお送りしてもよろしいでしょうか？
．はい　　　　　　　　2．いいえ

はい、とお答えいただいた方にお聞きいたします。どんな情報がお役に立ちますか？
．復刊書の情報　2．参加型イベント案内　3．著者サイン会　4．各社図書目録
．その他（　　　　　　　　　　　　　　　　　　　　　　　　　　　　）

〈書物復権の会〉に対して、ご意見、ご要望がございましたらご自由にお書き下さい。

これらの展開は、公共圏は歴史的に関連づけられてきた民主的な政治的機能を今日遂行しうるのかどうか、できるとすればいかにしてかという問いを提起している。公共圏は潜在的に影響される万人に開かれた、公平で包摂的な論争をつうじて熟慮された一般利益の理解という強い意味において、正統な世論を今日形成することができるのか。そうであるとすれば、いかにしてか。同じように、公共圏は対話者の生の条件を決定するさまざまな権力を抑制しうるほど、世論を今日実効的なものにすることができるのか。そうであるとすれば、いかにしてか。現在の条件のもとで、国境横断的な世論の純粋に批判的で民主化する役割を想像するには、いかなる種類の（制度的、経済的、文化的、コミュニケーション的な）変化が必要とされるのか。世論が束縛すべき主権的な権力は今日どこにあるのか。どの公衆が、どの権力に関係するのか。だれが所与の公衆に該当する成員となるのか。それらの成員はいかなる言語で、いかなるメディアをつうじて対話するのか。その対話はどのようなコミュニケーション的基盤を媒介としているのか。

これらの問いは、ここでの探究の範囲をはるかに超えている。したがって、私はそれらに答えることはしない。むしろ、論点を明らかにし、解決につながる方法を示しうる概念上の戦略を提起することで締めくくりとしたい。

私の提案は、ウェストファリア時代における公共圏の概念の批判的な力をともに構成してきた二つの特徴、すなわち規範的正統性と政治的実効性に集中している。これらの観念は、社会的＝歴史的な条件にかかわりなく、あらゆる公共性の概念の本質的な不可欠の要素である。現在の布置状況も例外ではない。最近の国境横断的な公共性の流れが正統かつ実効的たりうる条件を構想することができないとすれば、その概念は批判的な効力と政治的な効用を失ってしまうだろう。したがって、公共性の批判的機能を今日救済しうる唯一の方法は、正統性と実効性を再考することである。そのためには、これら二つの観念を、これまでそれらを支えてきたウェストファリア的前提から引き離し、ポストウェストファリア的な世界に合うように再構築しなければならない。

まず、正統性の問いから考察しよう。すでにみたように、公共圏理論では、世論は潜在的に影響されるすべての人々が、彼らの共通の営みの組織化にかかわる熟議に、同輩として参加することができるかぎりにおいて正統とみなされる。したがって、世論の正統性はコミュニケーション的プロセスの二つの分析的に異なる特性の機能、すなわち、その包摂性の範囲とそれが実現する参加の同等性の度合いであるとみなされる。包摂性の条件ともいうべき第一のケースでは、議論はその結果に左右される万人に基本的に開かれていなければならない。同等性の条件ともいうべき第二のケースでは、すべての対話者が自らの見解を述べ、争点を議題にのせ、他者の暗示的および明示的な想定を問い、必要に応じてレヴェルを変え、広く公平に聞いてもらう、およそ平等なチャンスを基本的に享受していなければならない。包摂性の条件はだれが公的議論に参加することを認められるのかという問いにかかわり、同等性の条件は対話者がいかにして、いいかえれば、いかなる条件のもとで他者と交わるのかという問いにかかわっている。(34)

とはいえ、世論の正統性をめぐるこれら二つの条件は、これまで明白に区別されていたわけではなかった。ウェストファリア的フレームの視座からみれば、包摂性の条件と同等性の条件は、境界づけられた共同体において共有される市民資格という観念のもとで、ともにつなぎ合わされていた。すでにみたように、公共圏の理論家たちは市民資格が正統な包摂の境界を定めると暗黙のうちに想定しており、影響される人々を既存の政体の成員と事実上同一視していた。また、これらの理論家たちは公的熟議の参加の同等性という理念を具体化するために市民資格にそれとなく訴えており、コミュニケーションの同等性を領域国家において共有された政治的平等という地位に事実上結びつけてもいた。つまり、ウェストファリア的フレームでは、市民資格が正統な世論の「だれ」と「いかに」の両方のモデルを提供していたのである。

けれども、その結果、正統性をめぐる議論は切り詰められてしまった。当時は気づかれなかったが、ウェストファリア的フレームは同等性の条件に関する議論を促進しながらも、包摂性の条件からは注意をそらしていた。そのフレームは近代領域国家を適正な単位、その市民を適格な主体と当然のようにみなしながら、それらの市民が公共圏においていかにかかわり合うべきかという問いを前面に押し出していた。いいかえれば、その議論は、なにが境界づけられた政治共同体の成員間の参加の同等性の関係とみなされるのかに焦点を合わせていた。正統性の「いかに」を争うのに集中するあまり、論争者は「だれ」を争う必要を感じなかったようである。ウェストファリア的フレームが安定しているかぎり、「だれ」が国民であることはいうまでもないことであった。

しかし今日、「だれ」の問いはもはや見過ごすことができない。国境横断性という現在の条件のもとでは、正統性をめぐる包摂性の条件が、はっきりと問いただされなければならない。すなわち、政治的市民資格だけでは公衆の成員を画定しえないのだとすれば、包摂性の必要条件はどのように理解されるべきか。それ以外のどのような基準に従って、だれがポストウェストファリア的な公共圏の真正な対話者とみなされるのかを決定すべきなのか。

公共圏理論はすでに手がかりを提示している。その古典的なハーバーマス的形式において、この理論は包摂性の観念を「被害者限定原則」に関連づけている。そうした原則を公共性に適用しながら、それは政治的決定によって潜在的に影響される人々だけが、政策決定者が説明責任を負うべき世論形成の非公式のプロセスに、同等性の観点から参加するチャンスをもつと主張している。したがって、結局は被害者限定原則をどのように解釈するかにかかっている。これまで公共圏の理論家たちは、ウェストファリア的フレームと歩調を合わせて、ほとんどの影響される人々の生の条件は自らが市民である領域国家の構成的秩序であると想定してきた。その結果、公衆を政治的市民資格に対応させることで、被害者限定原則も同時にとらえられた。もちろん、植民地主義と新植民地主義の長い歴史が証明しているように、それはけっして真実ではなかった。しかし、宗主国の視座からみれば、成員資格と被害者性の融合は解放の推進力をもつと思われていた。というのも、それは領土に居住するが、完全な政治参加からは排除されている下層の階級や地位集団を、徐々に活動的な市民として組み入れていくことを正当化するのに役立ったからである。

しかし今日、市民資格が被害者性の代用として役立ちうるという考えは、もはや説得力をもたない。現在の条件のもとでは、ひとの生きる条件は自らが市民である政治共同体の内的構成に完全に依存しているわけではない。それが関係することはいまも否定しがたいが、その効果は同じくらい重大な影響力をもった、ほかの超領域的および非領域的な構造によって媒介されている。[35] 総じていえば、グローバリゼーションは被害者性と政治的成員資格を大きく引き裂いている。これらの二つの観念がしだいに分岐するにつれて、後者は前者の代用物としては不十分であることが明らかになった。かくして、つぎのような問いが生じる。市民資格という迂回路を通らずとも、被害者限定原則を公共性のフレーム化に直接適用してもよいのではないか。

以前私は、これこそがポストウェストファリア的世界において批判的な包摂的世論の構想を再構築しうる道であるとみなしていた。しかし、いまでは、第4章で導入した「被治者限定原則」という代案を支持している。[36] ここではこの代案を詳しく探究することはできないが、その本質的な要点をおさらいしておこう。被治者限定原則は、人々の集まりを公衆の同胞市民に変えるものは共有された市民資格でも、因果的な基礎構造での重なり合いでもなく、彼らの相互行為の基本ルールを立てる統治の構造への共同の従属であると主張する。したがって、いかなる所与の問題にとっても、関連する公衆は当該の社会的相互行為の幅を規制する統治構造の範囲に合致していなければならない。そのような構造が国家の境界を越えているところでは、それに対応する公共圏も国境横断的でなければならない。それができないとすれば、そこで形成される世論は正統とはみなされないだろう。

つまり、世論の正統性に関していえば、その試練は明白である。公共圏理論がポストウェストファリア的世界においても批判的方向性を保持するためには、包摂性の必要条件の意味を解釈しなおさなければならない。この理論はそうした必要条件を自動的に政治的成員資格と同一視するのを断念し、被治者限定原則を当面の問いに直接適用することで公共性の境界線を引きなおさなければならない。このようにして、「だれ」をめぐる問いはウェストファリア的なヴェールの下から現われる。また、それは同じように差し迫った「いかに」をめぐる問いとともに、現在の布置状況では明白な関心の焦点となっている。実際、これらの二つの問い、すなわち包摂性と同等性の問いは、たがいに結びついている。これからは、世論は関連する統治構造にともに従属している万人が同輩として、政治的成員資格にかかわりなく参加しうるコミュニケーションのプロセスから導き出されるかぎりにおいて正統である。こうした新しいポストウェストファリア的な正統性の理解は、そのように要求しながら、今日存在している公共性の形式を評価しうる純粋に批判的な基準を構成している。

つぎに、批判的な公共性概念の第二の本質的な特徴、すなわち世論の政治的実効性に移ろう。公共圏理論では、すでにみたように、世論は公権力に説明責任を負わせる政治的な力として動員され、その権力の行使が市民社会の熟慮された意志を反映することを保証するかぎりにおいて実効的であるとみなされていた。その結果、この理論は公共性の実効性を二つの異なる要素の機能として扱っている。私はそれらを翻案の条件と力量の条件と呼ぶことにしたい。翻案の条件に従えば、市民社会で生成されるコミュニケーション的権力は、まず拘束力のある法に、つぎに行政上の権力に翻案されなければならない。力量の条件に従えば、公権力は自らが応答すべき討議的に形成された意志を遂行することができなければならない。翻案の条件は市民社会から制度的な公権力へのコミュニケーションの流れにかかわり、力量の条件は行政権力が消極的には民間の権力を抑制することで、また積極的には公衆の問題を解決し、公衆の願いに沿って共同生活を組織化することで、公衆の企図を実現する能力にかかわっている。

かつて、これら二つの実効性の条件は、ウェストファリア的フレームの観点から理解されていた。その視座からみれば、翻案の条件と力量の条件は、ともに主権領域国家という観念に結びつけられていた。すでにみたように、公共圏の理論家たちは、世論の名宛人はウェストファリア的国家であり、それは弱い公衆から強い公衆へのコミュニケーションの流れが妨害されないよう、民主的に構成されていなければならないと想定していた。世論はそこにおいて拘束力のある法に翻案されうるというわけである。それと同時に、これらの理論家たちは、ウェストファリア的国家は自らの市民の目的を実現し、彼らの問題を解決するために、それらの法を遂行するのに必要な行政上の力量をもつとも想定していた。つまり、ウェストファリア的国家は、公共圏の実効性にかかわる翻案と力量の両方の条件を満たしうる適切な媒体とみなされていたのである。

しかし、その結果、ここでも実効性をめぐる議論は切り詰められてしまった。ウェストファリア的フレームは翻案の条件への関心を促しはしたが、力量の条件についてはおおい隠す傾向にあった。そのフレームは主権領域国家が世論の適切な名宛人であると当然のようにみなしながら、国民的な公共圏で生成されるコミュニケーション的権力が立法に影響を及ぼし、国家行政を束縛しうるほど強いかどうかという問いを前面に押し出した。したがって、その議論は、なにが市民社会と国家のあいだの民主的な権力の循環とみなされるのかに焦点をあてていた。それとは反対に、自らの市民の生を形成している民間の権力を規制しうる国家の力量については、ほとんど論じられなかった。たとえば、公共圏の理論家たちが、経済は事実上国民的なものであり、国民の利益のために国民国家によって舵取りされうると想定していたように、そうした争点はいうまでもないことであった。翻案の条件を論じるのに集中するあまり、彼らは力量の条件を争う必要はないと感じていたようである。ウェストファリア的フレームが安定しているかぎり、それが問題とされることはなかったのである。

しかし今日、これらの想定はもはや有効ではない。国境横断性という現在の条件のもとでは、力量の条件それ自体が問いただされなければならない。すなわち、近代領域国家がもはや「自らの」経済を舵取りし、「自らの」国家の環境保全を保証し、「自らの」市民の安全と幸福を提供する行政上の能力をもたないのであれば、実効性を構成する力量は今日どのように理解されるべきなのか。行政上必要な力量はどのようにつくられ、どこに注がれるべきなのか。国境横断的な問題に関する世論は、主権領域国家のほかの、なにあるいはだれに向けられるべきなのか。

これらの問いについて、現存する公共圏理論はほとんど手がかりを与えてくれない。しかし、それはポストウェストファリア的世界における公共性の実効性問題が二重に入り組んでいることを示唆している。批判的な構想はもはや自らの注意を、公共性がすでに知られた指定の名宛人を束縛する、既存の政体内部のコミュニケーションの流れに限定することはできない。ほかにも、国境横断的な問題を解決する行政上の力量をもった新しい国境横断的な公権力という意味において、それは世論の新しい名宛人を構築する必要を考えなければならない。したがって、その試練は二つの側面をもつ。一方では、新しい国境横断的な公権力をつくりだし、他方では、それらの権力に新しい国境横断的な公共圏への説明責任を負わせることである。これらの要素はいずれも必要であり、どちらかひとつでは不十分である。公共圏理論は二つの条件を（翻案のみならず力量も）主題化するかぎりにおいて、コミュニケーションの実効性をめぐる純粋に批判的なポストウェストファリア的構想を展開するであろう。

総じていえば、課題は明白である。今日、公共圏理論が批判理論として機能しうるとすれば、それは世論の規範的正統性と政治的実効性についての自らの説明を修正しなければならない。もはやものごとの半面だけをとらえて満足するのではなく、それはこれらの観念を、分析的には異なるが、実践的には絡み合った二つの批判的な必要条件からなるものとして扱わなければならない。つまり、現存する公共性の正統性批判は、現存する公共性の「いかに」だけでなく「だれ」も問いたださなければならない。あるいはむしろ、それはだれのあいだの参加の同等性かと問うことで、同等性と包摂性をともに問いたださなければならない。同じように、実効性批判も、現存する公共性の翻案のみならず力量の条件も内包するよう拡張されなければならない。これら二つの必要条件を結びつけながら、それは世論の新しい民主的な国境横断的回路に説明責任を果たしうる、新しい国境横断的な公権力を構想しなければならない。

もちろん、仕事は簡単ではない。しかし、公共圏理論はそうした難局に対処するかぎりにおいて、ポストウェストファリア的世界における批判理論として役立つことができる。そのためには、カルチュラル・スタディーズやメディア研究の学者たちのように、現存するコミュニケーションの流れを地図化するだけでは不十分である。むしろ、批判的な社会理論家や政治理論家は、世論の正統性と実効性にかかわる理論の中核的な前提を再考しなければならない。そのかぎりにおいて、そうした理論は批判的な効力と政治的な効用を取り戻すであろう。そのかぎりにおいて、公共圏理論は解放に向けた闘争に寄与するという当初の約束を守りつづけるであろう。

第6章　フェミニズムの想像力を地図化すること
――再分配から承認、そして代表へ

長年、世界中のフェミニストは最先端の理論や実践を求めて合衆国に注目してきた。しかし今日、米国のフェミニズムは九・一一後の敵対的な政治動向によって妨害され、袋小路に陥っている。現在の条件のもとでは、いかにしてジェンダー正義を追求すればよいのかわからず、われわれは着想や指針を求めて別のところのフェミニストたちに注目することで返礼している。したがって今日では、ジェンダー闘争の先頭はアメリカから、より活動の余地があると思われる「ヨーロッパ」や世界社会フォーラムといった国境横断的な空間に移動している。つまり、フェミニズムの活力の地勢図は大きく変動しているのである。

こうした地理的な変化の背後にはなにがあるのか。また、それはフェミニズムのプロジェクトの将来にいかなる政治的な含意をもっているのか。以下では、これらの問題を解明するために、第二波フェミニズムの歴史的な軌跡を説明することにしよう。私の戦略は、フェミニズムの活力の地理的な移動を二つの異なる種類の変動と結びつけることである。一方で、私はフェミニストたちが一九七〇年代からジェンダー正義を構想してきた方法のいくつかの大転換を確認するつもりである。その一方で、フェミニズムの想像力の変化を政治的な時代精神と戦後の資本主義の大変動という文脈のなかに位置づけるつもりでもある。その結果、来たるべき時代のフェミニズム闘争の政治的な見通しを評価しうる、歴史的に精緻化された時代診断が下されるだろう。

総じていえば、こうした試行の主眼は政治的なものである。フェミニズムの活力の地理的な移動を歴史化することによって、私は現在の条件のもとで、いかにしてジェンダー正義の理論と実践を再活性化しうるのかについての、なんらかの洞察を得ることを目的としている。同じように、フェミニズムの想像力の変容を地図化することによって、その闘争を前進させるためには、なにが放棄され、なにが保守されるべきかを決定することも目的としている。そして最後に、それらの移動を戦後の資本主義と共産主義後の地政学上の変化という文脈のもとに位置づけることによって、グローバル化する世界では、どうすればフェミニズムのプロジェクトを復活させられるのかという論争を刺激することを目的としている。

第二波フェミニズムを歴史化すること

第二波フェミニズムの歴史をどのように理解すべきか。私が提示するあらすじは、米国の学問的なフェミニズムのサークルで語られる標準的なものとはかなり異なっている。その標準的なあらすじは進歩の物語であり、それによれば、われわれは白人、中産階級、異性愛の女性によって支配された排他的な運動から、レズビアン、有色の女性、そして／あるいは貧しい労働者階級の女性の関心も認めた、より広範な、より包摂的な運動へと移行していったとされる[1]。もちろん、私もフェミニズムを拡大し多様化する試みを支持してはいるが、そのような物語では不十分であるとも感じている。私の視座からみれば、それはあまりにもフェミニズムに内在的である。それはもっぱら運動内部の展開に目を奪われており、その内的変化をより広い歴史的展開、より大きな政治的文脈との関連で位置づけることをしていない。したがって、ここではより歴史的な、あまり自己満悦的ではないあらすじを提案することにしたい。

私にとって、第二波フェミニズムの歴史は三つの局面に区分される。第一の局面では、フェミニズムは一九六〇年代の騒乱から現われた、さまざまな「新しい社会運動」と密接な関係にあった。第二の局面では、それはアイデンティティの政治の軌道に引き入れられた。第三の局面では、フェミニズムは新しく生まれた国境横断的な空間のなかで、しだいに国境横断的な政治として実践されつつある。

第二波フェミニズムの歴史は、目を見張るような軌跡を表わしている。このフェミニズムの波は新左翼のラディカリズムによって育てられ、第二次世界大戦後の社会民主主義のノーマライゼーション（規格化）の構造に異議を申し立てた、新しい社会運動のひとつとして生を開始した。いいかえれば、それは政治的関心を階級間の分配の問題に制限してきた、経済主義的な政治的想像力を変革する広範な試みの一部として生まれたのである。この最初の（新しい社会運動の）局面において、フェミニストたちはそうした想像力を打破しようとした。広範囲にわたる男性支配の形式を明るみに出しながら、彼女たちは「個人的なもの」を内包した政治的なものという拡大した見解を提起したのである。しかし、その後、新左翼のユートピア的な活力が衰えるにつれて、フェミニズムの反経済主義的な洞察は意味を変え、文化的な問題を前面に押し出した、新しく生まれた政治的想像力のなかに淘汰的に組み込まれるようになった。フェミニズムは文化主義的な想像力に事実上とらえられ、自らを承認の政治としてつくりかえた。したがって、第二の局面では、フェミニズムは文化に目を奪われ、アイデンティティの政治の軌道に引き入れられたのである。当時はあまり気づかれなかったが、フェミニズムのアイデンティティ・ポリティクスの局面は、国家的に基礎づけられた社会民主主義がグローバルなネオリベラリズムの圧力のもとで揺らぎだした、より大きな歴史的な展開と一致していた。これらの条件のもとでは、文化中心的な承認の政治はうまくいかなかった。政治経済や地政学上の展開を軽視するかぎり、このアプローチは自由市場政策の略奪にも、その結果として現われた右翼ショーヴィニズムの高潮にも対抗することができなかったのである。米国のフェミニズムは、とくに九・一一後の政治的景観の劇的な変化にはなすべもなかった。しかし、ヨーロッパやその他のところでは、フェミニストたちはグローバル化する世界の国境横断的な政治空間に新しい政治的好機をみいだし、それらをたくみに活用している。つまり、彼女たちはフェミニズムをさらにふたたび、今度は国境横断的な政治のプロジェクトやプロセスとしてつくりかえようとしているのである。この第三の局面はまだ生まれたばかりだが、かつての二つの局面の最良の部分を新しい、より適切な総合へと止揚しうる、フェミニズム政治の尺度の変化を予兆している。

簡単にいえば、私はこうしたあらすじに沿って議論を展開するつもりである。しかし、それをつまびらかにするまえに、二つの但し書きを添えておかなければならない。ひとつは、この物語のひどく定型化された性格にかかわっている。私は包括的な軌跡を明らかにするために、実際には多くの場所、多くの地点で重なり合っている局面に極端に鋭い線分を引いている。とはいえ、そうした物語が将来にいくつかの知的および政治的な洞察をもたらすのであれば、このような歪曲のリスクも価値あるものとなろう。

もうひとつの但し書きは、フェミニズムの三つの局面の地勢図にかかわっている。私の理解では、第一の（新しい社会運動の）局面は、北米と西欧のフェミニズムを包囲していた。ほかのところでは、これはいまでも通用するだろう。これとは対照的に、第二の（アイデンティティ・ポリティクスの）局面は、ほかの地域にも波及しなかったわけではないが、合衆国においてもっとも完全に表現されていた。最後に、第三の局面は国境横断的な政治空間、典型的には文字どおり「ヨーロッパ」に関連づけられる政治空間においてもっとも発達している。

社会民主主義をジェンダー化すること——経済主義批判

そこで、第一の局面を理解するために、当時はまだ有意味に「第一世界」と呼ばれていたものの条件をおさらいしておこう。第二波フェミニズムがはじめて世界の舞台に躍り出たとき、西欧や北米の先進資本主義諸国は、第二次世界大戦後の先例のない繁栄の波にまだ洗われていた。新しいケインズ的な経済の舵取りの道具を利用しながら、これらの国々は景気の後退に抗い、男たちの完全雇用をほとんど保障しうるよう国民経済の発展を導くことを学んだようであった。それらは以前なら手に負えなかった労働運動を取り込み、拡張的な福祉国家と階級を越えた国民的な連帯を確立していたのである。たしかに、こうした歴史的な階級間の妥協は、国外での新植民地的な搾取はもちろん、一連のジェンダー的および人種的＝民族的な排除に支えられていた。しかし、階級間の再分配を前面に押し出した社会民主主義の想像力では、それらの潜在的な断層線が浮かび上がることはまずなかった。その結果、北大西洋地域の繁栄した大量消費社会は、社会的対立を飼いならしたように思われていたのである(2)。

しかし、一九六〇年代になると、こうした比較的平穏な黄金時代はにわかに幕を下ろした。異例の国際的な爆発のなか、ラディカルな若者たちが、まずは米国の人種隔離、そしてヴェトナム戦争に反対するために街頭に繰り出した。その後まもなく、彼らは社会民主主義がこれまで自明視してきた資本主義的近代の核となる特性を疑いはじめた。それは性の抑圧、性差別、異性愛規範から、物質主義、企業文化、「業績倫理」、さらには消費主義、官僚制、「社会統制」にまで及んだ。これまでの時代の規格化された政治的ルーティンを打破しながら、新しい社会的行為者が新しい社会運動を組織した。第二波フェミニズムは、そのなかでもっとも構想力のあるもののひとつであった(3)。

ほかの運動の同志たちとともに、この時代のフェミニストたちは政治的な想像力を練りなおした。自らを国家的に境界づけられ、政治的に飼いならされた階級とみなす行為者を特権化してきた政治文化を侵犯しながら、彼女たちは社会民主主義のジェンダー排除に異議を申し立てた。福祉パターナリズムやブルジョワ家族を問題化しながら、彼女たちは資本主義社会の根深い男性中心主義を明るみに出した。「個人的なこと」を政治化しながら、彼女たちは社会経済的な再分配を越えて、家事、セクシュアリティ、生殖にまで論争の境界線を押し広げた(4)。

このようにラディカルではあったが、第一の局面のフェミニズムは社会民主主義とは両義的な関係にあった。一方で、第二波の初期のフェミニストたちの多くは後者の国家主義と、それがとくにヨーロッパにおいて階級以外の社会的区分、そして分配以外の社会問題を周辺化する傾向を拒否した。その一方で、彼女たちのほとんどは、よりラディカルな計画の基礎として社会主義的想像力の基本的な特性を前提としていた。また、福祉国家の連帯のエートスと繁栄を保証する舵取りの力量を当然のように思いながら、市場を飼いならし、平等主義を促進することにも傾倒していた。ラディカルであると同時に内在的な批判から行動しながら、第二波の初期のフェミニストたちは福祉国家を解体するというよりも、それを男性支配の是正に役立ちうる力に変えようとしていたのである。(5)

しかし、一九八九年までに、歴史はそうした政治的プロジェクトを迂回したようであった。東側の共産主義の崩壊によって締めくくられた、西欧と北米の多くの保守派支配の十年のあいだに、それまで死を宣告されていた自由市場イデオロギーが奇跡的に新しい生命を吹き込まれた。歴史のごみ箱から「ネオリベラリズム」がよみがえり、平等主義的な再分配という理念そのものにたいする絶え間ない攻撃を正当化した。その結果、加速するグローバリゼーションによって増長されながら、国民経済のケインズ的な舵取りの正統性と実行可能性は疑わしいものとなった。社会民主主義は守勢に回り、その展望を広げ深めようとする試みは当然のことながら頓挫した。かつて福祉国家を出発点とみなし、その平等主義的エートスを階級からジェンダーへと拡張しようとしたフェミニズムの運動は、土台が足元から崩れているのに気づいた。それらの運動はもはや社会民主主義をラディカルな改革の基礎とみなすことができず、よりポスト社会主義的な時代精神に適合した、より新しい政治的な権利要求の文法へと引きつけられていった。

再分配から承認へ——文化主義とネオリベラリズムの不幸な結婚

承認の政治に移ろう。戦後フェミニズムの第一の局面が社会主義的想像力を「ジェンダー化」しようとしていたとすれば、第二の局面は「差異を承認する」必要を強調した。かくして、「承認」は世紀末フェミニズムの権利要求の主要な文法となった。この観念は政治理論家たちによって蘇生されたヘーゲル哲学の由緒あるカテゴリーなのだが、しばしばアイデンティティの政治の形式をとり、平等を促進するよりも差異を価値あるものとみなすことを目的とした、ポスト社会主義的な闘争の独特の性格をとらえていた。問題とされるのが女性にたいする暴力であれ、あるいは政治的代表におけるジェンダー間の不均衡であれ、フェミニストたちは権利要求を行なうのに、しだいに承認の文法に依拠するようになった。政治経済の不正義に立ち向かうことができないので、彼女たちは男性中心主義的な文化的価値のパターンや地位のヒエラルヒーから生じる危害を標的とするのを好んだ。その結果、フェミニズムの想像力は大きく変動した。かつての世代が拡大した社会的平等という理念を追求したのにたいして、この世代は自らの活力のほとんどを文化の改革に注いだのである(6)。

説明しよう。文化の変革というプロジェクトは、新しい社会運動の局面を含む、フェミニズムのあらゆる局面に不可欠である。アイデンティティ・ポリティクスの局面を際立たせていたのは、文化的プロジェクトの相対的な自律化、すなわち、政治経済的な変革と分配的正義のプロジェクトからの切断であった。

当然のことながら、第二の局面の効果は混合的であった。一方で、承認への新しい方向性は、資本主義社会の地位秩序に根ざした男性支配の形式に関心の焦点をあてた。それがかつての社会経済的な不平等への焦点と組み合わされていたなら、ジェンダー正義の理解は深められていたかもしれない。その一方で、フェミニズムの想像力は承認を求める闘争の形式に完全にとらわれており、社会主義的な想像力を深めるどころか、それに取って代わろうとするほどであった。社会闘争は文化闘争に、再分配の政治は承認の政治に従わされる傾向にあったのである。たしかに、それは最初から意図されたことではなかった。むしろ、文化的転回の提唱者たちは、アイデンティティと差異のフェミニズム政治は社会的平等を求める闘争と相乗作用すると想定していた。しかし、そうした想定はより大きな時代精神の犠牲となった。世紀末の文脈では、社会的平等主義のすべての記憶を抑圧することしか望まない支配的なネオリベラリズムと、承認への転回はあまりにもみごとに調和したのである。結果は悲劇的な歴史のアイロニーであった。再分配と承認の両方を内包しうる、より広い、より豊かなパラダイムに到達するどころか、われわれは一方に切り詰められたパラダイムをもう一方に切り詰められたものと、すなわち、切り詰められた経済主義を切り詰められた文化主義と交換してしまったのである。

もっといえば、時機はそれほど悪くはなかったのかもしれない。文化主義化された承認の政治への移行が生じたのは、ちょうどネオリベラリズムがめざましい復活を遂げつつあったころであった。その間ずっと、学問的なフェミニズムの理論は「差異」に関する論争にほとんど目を奪われていた。「本質主義者」対「反本質主義者」という図式のもと、これらの論争は先行する理論に隠された排除の前提を明らかにするのにとても役立ち、ジェンダー研究を多くの新しい声に開かれたものにした。しかし、それらの論争はもっともよいものでも承認の土地にとどまる傾向にあり、従属は文化の問題として解釈され、政治経済からは切り離されていた。したがって、その間に支配的になった自由市場原理主義にたいして、われわれは無防備であった。われわれは承認の政治に事実上幻惑され、状況が再分配の政治へのさらなる関心を必要としていたときに、フェミニズムの理論をはからずも文化主義の方向へとそらしていたのである。[7] この点については、あとでふりかえることにする。

承認の地勢図——ポスト共産主義、ポスト植民地主義、〈第三の道〉

とはいえ、まずはひとつの点を明らかにしなければならない。第一の局面から第二の局面への移行を論じるにあたって、私はフェミニズムの想像力における時代的な変遷を描いた。しかし、そうした移行はフェミニズムだけに限定されていたわけではない。それどころか、これと同じような移行が、ほとんどすべての進歩的な社会運動にも、労働組合や社会主義政党の世界規模の凋落そして／あるいは接収にも、それに対応した進歩的およびショーヴィニズム的な形式のアイデンティティの政治の台頭にもみいだされる。この「再分配から承認への移行」（と私が呼ぶもの）は一方では共産主義の崩壊、他方ではネオリベラリズムの台頭と関連しており、企業のグローバル化と結びついたより大きな歴史的変動の一部となっている。[8]

こうした時代診断は第一世界限定のアメリカ的な視座を表わしている、と反論されるかもしれない。

しかし、私はそうは思わない。むしろ、承認の主張が分配の主張をしのぐ傾向は、それらの主張の内容が大きく異なっていたとしても、かなり一般的で、世界的でさえあった。西欧では、社会民主主義的な再分配への関心は、一九九〇年代にさまざまな形式の〈第三の道〉にほとんど屈した。このアプローチは労働市場の「フレキシビリティ〔柔軟性〕」というネオリベラルな方針を採用しながら、進歩的な政治的プロフィールを維持しようと試みていた。そのような試みに成功したとしても、それは経済的不平等を軽減するというよりは、地位のヒエラルヒーを反差別そして／あるいは多文化政策をつうじて克服しようと努力することによってであった。したがって西欧でも、合衆国よりは穏健な形式ではあるが、政治的な権利要求の通貨は再分配から承認に切り替わっていた。

同じような移行は、かつての第二世界でも生じていた。共産主義は、政治的要求を再分配の方向にそらし、承認の問題を事実上封じる、独自の形式の経済主義的パラダイムを崇めてきた。そのような問題は「現実の」経済問題のたんなるサブテクストとみなされていたのである。ポスト共産主義はそうしたパラダイムを閉ざし、経済的平等主義の広範な脱正統化を助長し、新しい、とくに民族と宗教に集中した承認の闘争を解き放った。このように、信用を失った共産主義と現実的にも象徴的にも結びつけられることで、フェミニズム政治の発展は妨げられたのである。

これと関連するプロセスは、いわゆる「第三世界」でも生じていた。一方では、ソヴィエト陣営と西側の二極間競争の終焉によって、周辺地域への援助の流れが縮小された。他方では、ブレトンウッズ的な金融レジームの米国主導の解体によって、ポスト植民地の発展途上国を脅かす、新しいネオリベラルな構造調整の政策が促進された。その結果、南側における平等主義的な再分配のプロジェクトの規模はかなり縮小した。そして、それにたいする反応が、ポスト植民地における多くは部族主義的で権威主義的なアイデンティティの政治の巨大なうねりであった。それゆえ、ポスト植民地のフェミニズム運動も、民衆の願いを平等主義的な方向へと背後から導く政治文化なしに活動するよう強いられた。一方では縮小した国家の力量に、他方では伸長する部族主義的ショーヴィニズムにとらわれながら、それらの運動も自らの主張をよりポスト社会主義的な時代精神に合致したかたちに書きかえなければならないと感じたのである。

総じていえば、第一の局面から第二の局面へのフェミニズムの移行は、ポスト共産主義とネオリベラリズムという、より大きな母型の内部で生じていた。フェミニストたちはこうしたより大きな母型を理解しなかったために、新しい条件のもとでジェンダー正義を求めて闘うのに必要とされる資源を開発するのに手間どっていたのである。

米国のジェンダー政治、九・一一後

それはとくに合衆国にあてはまることであった。米国のフェミニストたちは、本質主義について論じているあいだに、自分たちの国が市場経済主義者と原理主義的キリスト教徒の神聖ならざる同盟に乗っ取られたことに気づいて驚いた。こうした展開は明らかに世界全体にとってもきわめて重大なことなので、第三の局面の出現に移るまえに、しばらく立ち止まって考察することにしたい。

二〇〇四年の米国の選挙を決めた争点は、一方ではいわゆる「テロとの戦い」、もう一方では（それよりは小さかったが）いわゆる「家族の価値」の問題、とくに中絶とゲイの結婚であった。いずれの場合も、ジェンダーをめぐる戦略的な操作が、ブッシュ勝利の決め手となった。その勝利を導いた戦略は、逆進的な再分配の政治を隠すために、ジェンダー的に記号化された承認の政治に訴えるものであった。

　説明しよう。ブッシュの選挙運動の戦略は「テロとの戦い」をリーダーシップの問題として描き、それを明らかにジェンダー化された観点から論じた。男性主義的なステレオタイプを動員しながら、ブッシュは頼りになる断固とした最高司令官、けっしてぶれることのない守護者、要するにほんものの男というイメージをつくりだした。その反対に、共和党員たちは民主党の対抗馬、ジョン・ケリーを「女の子みたいな男」、アーノルド・シュワルツェネッガーのことばを使えば、アメリカの女性や子どもを野蛮な狂信者の血迷った暴力から守れるとは思われない、めめしい「風見鶏」と表現した(9)。

　現実との隔たりにもかかわらず、こうしたジェンダー的に記号化されたレトリックは、男性のみならず女性の有権者にもかなり効果的であった。それはだれもがブッシュの選挙運動の弱点だと同意していたもの、すなわち、多くのアメリカ人に重大な困難をもたらしている逆進的な再分配の政治を帳消しにすると思われるほど効果的であった。すでに最初の任期において、ブッシュは企業の利益や有産階級にたいする桁外れの上向きの富の再分配を推進していた。相続税をなくし、富裕層の税率を下げることで、国家予算の以前よりもはるかに大きな負担を労働者階級に強いていたのだ。かくして、再分配の政治は逆立ちし、社会的不正義が拡大的に進行した。しかし、「テロとの戦い」を前にしては、それも問題にはならなかったようである。つまり、ジェンダー的に記号化された承認の政治が、逆進的な再分配の政治を事実上圧倒していたのである(10)。

これと同じ力学が、選挙運動での「家族の価値」というレトリックの戦略的な展開にも横たわっていた。選挙を左右する州となったオハイオでの重要な争点は、「結婚の防衛」だったのかもしれない。この争点は、原理主義的キリスト教徒の有権者の高い投票率を確実なものとする戦略として、保守派によって同州（その他）の住民投票のために意図的に選択された。彼らにゲイの結婚に反対する票を投じさせれば、つぎはそのままブッシュにも投票するだろうというのが、その理論であった。そして、それはうまくいったようである。

いずれにしろ、「家族の価値」は効果的な選挙運動のテーマであると判明した。しかし、ここには大きなアイロニーがある。労働者階級や下層中産階級にとって家族の生活をあまりにも困難にしている現実の傾向は、ブッシュが支持するネオリベラルな、法人資本主義的なアジェンダから生じている。これらの政策は、企業および富裕層の減税、縮小する社会福祉や消費者保護、非常に低い賃金と不安定な雇用を含んでいる。このような政策とそれらに関連する趨勢のために、ひとり分の稼ぎでは、ときにはふたり分の稼ぎでも、家族を養うことはもはやできなくなった。女性の賃労働は自発的とか補完的であるどころか義務的なものであり、ネオリベラルな経済秩序の不可欠の柱となっている。また、労働者階級や下層中産階級の家族の成員が、生計を立てるために二つ以上の仕事をしなければならない「副業」の慣行もそうである。これらが合衆国の家族を脅かしている現実の力である。(11) フェミニストたちはそのことを理解しているのだが、これらの政策によって危害を受けている多くの人々を納得させることはできなかった。逆に、右翼は彼らの生活様式を脅かしているのは中絶の権利であり、ゲイの権利であると説得することができた。いいかえれば、ここでも共和党員たちは、反労働者階級的な再分配の政治を隠すために、反フェミニズム的な承認の政治をうまく活用したのである。

こうしたシナリオのなかに、第二の局面のすべての問題をみることができる。当時はあまり理解されていなかったが、ちょうど右翼が自らの逆進的《リグレッシヴ》な再分配の政治から関心をそらすために、それ自身の退行的《リグレッシヴ》な文化の政治の戦略的な展開を完成させていたときに、米国のフェミニストたちは自らの焦点を再分配から承認に移行させていた。この一致はじつに不幸であった。米国のフェミニストやほかの進歩的な運動による政治経済の相対的な軽視は、結局のところ、その文化的転回の主要な恩恵を横取りした右翼に有利に働いたのである。

福音主義――ネオリベラルな自己の技法

しかし、なぜアメリカ人はこれほど簡単に、こうした見え透いたトリックにだまされたのか。また、なぜこれほど多くのアメリカ人女性が、共和党員たちのジェンダー的に記号化された訴えにこれほど影響されやすかったのか。多くの観察者は、右翼が米国のフェミニストを、ふつうの女性たち、とくに信心深い労働者階級の女性たちを軽蔑するだけのエリートの専門家や世俗的な人間主義者として描き出すのに、ある程度成功したことを指摘している。もちろん、エリート主義的なものとしてのフェミニズムという見解は明らかにまちがっているが、過去十年にわたって福音派のキリスト教に引きつけられていった労働者階級や下層階級のほとんどの女性たちに、フェミニズムが及ばなかったという事実は変わらない。承認の政治にあまりにも偏って焦点をあてたために、われわれは彼女たちの宗教的な志向が、どのように彼女たちの社会階級的な立場に対応しているのかを理解してこなかったのである。

説明しよう。一見したところ、合衆国における福音派キリスト教徒の女性たちの状況は矛盾しているように思われる。一方で、彼女たちは伝統的な家庭生活についての保守的なイデオロギーに賛同している。その一方で、これらの女性たちは実際に家父長制的な生活を送っているわけではない。ほとんどは労働市場で活動し、家族生活でも相対的に力をもっているのだ[12]。この謎は、福音主義が合衆国における新しい種類の社会、すなわち「不安社会」ともいうべきものの出現に対応していることを理解すれば明らかになる。この社会はかつて社会民主主義と結びついていた「福祉社会」の後継である。後者とはちがって、この新しい社会はほとんどの人々の生活条件の増大する不安を制度化している。すでに指摘したように、それは請負、派遣労働、未組織労働といった、低賃金で恩恵をもたらさない不安定な形式の賃労働を制度化すると同時に、社会福祉による保護も弱めている。その結果、大いなる不安感が生じるが、それは福音派のキリスト教によって応じられる。

興味深いことに、福音主義は実際には安心を与えはしない。むしろ、それは不安を乗り切るための言説と一連の実践を与えている。それはこう語りかける。「あなたは罪びとであり、挫折し、職を失い、酒におぼれ、情事にふけり、夫はあなたのもとを去り、子どもたちはドラッグを使うようになるかもしれない。しかし、大丈夫です。神はそれでもあなたを愛し、教会はそれでもあなたを受け入れます」。この効果は部分的には容認を伝えることなのだが、人々に困難な時代の苦しみに備えさせることでもある。同じような苦しみをたえず引き合いに出しながら、福音主義は信者の不安感をあおりつつ、それに対処する仕方を提示しているように思われる。これを理解するためには、おそらく後期フーコーが必要である。ネオリベラリズムがつねに不安を生み出しているとすれば、福音主義はとくにそれに適合した「自己への配慮」の技法なのである。すでに述べたように、合衆国の多くの労働者階級の女性たちは、このイデオロギーからなにかしら有意義なものを、自らの生に意味を付与するなにかを引き出している。しかし、フェミニストたちは福音主義がなにで、どのように働いているのかを理解することができなかった。われわれは彼女たちにどう語りかけるべきかも、フェミニズムが福音主義の代わりになにを彼女たちに提示しうるのかもわからなかったのである。

これとは異なるが関連するジェンダーの力学は、バラク・オバマがヒラリー・クリントンを破った、二〇〇八年の民主党の大統領候補指名選挙においてもみられた[13]。これらのアメリカの事例は、より大きな、画期的な意義をもっている。しだいに不安定になる労働市場において「フレキシビリティ」を高め、福祉保護を切り詰めようとするネオリベラルな圧力のために、だれもが安心を失いつつある時代を生きている。移民などのあまり統合されていない階層にとっては、これらの圧力は階級間の分配の不平等が地位間の承認の不平等と重ねられたとき倍加する。そして、後者の不平等は簡単に「世俗的フェミニズム」のせいにされるのだ。このような場合、ヨーロッパと合衆国のすべてのフェミニストは、再分配の政治と承認の政治の関係を再考しなければならない。今日、われわれはフェミニズム政治の第三の局面に移動するにつれて、第二の局面では十分にバランスがとれなかったフェミニズム政治の二つの不可欠の次元を再統合しなければならないのである。

フェミニズムを再フレーム化すること——国境横断的な承認の政治

幸運にも、今日国境横断的な空間で活動している一連のフェミニズム政治では、このようなことがすでに起こりはじめている。それらの潮流は増大するネオリベラリズムの力に敏感に反応し、再分配と承認の新しい見通しのある総合をつくりだしている。さらに、それらはフェミニズム政治の尺度を変えつつある。それらは国境横断的な勢力にたいする女性の脆弱さを認識しており、かつて自明視された近代領域国家というフレームのなかにとどまるなら、ジェンダー不正義に十分に異議を申し立てられないことを知っているのである。そのフレームは正義の範囲を同胞市民間の関係を組み立てる国家内の制度に限定するので、越境的なジェンダー不正義の形式や起源を体系的におおい隠している。かくして、日常的に領域的境界を流出するジェンダー関係を形成している勢力は、すべて正義の及ばないところに匿われる。

したがって今日では、多くの国境横断的なフェミニストたちが、国家的゠領域的なフレームを拒否している。彼女たちはある領域国家で下される決定が、政府主体のものであれ非政府的なものであれ、超国家的および国際的な機関の活動のように、しばしばその外の女性たちの生に影響を及ぼしていることを指摘している。また、彼女たちはグローバルなマスメディアやサイバーテクノロジーをつうじて境界をものともせずに流通する、国境横断的な世論の力にも言及している。その結果、ジェンダー不正義を維持している国境横断的な勢力の役割が、あらたに認識されるようになった。地球温暖化、ＨＩＶ゠エイズの拡大、国際テロリズム、そして超大国の単独行動主義に直面しながら、この局面のフェミニストたちは、女性のよき生を生きるチャンスが、少なくとも領域国家内に含まれるプロセスと同じくらい、その境界を越えるプロセスにも依存していると考えるようになった。

このような条件のもと、フェミニズムの重要な潮流は、政治的権利要求の国家的＝領域的なフレーム化に異議を申し立てている。それらの理解によれば、そのフレームは多くの女性たちが自らを抑圧する勢力に立ち向かうのを妨げており、それゆえ不正義の主要な媒体となっている。それは一種の政治的な女性隔離を強いており、彼女たちの主張を弱小国家の国内領域に閉じ込めながら、国外の性差別的支配の動作主を批判やコントロールから守っている。その結果、多くの大悪人たちが、ジェンダー正義の及ばないところに匿われる。明白な容疑者（強力な略奪者国家、外国の投資家や債権者、国際的なマネー投機家、多国籍企業）だけでなく、彼らが罰せられることなく活動するのを可能にしている背景構造、とくにグローバル経済と国家間システムの統治構造も説明責任を免れている。結局のところ、国家的＝領域的なフレームは、越境的なジェンダー不正義をめぐる民主的な考察を締め出しているのである。

したがって今日では、フェミニズムの再分配と承認の要求は、しだいにフレームを変えようとする闘争と結びつくようになっている。国境を越えた生産に直面して、多くのフェミニストたちは国民経済という想定を避けるようになった。たとえばヨーロッパでは、フェミニストたちはヨーロッパ連合の経済政策や経済構造を標的とし、また反世界貿易機関の抗議者たちのあいだのフェミニズムの潮流はグローバル経済の統治構造に異議を申し立てている。これと同じように、承認を求めるフェミニズムの闘争も、しだいに領域国家を越えるようになった。「女性の権利は人間の権利」という包括的なスローガンのもと、世界中のフェミニストたちは、ローカルな家父長制的慣習にたいする闘争を国際法改正の運動に結びつけるようになってきた(14)。

　このように、フェミニズム政治の新しい局面では、ジェンダー正義が再フレーム化されつつある。この局面では、悪しき分配と誤った承認の絡み合った不正義に異議を申し立てることが主要な関心とされる。しかし、そうした第一段階の不正義以上に、フェミニストたちはあらたに目に見えるようになった不正義、すなわち、私が誤ったフレーム化と呼んでいるものも標的としている(15)。誤ったフレーム化は、国家的＝領域的なフレームが国境横断的な不正義の源泉に重ねられるとき生じる。その結果、政治空間は貧しく蔑まれた人々を犠牲にいびつに区割り《ゲリマンダリング》され、彼らは国境横断的な要求を迫るチャンスを奪われる。そのような場合、悪しき分配と誤った承認にたいする闘争は、誤ったフレーム化にたいする闘争と共同しないかぎり、成功はおろか前進することもできないだろう。つまり、誤ったフレーム化は、国境横断的な局面におけるフェミニズム政治の中心的な標的として現われているのである。

　誤ったフレーム化に立ち向かうことによって、こうした局面のフェミニズム政治は、再分配と承認を越えた、ジェンダー正義の第三の次元を目に見えるようにしている。私はこの第三の次元を代表と呼んでいる。私の理解によれば、代表はすでに構成された政治共同体における女性の平等な政治的発言権を保障することだけを問題としているのではない。それはさらに、既存の政体の内部にはうまく収まらない正義の論争を再フレーム化することも必要としている。それゆえ、誤ったフレーム化と争うときは、国境横断的なフェミニズムはジェンダー正義を、再分配、承認、代表がバランスのとれたかたちで統合されなければならない三次元的な問題としてとらえなおしている(16)。

ヨーロッパ連合を包囲する発展途上の国境横断的な政治空間は、こうした第三の局面のフェミニズム政治の重要な拠点となりそうである。ヨーロッパでは、その課題はどうにかして三つのことを同時に行なうことである。まず、フェミニストたちはほかの進歩的な勢力とともに、平等主義的な、ジェンダーに配慮した社会福祉による保護を国境横断的な水準でつくりださなければならない。つぎに、そうした再分配の政策を、ヨーロッパの文化的な混交性を正しく扱いうる、平等主義的な、ジェンダーに配慮した承認の政策と統合するために結束しなければならない。最後に、誤ったフレーム化の不正義をより大きな尺度で繰り返さないために、対外的な境界を強めず、国境横断的なヨーロッパが要塞ヨーロッパとならないことを保証しながら、そのすべてにあたらなければならない。

とはいえ、ヨーロッパだけが第三の局面のフェミニズム政治の拠点であるというわけではない。さまざまな国際連合の機関や世界社会フォーラムを包囲する国境横断的な空間も等しく重要である。そこでも、フェミニストたちは環境保護運動家、開発問題の活動家、先住民といった、ほかの進歩的な国境横断的な行為者と共同しながら、悪しき分配、誤った承認、誤った代表が結びついた不正義に異議を申し立てている。そこでも、その課題はこれらの関心をバランスよく統合する三次元的な政治を展開することである。

このような三次元的な政治を展開することは、けっして容易ではない。しかし、それは第三の局面のフェミニズムの闘争にすばらしい見通しを開いている。一方で、このアプローチは承認の政治と再分配の政治のバランスを取り戻すことで、第二の局面の大きな弱点を乗り越えることができるだろう。その一方で、それは誤ったフレーム化の不正義とはっきりと争うことで、それに先行する二つの局面のフェミニズム政治の盲点を乗り越えることができるだろう。とりわけ、そのような政治は、われわれが現代の重要な政治的な問いを提起し、やがてはそれに答えることを可能にするであろう。グローバル化する世界の全域にわたるジェンダー不正義に異議を申し立てるためには、再分配、承認、代表の要求をどのように統合すればよいのだろうか。

第7章　規律訓練からフレキシビリゼーションへ？・

――グローバリゼーションの影のもとでフーコーを再読すること

ミシェル・フーコーはフォーディズム型の社会規制の大理論家であった。戦後のケインズ的福祉国家の絶頂期に著述したにもかかわらず、彼はそのもっとも誇示された達成でさえ暗黒の裏面をみるようわれわれに命じた。彼の目をとおしてみれば、社会福祉は規律訓練の装置となり、人間主義的な改革は一望監視的な体制となり、公衆衛生の施策は生権力の配置となり、治療学的な実践は従属化の媒体となった。彼の視座からみれば、戦後の社会国家のこれらの要素は、すすんで引き受けられるがゆえになおさら油断のならない、規律訓練的な支配の収容所群島を構成していた。

もちろん、フーコーは自らのプロジェクトをフォーディズム的規制の解剖学と理解していたわけではなかった。彼は自らの診断をより広い範囲に位置づけており、むしろ規律訓練的な権力を「近代」と結びつけようとしていた。そして、私を含む、ほとんどの読者はそれにならっていた。したがって、その後の論争は、フーコー的な近代像はあまりにも暗く一面的で、その解放的な傾向を軽視しているのではないかということに向けられてきた(1)。

しかし今日、状況はより限定された解釈を可能にしている。いまわれわれが新しい、ポストフォーディズム的なグローバリゼーションの時代の頂に立っているとすれば、フーコーはそのような観点からも再読されるべきである。彼はもはや近代それ自体の解釈者というよりは、ミネルヴァの梟のように、フォーディズム型の社会規制の歴史的な衰退の瞬間に、その内在的な論理をとらえた理論家とみなされる。こうした視座からみれば、彼の社会分析の大作、『狂気の歴史』、『臨床医学の誕生』、『監獄の誕生』、『性の歴史』第一巻が、一九六〇年代と一九七〇年代に書かれたことは意味深長である。それはちょうどOECD諸国がブレトンウッズ体制、すなわち国家的なケインズ主義を支え、それによって福祉国家を可能にしてきた国際金融のフレームワークを放棄した時期であった。いいかえれば、規律訓練的な社会が土台から崩れているときに、フーコーはその輪郭を描き出していたのである。そして、あと知恵でわかったにすぎないが、これは規律訓練の後継が生まれようともがいていた瞬間でもあった。このアイロニーは明白である。ポスト産業社会と呼ぶにしろ、あるいはネオリベラルなグローバリゼーションと呼ぶにしろ、「規制緩和」や「フレキシビリゼーション〔柔軟化〕」を志向する新しい体制は、フーコーが規律訓練的なノーマライゼーション〔規格化〕を概念化していたときに現われつつあったのである。

もちろん、フーコーをこのように読むことは、その現在との関連性を問題化することである。彼がフォーディズム的な規制を理論化したとすれば、その診断はポストフォーディズムとどう関係するのか。彼の規律訓練的な社会の説明は過ぎ去ったことなのか。それとも、フォーディズムの規制的な文法はネオリベラルなグローバリゼーションにも及んでいるのか。以下では、これらの問いを、そのいずれの仮説も避けながら検証することにしよう。私は第三の「変形文法理論的」な解釈を提示し、新しいポストフォーディズム型の社会規制はフォーディズム型のものとはかなり異なり、フーコー的な規律訓練の分析を単純に拡張することはできないが、その分析は前者を解明するのにまだ役立ちうると主張するつもりである。より正確にいえば、このような解釈はネオリベラルなグローバリゼーションの時代の新しい「統治性」の様式を説明するために、フーコー的なカテゴリーを創造的につくりかえるきっかけとなりうるのである。

フォーディズム的規律訓練を概念化すること

フォーディズム型の社会規制として規律訓練を概念化することは、フーコー的およびマルクス的なカテゴリー化をひとつにまとめることである。フーコー自身がそのような結びつきを是認したかどうかは、どちらの側に立ってもテクスト上の根拠をみいだしうるので十分に論争しうる問いである(2)。しかし、私の目的はフーコーに忠実であることではないので、ここではそうした問題には言及しない。むしろ、彼自身マルクスのほかにも多くの人々を歴史化しようとしてきたように、私も彼を歴史化することにしたい。彼と同じように、ここで試みる歴史化は再文脈化、すなわち、テクストをその著者には入手できなかったカテゴリーや問題の観点から再読することである。したがって、その意味では、私は彼に忠実であることになる。

それでは、フォーディズム型の社会規制としての規律訓練に入ろう。まず、フォーディズムの意味を説明しながら、この仮説の内容を明らかにすることにしたい。私の用法では、「フォーディズム」は第一次世界大戦から共産主義の崩壊までの「短い二〇世紀」の期間に限定される。この間、資本主義は大量の工業生産、大量の商品消費、そして垂直的に統合された企業にもとづいた独自の蓄積の様式をもたらした。しかし、フォーディズムはたんに経済学の問題ではなかった。むしろ、フォーディズム的な蓄積のメカニズムは、それを促進する社会的、文化的、政治的な外部の装置にも埋め込まれ、それらに依存していた。第一世界では、そのような配置のひとつは、労働市場を新しいジェンダー規範や家族規範に結びつけ、私化された家庭消費への志向を助長した家族賃金であった。もうひとつは、広告、マスメディア、大衆娯楽をつうじて部分的に現われた、急速に成長する消費文化であった。重要なことに、第一世界のフォーディズムのもっとも特徴的な制度のいくつかは、第二次世界大戦後までは完全には発達しなかった。それは労働を国家の主要なプレーヤーとして組み込んだ「階級間の妥協」であり、国内市場を安定化し、国民に社会的権利を付与したケインズ的福祉国家であり、すでに言及した、国民国家による国民経済の舵取りを可能にした国際金融システムであった。最後に、これらの後半の論点が示しているように、フォーディズムは国家の線分に沿って組織された国際的な現象であった。それは植民地（のちにポスト植民地）の労働や資源に依存しながら北大西洋の豊かな国々に不均等に利益をもたらし、第三世界の国家的な野心や制度形式を助長すると同時に、それらを実現するのに必要とされる経済的および政治的な能力を発達させるのを妨げてきた。また、反ファシズムや反共産主義も、フォーディズム的な情勢には欠かせなかった。事実上絶え間のなかった熱い世界戦争と冷たい世界戦争の世紀において、フォーディズム国家は民間産業を公的資金による兵器生産と宿命的に結合し、その一方で国家主権を尊重すると謳った国際機関もつくりだした。その結果、多面的な社会編成ができあがった。フォーディズムは資本主義の歴史的に特異な局面であるが、それはたんに経済的なカテゴリーにとどまらず、大量生産と大量消費を国家的なフレームのなかに埋め込んだ国際的な布置連関でもあったのだ。

このように理解すると、フォーディズムはフーコーとどうかかわるのか。そのつながりをつけるためには、フォーディズムはたんに相互に適応した制度ではなかったとみなさなければならない。むしろ、これらの制度は、それらを共通のエートスでおおう独自の規制メカニズムによって包囲されていたと指摘しなければならない。それらの小規模な調整の技術は社会全体に広く拡散し、工場や病院、刑務所や学校、国家の福祉機関や私的な世帯、市民社会の公式の団体、非公式な日々の相互行為といった「毛細管的」な水準でさまざまな関係を組織してきた。これらの「統治性」の実践はフォーディズム的蓄積の「ミクロ政治的」な対応物であり、独自の「政治的合理性」を具体化していた。フォーディズムの規制的な文法は国家理性にも普遍的な道具的理性にも還元されず、それらの管制高地のずっと下方で作動していた。とはいえ、それは習慣や価値による「伝統的」な社会規制からも等しく隔たっていた。この形式の統治性は個人を組織し、身体を空間と時間のなかに配置し、彼らの力を調整し、彼らのあいだに権力を伝達しながら、土台となる社会関係を専門的に設計された管理の論理に従って秩序化していた。その結果、歴史的に新しい社会規制の様式、すなわち、国家的に境界づけられた大量生産と大量消費の社会に適合したフォーディズム様式が生まれたのである。

ここまでは、フォーディズム的規制の思想を抽象的に説明してきた。つぎは、その質的な性格に言及しなければならない。いかなる種類の統治性がフォーディズムに適しているのか。なにがその特徴的な秩序化のメカニズムと政治的合理性の種別性を構成しているのか。これらの答えはフーコーの規律訓練的な生権力の説明にみいだされるだろう。しかし、そのような示唆は深刻な問題も提起している。フーコー的な規律訓練のなにがとくにフォーディズム的なのか。もっといえば、フーコーが規律訓練の多くの決定的な瞬間を二〇世紀よりもはるか昔に、すなわち啓蒙時代の医療改革、ジェレミー・ベンサムの一望監視施設、一九世紀の人口統計学の活用に位置づけているという事実から、われわれはなにを導き出すべきなのか。[3] 最後に、フーコーは尺度の問題を主題化したわけではなかったが、規律訓練の分析を歴史的に特異な国家的／国際的な関係をめぐる理解とそれとなく関連づけていたという事実をどう理解すればよいのか。

歴史的な問題からはじめよう。フーコーが規律訓練の起源を一八世紀と一九世紀にみいだしたのは、たしかに事実である。しかし、彼は「現在の歴史を記述しているのだ」とも主張していた。したがって、フーコーの初期の資料を系譜学（彼の用語）のプリズムをとおして読むことは正当化されるといいたい。その場合、臨床医学と刑務所は、かなりあとになってから、つまり二〇世紀になってから完全に開花し、操作可能になり、支配的になった規制的実践の、初期のまだ隔離された実験場として現われる。テクスト上の根拠も示しうるこうした読み方によれば、規律訓練的な社会は、かなり以前に、ばらばらの制度のなかで開発された技術が全体に拡散したのちに、はじめて出現したことになる。[4] つまり、規律訓練はフォーディズムの到来によってはじめて一般化され、社会全体を象徴するようになったのである。

このような仮説は歴史的に説得力があるだけでなく、ここでの二つの異なる問い、すなわち、フォーディズム的統治性の質的性格と尺度の問題をめぐる問いにもいくつかの手がかりを与えている。それはとくに、ここでフーコー的な規律訓練として解釈される、フォーディズム型の社会規制の三つの決定的な特徴を提示している。すなわち、全体化、国家的フレームのなかでの社会的凝縮、そして自己規制である。そこで、おもに米国の事例に依拠し、それらをフーコー的な観点から解剖しながら、これら三つの特徴をそれぞれ詳しく説明しよう。

まず、フォーディズム的規律訓練は、かつては慎重な組織化に従わされなかった多くのものを含む、社会生活のあらゆる主要な側面の合理化を目的として全体化していった。管理への情熱に衝き動かされながら、ヘンリー・フォードの経営陣は勤労の習慣は家庭ではじまるという想定のもと、工場生産だけでなく労働者の家族やコミュニティも合理化しようと試みた。同じように、一九一〇年代と一九二〇年代には、米国の改革者たちが国民の健康と安全の保証を目的として、自治体、州、そして連邦の規制機関を設立しはじめた。この時期は、合理化の社会的専門知識の書物、ほんの少しあげるだけでも、育児、家庭経営（「ホームエコノミクス」）、ソーシャルワーク（ケースワーク）、医学的および通俗的な心理療法、産業心理学などの手引書がみられた。その後は、特定の年齢集団を対象とした統制機関（少年審判所）、身体管理（性の手引書、栄養プログラム、健康管理スケジュール）も現われた。いかなる社会領域も、すべてを合理的な管理に従わせようとする運動の立ち入り禁止区域とはならなかったようだ。フォーディズムの計画への情熱は、大衆文化のユートピア的なファンタジー、とくにハリウッド映画の一糸乱れぬコーラスラインにも表わされていた。(5)

つぎに、フォーディズム的規律訓練は全体化しながらも、その第二の決定的な特徴として国家的フレームのなかに社会的に凝縮されていた。二〇世紀の開始とともに、それまでばらばらだった規律訓練が国民国家内部の新しい社会空間に収斂していった。これはハンナ・アレントとフーコー派のジャック・ドンズロの両者によって「社会的なもの」と名づけられた、社会統制の制度がたがいに関連づけられる、稠密に結びついた複合装置であった(6)。社会的なもののなかでは、労務管理、ソーシャルワーク、刑事裁判、公衆衛生、矯正、心理療法、夫婦間のカウンセリング、教育などが相互に浸透し、それぞれが同じ貯蔵庫から合理化の実践を引き出し、共通の統治性の文法のもとで独自の形式をつくりあげていた。フーコーのフランスを含む、いくつかの国では、こうした規律訓練の中心地はたいてい国民国家の領地であった。他方、合衆国のような国では、非政府機関がより大きな役割を果たし、国家装置を補完していた。しかし、すべてのケースにおいて、社会的なものは国民国家と相関していた。フーコーは尺度の問題をはっきりと主題化したわけではなかったが、彼の説明は規律訓練の秩序化が国家的に境界づけられていることを想定していたのである(7)。彼の視座からみれば、国家的＝社会的なものはフォーディズム的規制の出発点、そのもっとも稠密な加工地帯、そのより広い普及のための発射台であった。フォーディズム的規律訓練が外に放射され、国民社会全体に知らぬ間に拡散したのは、そうした地帯からであった。とはいえ、社会的凝縮は垂直的なヒエラルヒーをともなっておらず、伝統的なピラミッドの頂点から命令が一方的に下されるわけではなかった。むしろ、規律訓練の装置は国家的＝社会的な空間のなかで並列的に存在しており、それらの行為主体も対等に協力し競合していた。彼らの活動は高度に合理化されており、彼らの環境は実務家がかなりの裁量権をもった中産階級の専門職的なものであった。それゆえ、規律訓練型の権力は国家的フレームのなかで社会的に凝縮されながらも水平的に配置された。つまり、フーコーが主張したように、フォーディズム的規律訓練は体系的であると同時に「毛細管的」だったのである。

フォーディズム的規律訓練の第三の主要な特徴は、それに先行するこれら二つの特徴から生じている。この様式による社会の秩序化は、おもに個人の自己規制をつうじて作動していた。一九〇七年にアメリカの社会学者エドワード・ロスが「社会統制」という用語をつくったが、そのもともとの意味はヒエラルヒーや外的強制にたいする民主的な代案としての自己規制であった。フーコーが強調したように、社会統制の提唱者たちは内的な自己統治能力のある自発的な主体を促進しようと試みていた。そのような主体は外部の権威にすぐ従う人々よりも合理的で、協力的で、生産的であると請け合いながら、フォーディズム的な改革者たちは新しい組織形態や管理実践を編み出していた。会社、工場、社会福祉事務所では、監督者は労働者や被保護者に耳をかたむけ、彼らの意見を引き出し、彼らの自律的な行動の範囲を広げるよう迫られた。他方、供給サイドでは、児童心理学者、教育者、育児専門家が、子どもを社会化する実践を改革しようと提唱していた。未来の自律的な自己規制する市民を育成することを目的として、彼らは母親には子どもの要求どおりに育て、父親には折檻をつつしみ、教師には子どもの好奇心を促し、規則の合理的な理由を説明するよう迫った。同じような要請が、夫婦間のカウンセリングや犯罪者の終身刑宣告のように、まったく共通点のない実践にも告げられていた。これらの包括的なねらいは、個人を「主体化」し、個人に自己責任をもたせる手段として彼らの内面のプロセスの言語化を奨励し、それによって自己監視の能力を増大させることであった。個人を社会統制の行為主体として効果的に徴集し、それと同時に彼らの自律性を促進しながら、フォーディズム的規律訓練は外的強制を内的な自己

規制に置き換えようとしていたのである。(8)

総じていえば、フォーディズム的規律訓練は全体化し、国家的フレームのなかで社会的に凝縮され、そして自己規制へと方向づけられていた。その結果、国家的に境界づけられながらも、国家の範囲をはるかに越えた統治性の形式がもたらされた。それは国民社会全体に広く普及し、抑圧的というよりも生産的で、カリスマ的というよりも合理的であったので、国家的に境界づけられた大量生産と大量消費の社会において「有用な［完全ではないにせよ］従順な身体」を動員したのである。

もちろん、こうしたフォーディズム的規制の擬似フーコー的な説明には、多くの批判が提起されるだろう。たとえばこうである。この説明はフォーディズム非難にひどく偏っており、その進歩的で解放的な側面を無視している。とくに、それは社会統制の個人化、主体化の契機にあまりにも冷淡で、その自律性促進の方向性を規格化の編成にあまりにも性急に切り詰めている。最後に、それは批判的な力をもつためには自らが暴露しようとした人間主義的な規範、とりわけ自律性に依拠しなければならず、それゆえ遂行矛盾に陥っている。私自身かつてこのようなフーコー批判を提起したことがあり、それはいまも適切であると思っているが、ここではそれをつづけることはしない。むしろ、それとは別の問題、すなわち、規律訓練とポストフォーディズムの関係をめぐる問題に向かうことにする。そうすることで、私はかつてフーコーの「規範的混乱」と対比して、彼の「経験的洞察」と呼んだものを問題化するつもりである。(9)

規律訓練からフレキシビリゼーションへ？

ここまでのフォーディズム的規律訓練の説明は、今日ではもはや通用しない、少なくとも三つの経験的命題を前提としている。それはまず、社会規制は国家的に組織され、その対象は国民経済を管理する国民国家の保護のもと国民社会で暮らす国民であると想定している。それはつぎに、社会規制は資本蓄積の体制の非市場化された対応物をつくりだし、「社会的なもの」の領域に凝縮され、その特徴的な制度は（国民的）社会福祉国家を構成する政府および非政府の機関であると想定している。それは最後に、規制の論理は主体化し個人化することであり、個人を自己規制の行為主体として徴用することで、彼らの自律性を促進すると同時に彼らを統制に従わせる、というよりは彼らを統制する手段として彼らの自律性を促進すると想定している。

これらの命題はフォーディズムの時代には通用したが、今日では疑わしいものとなっている。一九八九年後のポストフォーディズム的グローバリゼーションの時代になると、社会的相互行為はしだいに国境を越えるようになった。その結果、社会関係の秩序化は脱国家化、国境横断化に相当する尺度の大変動にさらされている。かつてはそうだったかもしれないが、社会の秩序化はもはや国家だけの問題ではなく、いまではいくつかの異なる水準で同時的に発生している。たとえば、公衆衛生の場合、国家を拠点とする機関は、自らの政策をしだいに国境横断的および国際的な水準の政策と調和させるよう期待されている。これと同じことが、治安、金融規制、労働基準、環境規制、対テロ政策にもあてはまる。[10] つまり、国家的な秩序化は消えたわけではないが、その規制メカニズムがほかの水準のものと（あるときは協力的に、あるときは競争的に）節合されるにつれて、しだいに脱中心化されるようになったのである。したがって、いま現われているのは、その全容がいまだ定かではない、新しいタイプの規制構造、グローバル化した統治性の多層的なシステムである。

それと同時に、規制は脱社会化のプロセスにもさらされている。今日支配的なネオリベラル型のグローバリゼーションでは、資本の大規模な、制約されない、国境横断的な流れが、国民経済の舵取りというケインズ的なプロジェクトを頓挫させている。各国が投資を維持し誘引することを期待して、われ先にと減税し「お役所的形式主義」を排除しようとするにつれて、フォーディズム的福祉国家はポストフォーディズム的「競争国家」へと変容しつつある。[11] その結果生じる「底辺への競争」は無数の規制緩和のプロジェクトをあおり、社会福祉を市場に移すか、家族に（ということはつまり女性に）投げ出すかして民間に委ねようとしている。こうしたプロジェクトの度合いは国によって異なるが、その全体的な効果をグローバルにみれば、かつてフォーディズム的規律訓練の中心地だった「（国家的）社会的なもの」の領域は解体される傾向にある。しだいに社会的に凝縮されなくなり、しだいに市場化され家族化されているので、ポストフォーディズム的な社会の秩序化プロセスは同一化しうる領域には収斂しそうにない。むしろ、グローバリゼーションは、フーコーが想像したよりも私化され分散した、新しい社会規制の景観を生み出している。

最後に、フォーディズム的規律訓練がグローバリゼーションに直面して衰退するにつれて、その自己規制への方向性も消えゆく傾向にある。より多くの社会化の仕事が市場化されるにつれて、フォーディズムの労働集約的な個人化の焦点は失われる傾向にある。たとえば心理療法では、フォーディズムのもとで奨励された時間をかけた会話志向のアプローチは、しだいに保険適用の範囲から外され、即効性のある薬物心理学に取って代わられている。さらに、ケインズ的国家の舵取りの衰えは、さらなる失業と下向きではない再分配を意味し、不平等と社会不安を増大させた。そうして生じた空白は、個人の自律性を促進する試みよりも、あからさまな抑圧によって埋められる傾向にある。それゆえ米国では、社会国家の「刑務所産業複合体」への変容を指摘する観察者もいる。ここでは、男性マイノリティの若者の拘禁が、望ましい失業対策であるというわけである[12]。もっといえば、問題となっている刑務所は、フーコーが説明した人間主義的な一望監視施設とはほとんど共通点がない。それらの運営はしばしば利益優先の企業に下請けされ、刑務所は自己反省の実験室というよりも、人種的および性的な暴力、すなわち、レイプ、搾取、腐敗、治療されないＨＩＶ、凶悪なギャング、凶悪な看守の温床となっている。このような刑務所がポストフォーディズムのひとつの側面を集約しているとすれば、それはもはや個人の自己統治をつうじて作用するものではない。むしろ、そこにあるのは被抑圧者の回帰ではないとしても抑圧の回帰である。

これらすべての観点からみて、ポストフォーディズム的グローバリゼーションは、フーコーの規律訓練とはかなり隔たっている。それは国家的に境界づけられるどころか多層的で、社会的に凝縮されるどころか分散し市場化され、自己規制的であるどころかしだいに抑圧的になっている。このような相違から、規律訓練の社会は過ぎ去ったというほかないと結論づけたくなる。ジャン・ボードリヤールにならって、「フーコーを忘れよう」と宣言したくもなるだろう。

グローバル化した統治性

しかし、それは間違っている。たとえ現代社会がポストフォーディズム的で、したがってポスト規律訓練的であったとしても、それは擬似フーコー的な視点から有益に分析されうる。そのためには、台頭する新しい様式の規制に特徴的な秩序化のメカニズムと政治的合理性を突きとめなければならない。その結果、新しい形式のグローバル化した統治性の擬似フーコー的な説明がもたらされるだろう[13]。

私のみるところ、そうしたプロジェクトは少なくとも三つの主要な媒介変数をもっている。第一の重要な課題は、ポストフォーディズム的規制の国境横断的な性格を概念化することである。第二の課題は、その分散し市場化された様式の統治性への増大する依存を理論化することである。第三の課題は、その特徴的な介入の対象、主体化の様式、抑圧と自己規制の混合を含む、独自の政治的合理性を分析することである。それぞれの課題について、われわれは幸運にも、すでに入手しうるいくつかの先駆的な研究に依拠することができる。

現代の統治性の国境横断的な性格は、グローバリゼーションに関する膨大な文献の明白な主題となっている。多くの学者たちが「政府なき統治」という標題のもと、国境横断的な規模で作動する新しい多層的な規制装置の輪郭を描いている。この理解によれば、社会の秩序化はもはや国家的に境界づけられるわけでも、国民国家と相関しているわけでも、なんらかの単一の調整の場に集中しているわけでもない。むしろ、統治性の場は分離され、いくつかの異なる機能に分割され、グローバル、地域的、地方的、下位国家的な別々の水準で作動する、いくつかの異なる機関に割り振られている。たとえば、「人道的介入」、「平和維持活動」、「対テロ戦争」、そして数々の多国間治安対策の結果、軍事および治安の機能は分解され、配置しなおされ、尺度を変えられている。同じように、刑法および警察の機能も分離され、統合しおされ、尺度を変えられている。それは国際戦犯法廷、国際刑事裁判所、「普遍的管轄権」、インターポールにみられるように拡大することもあれば、部族裁判や刑務所の民営化にみられるように縮小することもある。他方、企業係争を解決する民間の国境横断的なレジームの出現（国際商慣習法の復活）の結果、契約法上の責任も尺度を変えられている。経済の舵取りの機能は、ヨーロッパ連合、NAFTA、メルコスルのような地域的通商ブロック、世界銀行、国際通貨基金、世界経済フォーラムのような公式、非公式の国境横断的組織へと拡大している。しかし、それは自治体や地方の機関へと縮小し、それらが開発の促進、賃金や税の規制、社会福祉の提供にしだいに責任をもつようにもなっている。総じていえば、われわれは新しい多層的な統治性の構造、国民国家も数あるなかのひとつの水準にすぎない複雑な組織の出現をみているのである。(14)

この新しいグローバル化する規制の様式は、かなり分散した統治性をもたらしている。かつてのフォーディズム的なものとはちがって、ポストフォーディズム型の規制は、構造化した制度の拠点を越える、フレキシブルな変動するネットワークをつうじて「離れて統治する」傾向にある。(15)今日の社会の秩序化はもはや国民国家を中心とせず、国家、超国家的組織、国境横断的企業、NGO、専門家の団体、個人を含む、ばらばらな実体の集まりの権力と意志をつうじて作動している。国レヴェルでは、たとえばQUANGO〔準独立政府機関〕が、かつて国家がもっていた規制機能を引き受けている。刑務所、公益事業、学校の民営化とともに、選挙の実施義務は「コミュニティ」委員会の「パートナー」間の交渉に取って代わられている[16]。同じように、国際的なレヴェルでは、選良ならざる名士たちの雑多な固定しない面々が、なんとなく定例となった議論のために年に一度ダヴォスに集い、国境横断的な企業の法規制は、新しい形式の、その場かぎりの非公式な仲裁に取って代わられ、その私的な任意の性格が、それらの企業を公的検証から防いでいる[17]。このように、支配装置はあまりにも複雑かつ流動的に構成されており、高名な国際関係の理論家、ロバート・W・コックスはそれを「混沌」と名づけたほどであった[18]。

そうしたはっきりしない性質にもかかわらず、ポストフォーディズム的な統治性は、いくつかの認識しうる質的特性を示している。この様式の規制は、その先行者よりもはるかに市場化された秩序化のメカニズムに依拠している。ネオリベラリズムの装いのもと、それは経済合理性の範囲をかなり拡大し、社会福祉に競争を導入し、被保護者を消費者に変え、専門職業人を市場の規律訓練に従わせている。こうした「脱国家化した統治性」の体制では、監査役が最前線の調教師として専門職員を引き継いだように、実質的な福祉政策は形式的な経済的説明責任の技術に取って代わられている[19]。また、ヴァウチャーが公共サーヴィスを引き継ぎ、民営化された「リスク管理」が社会保険を引き継いだように、個人は自らの生活に新しい水準の「責任」を引き受けさせられている。フォーディズム的な「社会統制」の技術に代わって、市場のメカニズムが広範囲の人間活動を組織している。結婚や育児に関する決定さえ、市場の誘因や抑制と深くかかわっている。

かくして、新しいポストフォーディズム型の主体化がもたらされた。ヴィクトリア朝の個人化するノーマライゼーションの主体でも、フォーディズムの集合的福祉の主体でもないこの新しい統治性の主体は、積極的に責任を引き受ける行為主体である。(市場の)選択の主体であり、サーヴィスの消費者であるこの個人は、自らの決定をつうじて自らの生活の質を高めるよう強いられている[20]。この新しい「自己への配慮」では、だれもが自分自身に関しては専門家であり、自らの人的資本を最大限活用する責任を負っている[21]。この点において、フォーディズム的な自己規制のプロジェクトは、ほかの手段によって継続されている。

とはいえ、ポストフォーディズム型の統治性は、その先行者とは明確に異なっている。フォーディズム的規制は、温存された社会的不平等にもかかわらず、暗黙のうちに普遍性を志向していた。フーコーの説明によれば、その介入の対象は規律訓練を受ける個人だけでなく、「住民」すべての「全体的福祉」でもあった。規律訓練のノーマライゼーションは、征服された植民地住民に支えられたものであったが、国民の同期化と標準化を企図した「生権力」と結びついていた[22]。これとは対照的に、ポストフォーディズム的統治性は、すでにみたように国家的フレームを押し破っている。さらに、そうすることで、このフレームの普遍主義的な推力も同時に捨て去っている。しかし、それは自由放任に訴えてのことではない。むしろ、ポストフォーディズム的規制は、新しい形式の(国境横断的な)分割を確立している。おもに住民のプロファイリングをつうじて作動しながら、それは効率性とリスク回避のために個人を分離し追跡している。有用で競争力のある小麦を無用で競争力のないもみがらと区別しながら、ポストフォーディズム的福祉政策は、ひとによって異なるライフコースを構築しているのだ。こうして新しい種類の分割された統治性が生まれた。あるひとには責任ある自己規制を、ほかのひとには容赦ない抑圧を。こうした「二重社会」では、高度に競争的な、完全にネットワーク化された地帯が、排除された落ちこぼれたちの周辺区域と共存している[23]。

これはほんのあらましにすぎない。ポストフォーディズム的統治性がどう組み立てられているかをおおざっぱに概観したものである。ほかにもなすべきことはたくさんある。さらなる探求のために、二つの追加的な方向を示すことで締めくくることにしよう。

ひとつの興味をそそる可能性は、ポストフォーディズムにおいて「ネットワーク」が果たしている秩序化の機能にかかわるものである。グローバリゼーションの流行語である「ネットワーク」は、社会組織の形式とコミュニケーションの基盤の両方を指している。ネットワークの品質は、杓子定規な組織をフレキシビリティ、開放性、脱中心性、空間的な分散と結びつける能力によって保証される。たとえば、ビジネスでは、さまざまな企業、供給者、契約者、仲介業者などが国境横断的に連鎖し、隙間に配慮した「ジャスト・イン・タイム」生産のように、むだのない、たやすく変えられる構造をつくりだしている。同じように、政治、宗教、そして今日とても懸念されている犯罪の一風変わった交差点には、テロリストのネットワークがある。それは国境横断的で、脱中心的で、空間的に分散し、おそらく指導者もいないので、少なくとも国民国家のような代物では見つけることができないが、みごとに組織された同時的な大量破壊を行なう能力があり、ジハードのためにマックワールドを、それらの区別をけっして崩すことなく徴用している[24]。

一見すると、ネットワークは規律訓練的でフーコー的というよりも、リゾーム的でドゥルーズ的であると思われるが、しかしポストフォーディズム的統治性の新しい重要な媒体として現われているのかもしれない。グローバリゼーションの批判理論家であれば、フーコー的な観点からネットワークを分析するよう努めるだろう。とくに、よりなじみのある規制機関との（競争的および協力的な）節合について探究するのもよいだろう。

グローバリゼーションの擬似フーコー的な分析の第二の候補は、それと関連する「フレキシビリゼーション」の観念である。グローバリゼーションのもうひとつの流行語である「フレキシビリゼーション」は、社会組織の様式と自己構成のプロセスの両方を指している。もっといえば、それは社会組織の様式と相関し、そこから発生し、それに類似した自己構成のプロセスである。フレキシビリゼーションの品質は、流動性、暫定性、「長つづきしない」時間的地平によって保証される。したがって、ネットワークが空間に対応するように、フレキシビリゼーションは時間に対応している。たとえば、ビジネスの世界では、ジャスト・イン・タイム生産のフレキシブルな専門化がある。また、リチャード・セネットによって描かれた「フレキシブルな男たち」（そして女たち）もいる。彼らは頻繁に職場や職業さえ変え、落ち着く間もなく転居し、同僚や友人との関係は「長つづきしない」よう刈り込まれ、自分らしさも、たったひとつの有意味な、筋の通った、すべてに及ぶような人生の物語には存在していない(25)。こうしたフレキシブルな自己は、フーコーによって描かれた、主体化した同一的な自己よりも断片的で、ポストモダン的である。しかし、それでもそれらは、少なくとも「有能な階級」にとっては、自己規制の重要な新しい媒体として現われているのかもしれない。そうであるならば、批判理論家たちはそのような自己をフーコー的な分析にかけることもできるだろう。とくに、自己統治さらには個人の自律性をつうじた社会統制が、なにかしら新しい装いのもとでフォーディズムを生き延びさせているのかどうかを判定するよう試みるのもよいだろう。

このような分析では、規律訓練が以下の問いにたいするフーコーの答えであったことを思い出しておかなければならない。国王の存在しないなかで権力はどのように作動しているのか。もちろん今日では、彼の答えはもはや説得力のあるものではないが、完全にそうだともいいきれない。より困ったことに、そうした問いそのものが再定式されなければならない。君主の死後ずっと社会規制を組織しつづけてきた国家的フレームが脱中心化されてから、権力はどのように作動しているのか。ネオリベラルなグローバリゼーションの時代の新しい様式の統治性を理解しようと努めるなら、実際のところ、これよりもよい導きとなる問いを定式化することは難しい。前世紀のもっとも独創的で重要な思想家たちのひとりに名誉を与えるような試みが、なによりもふさわしいやり方のようである。

第8章　グローバリゼーションにおける人類の脅威
——二一世紀をめぐるアレント的考察

ハンナ・アレントは二〇世紀なかばの破局の大理論家であった。ナチのホロコーストの直後に著述しながら、彼女はこの最悪の歴史的事件で問われたものを概念化するようわれわれに命じた。彼女の目からみれば、絶滅収容所は自発性という本質的に人間的な能力と、多元性という際立って人間的な条件のもっとも根源的な否定を表わしていた。したがって、アレントにとっては、それらは啓示的な性質をもっていた。人間存在そのものを余分なものとするプロジェクトを限界まで推し進めることで、ナチの体制はこの時代を広く特徴づけていた人類に脅威をもたらす傾向を、もっとも先鋭的でもっとも極端な方法で結晶化していたのである。

アレントはこのような傾向をほかのところでも探り出した。たとえば、スターリニズムのなかに、彼女は人間の生を大規模につくりかえようとする類似の企てをみいだした。単一のヴィジョンを全体化しようと試みながら、それも公共空間を消し去り、個性と多元性を危険にさらしていたのである。しかし、それだけではなかった。のちに彼女の全体主義の概念を領有し、自らが「自由世界」と名づけたものへの批判を封じてきた冷戦の猛者たちとは異なり、アレントは一九五〇年代の民主的な「大衆社会」からも、なにかしら原基的あるいは擬似的な全体主義の結晶と呼びうるものを掘り出していた。すなわち、「家政の社会化」による政治の失墜と、世論を操作し住民を管理する科学主義的技術による公共空間の植民地化であった。彼女はナチズム、スターリニズム、そして民主的な大衆社会の大きなちがいをけっしてなおざりにしたわけではないが、最後のものもまた人間存在の基本的な条件にたいする構造的な脅威をはらんでいるという異端的な思想を繰り広げたのだ。二〇世紀に特有の悪をめぐる遠大な洞察と人類の脆弱性についての診断は、このようにして生まれたのである。

これらの分析の詳細については、たしかに論争の余地がいくつもある。しかし、ここではそれとは別の水準でアレントの思想を論じることにしたい。私が関心をもっているのは、それらの根底にあるより大きな診断のほうである。アレントの視座からみれば、二〇世紀に固有の特徴的な破局は、二つの大きな歴史的な流れの運命的な合流から生じていた。ひとつは、拡大する帝国主義の論理によって場所の限界から解き放たれるようになった国民国家の危機であった。この危機は激しい民族的および汎民族的なショーヴィニズムをもたらし、政治的成員資格すなわち「権利をもつ権利」を奪われた、スティグマ化された脆弱なマイノリティ、そして無防備な国籍のない人々をつくりだした。もうひとつの流れは、ジェイムズ・スコットが「国家のように見ること」と名づけたもののように、全体化する根本的に反政治的なものの見方が政治に侵入したことであった。[1] 人間世界の彼方にある管制高地からの神の視点を気取りながら、こうした見方は人間存在を決定論的な全体化の計画の素材とみなした。このように見ることは、たんに人間の自発性と多元性を軽視しただけはなかった。むしろ、その存在理由はそれらを排除することであった。国民国家の危機が管制高地からの全体化する視点と合わさったとき、新しい種類の悪と人類の脅威がもたらされたのである。

アレントの分析は、彼女の時代を思想的にとらえた模範的な試みであった。その時代のもっとも恐ろしい不穏な現象に焦点をあてながら、彼女はそれらのなかに新しい先例のないもの、したがって過去の恐怖には還元しえないものを理解しようとしていた。彼女自身こうした方向をはっきりと示していた。「過去と未来のあいだ」の空間にとどまろうとしながら、彼女は歴史化すると同時に現在に焦点をあてた思考方法を自覚的に深めていたのである。

私がアレントの思想にもっとも引きつけられ、二一世紀においてもっとも見習うべきであると思っているのは、こうした態度である。われわれの時代もまた、現在を歴史化し、その特徴的な危険を診断し、それらが現実のものとなるのを未然に防ごうとする理論化によって解明することができる。このような態度はミシェル・フーコーの方向性ともいくぶん類似しており、来たるべき時代の活力ある政治理論化にふさわしいだけでなく、きわめて不可欠であるようにも思われる(2)。

とはいえ、私はたんにアレントの全体的なアプローチを評価するために、彼女の思想の歴史的に定位した特質を強調しているのではない。それ以上に、私はその現在との関連性をより詳しく考えたいと思っている。すなわち、アレントが二〇世紀の特徴的な破局を理論化したとすれば、彼女の診断は二一世紀のわれわれに忍び寄る破局にどう関係しているのか。今日の人類にたいする危険は、いまも自発性と多元性を消し去ろうとするプロジェクトから生まれているのか。そして、これらの危険は、いまも国民国家の危機と国家のように見る傾向との同じ運命的な結びつきから生じているのか。

これらの問いにたいする答えは、いずれもイエスでもありノーでもあるようだ。一方では、われわれの現在の危険は二〇世紀なかばのものとはかなり異なっており、アレントの分析を単純に拡張することはできない。しかし他方では、彼女が突きとめたより深い力学は、今日勢いを増しつつある新しい人類の脅威を明らかにすることもできる。総じていえば、私が提案するアプローチはこうである。われわれはアレントの分析を拙速に却下することも、また愚直に保守することもしてはならない。むしろ、二一世紀の人間的なものを否定する新しい様式を説明するために、アレントの思考を創造的に変革しなければならないのだ。

したがって以下では、わずかばかりの信奉的な忠誠も避けながら、アレントの継続する関連性を証明することにしたい。まず、災厄の力学をめぐる彼女の診断が、いまもわれわれ自身の時代の特徴を解明する力をもっていることを指摘しておこう。たしかに、九・一一とその余波は、国民国家の危機と「国家のように見る」傾向の絡み合いという観点から有益に分析することができる。一方では、国境横断的な政治的イスラーム主義という根本的に新しい形式が、中東その他の近代的な世俗的ナショナリズムの失敗、新旧の帝国主義に根ざした失敗に対応している。そのうえ、アルカーイダとその分派は、アレントが『全体主義の起源』のなかで国民国家の解体に跡づけた、反政治的な「汎」運動と恐ろしいほど類似している。その一方で、九・一一にたいするブッシュ政権の対応、とりわけ災厄的なイラクの侵攻と占領は、反政治的な、どこからともなく全体化する視点の教科書的な実例を表わしている。現実を自らの意志の鋳型に合わせ、自発的行為という人間的な能力を否定することを目的としながら、この政権は結束した国際世論に真っ向から反対し、国際法をあからさまに無視する行動をとった。これらの点で、その行為は国民国家の危機と管制高地からの視点の両方を含んでいる。つまり、ともに自己推進的な破壊のサイクルに閉じ込められた「ジハード主義」と「テロとの戦い」という相互に補強し合うプロジェクトは、アレント自身には想像もしえなかった新しい形式の人類の脅威を引き起こしながらも、彼女の診断の主要な側面を繰り返しているのである。

現在のこれらの特徴がアレントの診断の主要な側面と共鳴している一方で、そのほかのものはそれをはるかに越えている。そうした「ポスト・アレント的」展開のひとつは、コスモポリタニズムへの関心の復活にともなう、国際人権レジームの不完全だが明瞭な出現である。もうひとつは、アレントが理論化した国家および個人の多元性のみならず、ジェンダー、セクシュアリティ、多文化主義と結びついたものを含む、ほかの形式にも及んだ新しい多元性の認識である。さらにもうひとつは、今日グローバリゼーションによって揺らぎつつあるウェストファリア的な、つまり分割されざる、領域的に境界づけられた国家中心的な主権の観念を、国境横断的で多層的な、新しい形式の共有された政治的責任に置き換えようとする試みである。

こうした二一世紀のアレント的およびポスト・アレント的な結晶の結合から、なにが導き出されるのか。コスモポリタニズム、多元主義、ポストウェストファリア主義という新しい要素は、最終的に国民国家の危機を解決し、管制高地から支配する衝動を打ち消すのに十分な重みを身につけられるのか。それとも、後者の傾向が前者を圧倒し、吸収することになりそうなのか。これらの問いが今日のもっとも興味深い政治理論化の大半を組み立てているとすれば、それはアレントの継続的な関連性を指し示していよう。それらについて鋭い意見の対立があったとしても、多くの思慮深い観察者たちは自覚的であれ無自覚であれアレント的な主題を引き合いに出している。というのも、彼らは二一世紀の現在を過去と未来のあいだの空間に位置づけようと試みているからである。

一方には、コスモポリタニズム、多元主義、ポストウェストファリア主義というポスト・アレント的な要素から希望を導き出している、ユルゲン・ハーバーマスやデイヴィッド・ヘルドのような人々がいる。このような理論家たちにとって、それらの展開はアレントが分析した災厄の力学からの出口を示している。たとえば、ハーバーマスは、グローバリゼーションと結びついた増大する移民が、多くの人々の倫理的=政治的な自己理解を変えつつあると述べている。その帰結には防衛的な移民排斥の反動もあれば、差異や混交にたいする新しい関心もある。前者の防衛的な反応は、再発する国籍剝奪や人類からの追放といったアレントによって分析された可能性を喚起させる。これとは対照的に、後者はそうした力学をおそらく止められる、新しい形式の多元性のもとでの共生を喚起させる。この第二の反応は、国民国家が乗り越えられうるということも示している。過去の世紀のヘルダー的な想定の代わりに、いまでは社会的に構築された「想像の共同体」としての国家という新しい認識が広まっている。そうした原初的共同体にたいする懐疑論とともに、あらゆる政治共同体のなかで新しい多元性の認識も生まれている。それは国民的出自の多元性、宗教の多元性、エスニシティの多元性、言語の多元性から、ジェンダーやセクシュアリティの多元性にまで及んでいる。そして、このことが同質性を必要としない方法で政治共同体を構想しなおそうとする試みをもたらしている。すなわち、国民と国家の連結を解除し、それによって政治共同体を国籍から分離しようとする新しい政治的プロジェクトである[3]。

こうしたプロジェクトは、それ自体けっして問題がないわけではないが、アレントが構想したものをはるかに越えている。たとえば、ハーバーマスはエスノナショナリズムを「憲法パトリオティズム」に置き換えることを提案している。その場合、市民の連帯はもはや推定上の先行する実質的な同一性には依拠しないだろう。むしろ、それは「紛争のコミュニケーション的統御」から現われるのだ[4]。そうした理由から、民主的な立憲国家は新しいリベラルな自己理解を展開することができる。これらの国家は共同体内部の差異に注意を払い、一般的な観点から、つまり移民やエスニック・マイノリティをけっして二級市民扱いしない中立的な観点から、法を制定することができる。また、このようなアプローチは領域内の非市民の権利をそれなりに保護することもできる。その場合、アレントによって診断された災厄の力学はおそらく停止するだろう。マイノリティの成員は市民として完全に包摂され、権利をもつ権利を保障する（脱国民化した）政治共同体の成員資格を保証される。そして外国人は基本的権利を保護される。つまり、エスノナショナリズムとは異なり、憲法パトリオティズムは無国籍の余分な人々の生産を停止するのである[5]。

アレントならこうした提案をどう考えただろうか、と思いをめぐらすのも一興である。想像するに、彼女の反応は二面的であったのではないだろうか。一方では、コミュニケーション的に形成される連帯への彼女自身の共和主義的な熱意を考えると、彼女はエスノナショナリズムにもとづく政体から憲法パトリオティズムを前提とした政体への移行をきっと称賛したにちがいない。その一方で、このようなアプローチはマイノリティの保護をマジョリティの継続的なリベラルな自己理解に依存させているが、彼らの自己理解が変わりうるとすれば、それは不安定な土台であるとも指摘したであろう。その場合、エスノナショナリズムへの退行が起こりうるかもしれず、二一世紀の国籍剥奪や人類からの追放の力学が再開することもありうるのだ(6)。したがって、アレントにとっては、マイノリティの権利をもつ権利の最善の防衛手段は自前の国家であった。彼女の見解によれば、人権の回復は「国民的権利の回復あるいは確立をつうじてのみ」可能であるように思われた(7)。すなわち、彼女自身の分析が国民国家の行く末をみごとに証明していたとしても、彼女は国民国家を復活させるよう駆り立てられていたのである。

しかし幸運にも、国民国家の復活は、憲法パトリオティズムだけでは余分な無国籍の人々の生産を防ぐことはできないという、もっともな懸念にたいする唯一可能な対応ではない。それよりも見込みのあるのは、コスモポリタン的な水準への移動、アレントがユートピア的とみなした移動であると思われる。一九五一年に『全体主義の起源』を著わしたとき、彼女は「しばらくは、国家を超える領域は存在しない」と述べていた(8)。この公式において、「しばらくは」という表現はとくに注目に値する。というのも、それは二一世紀のコスモポリタンたちの励みとなっている、新興の人権擁護のような新しい展開の可能性を開いているからである。アレントとは異なり、これらの思想家たちは、国家をつうじて媒介されない個人の国際法上の訴訟資格を構想している。したがって、彼らにとっては、こうした新しい形式の「世界市民権」は憲法パトリオティズムのバックアップとなり、後者が失敗した場合に国籍剥奪や人間の廃棄を妨げることができる(9)。つまり、コスモポリタンたちはポストウェストファリア的な世界秩序を提唱しながら、国家主権を国際法廷、グローバルな人権法の執行、そして最悪の場合には人道的介入に従わせようとしているのである(10)。

もちろん、われわれはそこに向かって歩きはじめたばかりである。もっといえば、現在の条件のもとでは、そのたどたどしい足取りは深刻な乱用にも開かれている。抽象的には完全に擁護しうる人道的介入も、狭い国益を追求する超大国の策謀にたやすく転がり落ちる。同様に、国際的な戦争犯罪の訴追も、たとえそれ自体完全に適正なものであったとしても、『イェルサレムのアイヒマン』の著者が十分に理解していたように、勝者の正義の問責にさらされやすい。このような疑念は、世界唯一の超大国が人道的介入の時機を一方的に決定する権利を主張し、また戦争犯罪にたいする国際的な訴追からの包括的な事前免責を主張するとき、当然のことながら高まるであろう(11)。

そのような懸念から、一部の観察者たちはコスモポリタニズムに帝国の偽装だけをみいだそうとしている。これらの思想家たちは、国民国家の主権を乗り越える運動のもっぱら暗黒面に集中しながら、アレントの突きとめた破局の源泉が現代の希望とみられる展開を吸収する力をまだもっていると請け合っている。とくに管制高地からの全体化する視点の持続する強さに焦点をあてながら、彼らは共産主義崩壊の世界史的な含意を探るようわれわれに挑んでいる。こうした視座からみれば、重大な問いはこうである。われわれは本当にポストウェストファリア的な世界で生きているのか。最初はファシズムの、つぎに共産主義の消滅は、公共世界を破壊し、人間存在を余分なものとする超全体化のプロジェクトの終焉を本当に意味しているのか。あるいは、ほかのそうしたプロジェクトが舞台の袖に隠れているのか。

これらの問いにアプローチするには三つの異なる方法があることを示しておこう。第一のアプローチは、アレントによって分析された古典的な全体主義の新しい形態を探究するものである。今日それをもっとも代表するのは、二一世紀初頭のラディカルな政治的イスラーム主義をヨーロッパのファシズムと酷似した古典的な全体主義の変異体として分析した、ポール・バーマンの論争的な著書『テロリズムとリベラリズム』である。ファシズムのように、アルカーイダとその分派は想像上の過去に立ち戻り、内部と外部の敵を見つけることにとりつかれ、絶対主義的な法によって支えられた、プライヴァシーや結社の自由の余地をいっさい認めない全体化する社会システムを確立しようとしている、とバーマンは主張している。(12)

その高度に挑発的な性格において、この分析は一部にはアレントを思い起こさせるかもしれない。しかし、それは彼女の思想のより深い精神に反しているというべきだ。新しい現象をなじみのある過去のモデルに拙速にも同化することで、バーマンはその純粋な目新しさを見逃している。アルカーイダの知的源泉をヨーロッパの文化的近代に位置づけることで、彼はイスラーム主義の訴えの社会的源泉を解明することを怠っている。イスラーム主義をファシズムとの類推で説明することで、結局のところ、彼は「われわれ」と「彼ら」のあいだに横たわるいかなる共通性も否認している。つまり、バーマンは彼自身が批判しようとした、そしてアレントが心の底から嫌悪していたマニ教的思考を繰り返しているのである。

しかし幸運にも、バーマンの方法は、二一世紀の再発する全体主義の可能性を検証する唯一の方法ではない。第二のアプローチは、古典的な形式とは異なる、新しい擬似全体主義的な鳥瞰的支配のプロジェクトを考察するものである。これには政治的分布図の正反対の側から出された二つの例がある。ひとつはジョン・グレイの一九九八年の著書『グローバリズムという妄想』、もうひとつはマイケル・ハートとアントニオ・ネグリの『〈帝国〉』である。

アレントよりもアイザイア・バーリンの影響を受けているとはいえ、グレイは人間の自発性と多元性が、現在、かつての共産主義とまったく同じように、傲岸で自由を脅かす全体化のプロジェクトによって危険にさらされていると指摘している。それは単一の「自由市場社会」をどこにでも押しつけ、市場から社会的および文化的なフレームワークを取り外し、あらゆる国家の特殊性を踏みにじろうとするプロジェクトである。さらに、グレイによれば、このプロジェクトは自然に起こりうるものではない。「自然なもの」としての市場というイデオロギー的な説明とは反対に、「自由市場社会」は大規模な社会工学の企てをつうじてしか現われないのだ。したがって、グレイにとっては、それは国家よりも市場に集中するとはいえ、しかし多元性を全体化し破壊する、新しい擬似全体主義的なシステムを表わしている。[13]

これとは対照的に、現在、国家中心的なウェストファリア的秩序に取って代わりつつある新興のグローバルな統治の体制に、ハートとネグリは新しい全体化するシステムの輪郭を認めている。この擬似全体主義的な体制が、国境横断的な企業資本を民主的な政治的コントロールから防御する、新しいグローバルな経済秩序の統治制度を内包しているというのは驚くほどのことではない。しかし、それが新興の人権レジームなどの、ハーバーマスやヘルドのような理論家が支持する、多くのコスモポリタン的な制度も含んでいるというのは驚くべきことである。ハートとネグリの見解によれば、これらの新しいグローバルな制度は、すべて民主的な説明責任を欠いており、グローバル・エリートの利益に役立っている。したがって、これらの制度もまた、管制高地からの視点を占有する、新しい擬似全体主義的なシステムを反映している。[14]

興味深いことに、グレイもハートとネグリも、アレント的な全体主義とはかなり異なる統制の構造をほのめかしている。どちらの場合も、支配はナチあるいはスターリニズムの党国家になぞらえられる、強力な識別しうる中心によって直接的に制度化されているのではない。むしろ、それは脱中心化した装置によって、すなわち市場か、連結する複数の統治装置によって間接的に制度化されている。したがって、脅威の源泉はとらえどころがなく、アレントによって分析された事例よりも見分けるのが難しい。とはいえ、投影される帰結はほとんど同じである。グレイもハートとネグリも、その拡張的な論理があらゆる可能な代案を締め出す、実質的に網羅的な統制のシステムを想定している。またどちらも、市場の自由とかコスモポリタン的民主主義といったレトリックにもかかわらず、人間の自発性が社会的決定論の偽りの必然性に結局のところ従わされると想定している。つまり、どちらも新しい社会現象の深い文法を、それらが人間存在を余分なものとする可能性という観点から、擬似アレント的に探究する必要を事実上想定しているのである。

とはいえ、どちらの説明も誇張的で誤解を招きやすく、アレントの最良の著書の洞察力には及ばない。グレイは資本主義の多元性を保守することに専念するあまり、アメリカのヘゲモニーにたいする非民主的な代案までも結果的に擁護している。また、ハートとネグリは、構成する「マルチチュード」の自然発生的な反乱を空想しながら、民主主義の実践とその制度的な条件についてはほとんど認識していない(15)。さらに、これら二冊の書物は、二一世紀型の支配のシステム性と全体化する性格を過大視している。どちらも解放的な対抗傾向や敵対的で抵抗的な要素をおおい隠すだけでなく、それらをシステムのまったく内的な策略としても解釈しているのである。

こうした過度にシステム的で、過度に全体化した分析を避けるためには、擬似アレント的な問い、すなわち、われわれは本当にポストウェストファリア的な世界で生きているのかという問いにたいして、さらにもうひとつのアプローチをとったほうがよい。この第三のアプローチは、それ自体はもともと全体主義的ではない政治的プロジェクトのなかに埋め込まれた擬似全体主義的な契機を割り出そうとする。好ましいとみられる社会的傾向のなかにさえ潜んでいる潜在的な危険に注意を払いながら、それはそのような傾向の肯定的および否定的な結晶を比較考量しようとする。しかし重要なのは、そうした政治的プロジェクトを別々に、ほかのプロジェクトと分離して分析しないことである。むしろ、この第三のアプローチは、それらの相互作用の力学を明らかにしようとする。それは時代の全体的な布置状況を地図化しようとすることで、その時代のもっとも目を引くいくつかのプロジェクトと、それらがヘゲモニーを賭けて競合するより大きな力の場を突きとめることになるであろう。

そこで、このアプローチは少なくとも以下の編成のそれぞれに、原全体主義的な結晶を探し出そうとする。(一) 現在グローバリゼーションによって変容しつつある既存のリベラルな民主主義社会、とくに合衆国のように、その政治文化が擬似全体主義的な操作にさらされていることが明らかになっている社会。(二) 現在ネオリベラリズムを促進しているグローバル経済の統治構造と、原理的にはコスモポリタン的民主主義を促進しうる国際法の変化する情勢の両方を含むが、それらの差異を崩すことはしない新興のポストウェストファリア的な統治の構造。(三) 正統な、反帝国主義的な不満の核心を神秘的な形式に封じ込めることもある、イスラーム主義およびユダヤ教やキリスト教の政治的原理主義などの退行的とみられる「汎」運動。(四) 世界社会フォーラムとつながりのある国際的なフェミニズム、環境保護運動、反ネオリベラル＝グローバリゼーション運動といった、解放的とみられるが、エリート的な偏向を含み、かならずしも自らの民主的な野心に応えられるわけではない国境横断的な運動。いずれの場合も、分析の目標は原全体主義的および反全体主義的な結晶のほかならぬ混合を見きわめ、そうすることで前者から身を守り、後者を促進するようすすめることである。

こうしたアプローチの根底にある想定は二面的である。一方で、これら二一世紀の政治的編成はいずれもそれ自体では全体主義的ではない。その一方で、それらはどれも擬似全体主義的な結晶をまったく欠いているわけではない。したがって、これらのプロジェクトは「全体主義」という名詞の代わりに、「原全体主義的」とか「擬似全体主義的」といった限定的な形容詞を用いるアプローチによってもっともよく理解される[16]。

これがアレントの遺産を進展させるもっともふさわしい方法であるようだ。このようにして、われわれは彼女の二〇世紀の危機の説明にもひけをとらないくらいに、複雑さや巧妙さを犠牲にすることなく、二一世紀の危機の理論化にとりかかることができる。現在の人類の脅威についてのそうした野心的だが繊細な分析がないとすれば、われわれは二一世紀のハンナ・アレントを待たなければならない。願わくは、いますぐにでも現われんことを。

第9章　フレーム化の政治——ナンシー・フレイザーと語る

ケイト・ナッシュ、ヴィッキ・ベル

ヴィッキ・ベル——最近の研究において、あなたは自分の試みはすでに起きていることを記述することだといっているのでしょうか。それとも、現われつつあるものになんらかの支援の手を差し伸べようとしているのでしょうか。あるいは、それ以上に研究をつうじて変化をもたらそうとしていると自分をみているのでしょうか。思うに、これは「(政治) 理論家の役割とはなにか」という問いでもあります。

ナンシー・フレイザー——簡単に答えれば、そのすべてです。また、あなたの質問の根底にあるのが批判理論家の役割についての考え方であることにも同意します。ですから、すべてはあなたが示したさまざまな課題を、いかにしてたがいに正しい関係に置くのかを明らかにすることにかかっています。私の考えを歴史的に対照しながら説明させてください。研究を発表しはじめた一九八〇年代の前半、私は新しい社会運動、とくに第二波フェミニズムと結びついたアクティヴィストの環境にまだ足を突っ込んでいました。そのころ、理論と実践の関係はいくぶん風通しがよかったように思われます。政治的実践から現われた問題に取り組んだり、自分の考察がたとえ直接的ではなくとも、さまざまな媒介者をつうじて草の根へと浸透するだろうと信じたりするのは、自然なことと感じられていました。したがって、少なくとも二つの異なる公衆のために同時に書くことは可能だと思われていました。すなわち、一方では仲間の研究者に向けて、主流派の理論的パラダイムを批判したり、そのイデオロギー的な歪曲や盲点を暴露したりしながら、他方では自らが賛同する社会運動にかかわり、その目標を体系的に表現したり、それを実現するための提案を評価したりすることもできたのです。これらの企てを結びつけていたのは、理論的な明晰さと政治的な信念が手を携えているような包括的なエートスでした。政治目標は明白で、それらを達成する道は開かれているという意識が、語られはしないが、生き生きと感じられていたのです。しかし今日では、おもに全体的な政治の見通しがとても暗くなっているために、状況は異なっています。たしかに解放運動はいまも存在しますが、それらのエネルギーはネオリベラリズムと反動的なショーヴィニズムという双子の勢力によって弱められる傾向にあります。さらに、先ほどの明晰さの意識も（ハーバーマスの表現を使えば）「新しい不明瞭さ」に屈しています。そのなかで、進歩的な潮流は現在の秩序にたいする代案の一貫したヴィジョンをもたず、たとえそうしたヴィジョンが存在したとしても、どうすればそれが実現されうるのかについての説得力のあるシナリオをもっていないのです。たしかに、こうした歴史の変化には多くの理由がありますが、私は現在の思考に大きく立ちはだかっているひとつのもの、つまり新しく噴出したグローバリゼーションにのみ言及したいと思います。それは境界づけられた領域国家が正義の問いをとらえるのに適正なフレームであり、また正義を達成しようとする闘争を行なうのに適切なアリーナであるという、これまで自明視されてきた観念を覆しつつあります。そのようなドクサ〔意見〕が増大する国境横断化の経験に直面して後退するにつれて、かつての批判的理論化や政治的実践を支えていた前提の多くは疑問視され、ウルリッヒ・ベックが「方法論的ナショナリズム」と呼ぶものの擁護しがたい表現であることが明らかにされつつあるのです。こうした状況において、理論と実践の生産的な関係を保つことは困難になっています。その関係の両方の項が解体されているのですから、どちらも再考されなければなりません。

したがって、私の現在の研究では、あなたが最初にいったすべてを同時に行なおうとしていることになります。ひとつの目的は、新しい政治的な権利要求の文法を説明することです。そこで問題となるのは、正義についての第一段階の問いだけでなく、どのように第一段階の問いがフレーム化されるべきなのかというメタ的な問いでもあります。新しい言説の付置状況を地図化しようと試みるとき、私は直接的な実践上の問いから後退し、観察者の視座を引き受けることにしています。そうすることで、分配、承認、代表をめぐる今日の議論を、「通常的正義」の自明視された媒介変数、たとえば「だれが対象とみなされるのか」についての共有された意識が混乱している、一種の「変則的正義」としてとらえるよう提案してきました。しかし、それと同時に、解放的な変化へと向かう最良の希望を伝えていると思われる社会運動の目標を明らかにしようとも努めています。参加者の視座により近いこの第二の立場でものをいうかぎり、それらの運動に有益な概念を理論化し、そのような議論を定式化しようと努めていることになります。一部の社会的行為者がすでに行なったり語ったりしていることに、はっきりとした体系的な概念上のひねりを加えることもそうです。その一例が誤ったフレーム化についての説明です。これは分配問題の国家的なフレーム化がグローバルな貧者を締め出すときのように、第一段階の正義の問いが誤って一部の人々を排除するようなかたちでフレーム化されるとき生じる、一種のメタ不正義にあてた用語です。多くのグローバリゼーションの活動家たちが自らこの用語を用いているわけではありませんが、彼らは言外にそのような観念に依拠していると思われます。私は彼らの想定を明らかにし、それに名前を与えることで、彼らの自由になる正当化の共同資金を豊かにしようとしているのです。しかし、それだけではありません。私は言説構造を記述し、暗示的な主張を明示的なものにすると同時に、左翼の反生産的な思考や実践を批判するのに役立つ時代診断も提示しています。その一例が政治的な権利要求における再分配から承認への移行についての診断です。これは近年の左翼にとってあまりにも障害であることがわかりました。そのように見立てながら、私はなにがなされるべきかについて結論を導き出しています。したがって、あなたが区別した三つの目標のすべてが、私の現在の研究では結びついているのです。それらはともに批判理論家の役割についての複雑な考え方を指し示しています。こう要約することもできるでしょう。批判理論家とは、断固たる党派的な一体感をもつが、現存する社会闘争と歴史的に現われる解放の可能性のつながりを開示し促進するために、ある程度距離をとりながら考察を深めようとする、位置づけられた思想家なのです。

ケイト・ナッシュ――『ニューレフト・レヴュー』の論文「グローバル化する世界で正義を再フレーム化すること」のなかで、あなたは承認や再分配と並んで代表の問題について論じています(1)。これはあなたの研究で新しく展開されたものです。「代表＝表象《リプレゼンテーション》」ということばは曖昧で、あなたはそれを象徴的な意味で使いながら「フレーム」について論じているように思われますが、ある点ではそれをはっきりと民主主義に関連づけてもいます。象徴的な代表〔表象〕の観念と集団にたいする説明責任としての代表との関係について、もう少しお話しいただけないでしょうか。

NF――とてもいい質問です。遠回りになりますが、政治的代表を正義の第三の次元として組み込むことで、もともと二次元的だった私の枠組みが大きく修正されたことを述べさせてください。当初の理論を展開していた一〇年間に、私はしばしば「政治的なものについてはどうなのか」と問う読者に出会いました。私の答えはいつもこうでした。「ああ、でも分配や承認も政治的であるとは思いませんか。どちらも権力の非対称性や従属の構造にかかわっているのですから。政治的なものはすでにそこに、それらの（不）正義の経済的そして文化的な次元にあります。それを独立した次元として扱う必要はないのです」。しかし、そう思う反面、そのような答えでは不十分なのではと気になっていました。そこで、一九九〇年代の後半から、当初の理論の組み立てを修正しはじめたのです。その時期からの私の著作をみれば、つぎのような記述が多くみいだされます。「私の見解では、正義には少なくとも二つの次元、すなわち経済的な再分配と文化的な承認がある。しかし、そこには第三の政治的な次元の可能性もある。とはいえ、ここでそれを展開することはできない」。

政治的なものを独自のカテゴリーとして導入する必要があるのではと気になりはじめたころは、政治学者の関心とされる種類の問題について考えていました。所与の政治共同体に原理上包摂されるすべての人々が、本当に平等な発言権をもっているのか。万人が完全に、同輩として政治生活に参加することはできるのか。ご存じのように、政治学者はそうした問いに、たいてい政治的な決定のルールの観点からアプローチします。彼らはさまざまな選挙制度の政治的発言権に及ぼす効果を研究しながら、たとえば、比例代表制と勝者丸取りの多数得票制の功罪を比較しています。けれども、私が関心をもったのは、そのような技術的なことがらではなく、それらの背後にあるより大きな問いです。代表の関係は、その作用に悪しき分配や誤った承認が及ぼす効果とは別に、それ自体で不正であることはないのか。これは悩ましい問いでした。なぜなら、私はいつも不正義を社会生活への参加の同等性にたいする制度化された障害という観点からとらえてきたからです。私の枠組みでは、それぞれの型の制度化された障害が（不）正義の次元に対応しています。それゆえ、参加の同等性にたいする異なる種類の障害を区別することは、私にとってつねに不可欠だったのです。同等性にたいする経済的そして文化的な障害が存在しうる（実際に存在する）ことは、はじめから明白でした。そうした理由から、私はそれら二つの次元の観点から正義をとらえたのです。しかし、その後、たとえ悪しき分配や誤った承認がないところでも、同等性にたいする政治的な障害が存在しうるのではと自問するようになりました。たとえば、比較的公正な分配や相互の承認という条件のもとで作動している選挙制度が、イデオロギー的な少数派から永遠に発言権を奪うということはありえないのでしょうか。そうだとすれば、代表の関係それ自体が不正であるようなケースもあるでしょう。しだいに私は、そのように際立って政治的な不正義が実際に存在しうると思うようになったのです。

しかし、これが代表を正義の第三の次元として私の枠組みに組み込ませた決定的な考察だったわけではありません。決定のルールは、境界づけられた政体の既存のフレームのなかで生じる、第一段階の政治的不正義をたいてい含んでいます。これとは対照的に、私の主要な関心は、政治空間の境界づけられた政体への分割の結果として生じる、メタ・レヴェルの政治的不正義にあります。その一例は（推定上）主権国家からなる国際システムが、グローバルな貧者を犠牲にして政治空間をいびつに区割り《ゲリマンダリング》している様式です。このシステムはそうした貧者の主張を、たとえ完全に破綻していなくとも、相対的に無力な国家の国内政治のアリーナへと導きながら、国外にいる収奪の立案者に立ち向かう手段を彼らから奪い、そうすることで国境横断的な悪者を批判や規制から守っているのです。結局のところ、私の枠組みに正義の政治的な次元を思い切って導入させたのは、現在のグローバリゼーションにたいする闘争の中心にある、こうした誤ったフレーム化というメタ不正義への関心だったのです。

さて、遠回りはここまでにしましょう。つぎに、このような次元を名づけるのに、なぜ代表（representation）という用語を選んだのかを説明しなければなりません。じつをいうと、ひとつの動機は再分配（redistribution）や承認（recognition）と頭韻をそろえることでした。もうひとつの動機は、あなたが指摘したように、象徴的なフレーム化と政治的な発言権という二つの意味をもつこの用語の多義性を利用することでした。正義の政治的な次元は、そうした二つの意味に依拠し、それらの関係を明らかにするようなかたちでとらえられなければならないと思います。というのも、私はこの次元を二つの水準からなるものと理解しているからです。一方で、代表は先ほど述べた選挙のルールをめぐるおなじみの問いを含んでいます。この第一段階の水準では、代表は政治的な発言権と民主的な説明責任を端的に意味しています。こうした意味は、同じくおなじみの政治的な不正義の意味と対応しています。それは私が通常政治の誤った代表と名づけたもので、境界づけられた政体にすでに原理上包摂されている人々の参加の同等性の政治的に制度化された拒否に存在しています。その一方で、代表は境界線やフレームの（不）正義をめぐって新しく噴出した問いを含んでもいます。このメタ・レヴェルでは、その用語は境界づけられた政体が埋め込まれたより広い空間のパターン化、つまり、だれがそうした政体に参加する資格をもつ人々の範囲に包摂され、そこから排除されるのかという問いに注意を促しています。こうした第二の水準は、代表の象徴的な意味を喚起しながら、誤ったフレーム化という政治的な不正義に対応することになります。それはすでに述べたように、貧しく蔑まれた人々が自らを抑圧する勢力に挑むことを、政治空間の仕切りによって妨げられるとき生じる不正義です。この後者の誤ったフレーム化という観念のなかに、代表の二つの意味は集中しています。政治空間が不当にフレーム化されるとき、「対象とみなされる」人々の世界の外に置かれた人々は政治的な発言権を奪われることになるのです。したがって、代表は象徴的なフレーム化と民主的な発言権の交差に関係しています。正義の政治的な次元を表わす用語として、それはフレームの問題を正義の問題としてとらえることを可能にするのです。

VB——つぎの質問は少し長くなりますが、それは私もフレーム化という用語をとりあげ、ある意味では正義とフレームの問題について「だからどうしたの」といった問いをしたいと思ったからです。あなたへの質問を考えていたころ、私は偶然にもミシェル・カロンの研究についてのセミナーの準備をしていました。カロンもまたフレームを論じています。ところで、彼はそれを技術的な問題として論じており、私はあなたがフレームを政治のなかの技術的な問題として認めるとすれば、フレームは欠かせないものとなるだろうと思いました。それは統治するためには排除する必要があるということにかかわっています。その結果、もちろんフレーム化はいくつかの争点を非政治的なものにしようとするでしょうが、ほかのものはそのなかで提起されうるようになります。さて、あなたの研究をこうしたカロンのフレームの用法と並べてみると、興味深いことに、あなたはフレームがじつは排除するために働いているということを強調しているように感じられます。彼の議論でもフレームは外部効果をもたらしますが、それはあなたの議論とは少しちがうようです。工場の経済的な決定はフレームのなかで行なわれます。たとえば、ある工場が有害廃棄物を排出したとしましょう。その工場はそうした排出に対処するために投資するかもしれないし、そうしないかもしれません。もし投資したとすれば、その工場は外部効果に配慮したことになりますが、そうでなければ外部効果を無視したことになるでしょう。では、あなたはこれについてどうお考えになるでしょうか。これはあなたの支持するフレームの考え方なのでしょうか。というのは、そうした考え方とあなたが提案していると推察される考え方には決定的なちがいがあり、カロンの視点からみれば、解決策はフレームを拡大したり、メタ的な制度を確立したりすることではないと思われるからです。むしろ、解決策はフレームの生産と同じ水準にあるでしょう。それはメタ的な契機をもつよりも、人々にフレームのなかで外部効果を考慮するよう促すことなのかもしれません。つまり、それは人々が自らの行なっていることの帰結を、どのようにフレームのなかで理解するのかということにかかわっているのです。

NF――興味深い質問です。一見したところ、あなたの説明したアプローチは私のものにたいする代案を表わしているように思われます。再フレーム化の代わりに外部効果への関心を強調するということですね。しかし、それが私のアプローチと実際に最終的に両立しないかどうかは、それをどう解釈するかにかかっています。少なくともいくつかの国境横断的な不正義は、境界の向こう側に居住する他者、そして／あるいは同胞市民ではない他者の生活を悪化させる、否定的な外部効果をもたらした人々に責任を負わせることを目的とした改革によって是正されうる、ということに同意したとしましょう。その場合、つぎのような問いが生じます。この解決策は再フレーム化というメタ的な契機を無効にするのか。そうは思いません。まず、ひとは境界の向こう側にいる人々に害を及ぼすのを避けるよう余儀なくされるという考えには、だれが正義の同胞主体とみなされるのかについての拡大した国境横断的な意識がみられます。したがって観念的にみれば、私たちはウェストファリア的なフレームをすでに越えているのです。さらに制度的にみても、こうした解決策は、無法国家とか一部には多くの国家よりも大きなものもある巨大多国籍企業といった厄介な行為者に義務を強制するために、なんらかの国境横断的な規制と監督の権力を必要としています。また、地位、負担、損害をめぐる係争を解決し、刑罰や補償を決定する、国境横断的な裁判所や調停機関も必要とされています。これらの権力が正統であるとすれば、最終的に、それらは潜在的に影響されるすべての人々に説明責任を負わなければなりません。(2) それらの計画、人員、活動は、公正な国境横断的な代表のメカニズムにもとづいた民主的な監視に従わなければなりません。こうしたポストウェストファリア的な権力と説明責任のメカニズムがないとすれば、越境する不正な外部効果に対処しようとする試みは、かならずや失敗するでしょう。たとえば、ユニオン・カーバイド社がボパールにたいする賠償をたやすく最小限にとどめたことを思い出してください。つまり、私の理解するかぎり、カロンのアプローチは再フレーム化というメタ的な契機をどうしても必要としているのです。そして、そのとおりだとすれば、彼のアプローチは私のものと両立しないわけではありません。

いずれにしろ、政治は歴史的にも知られているように、つねに囲い込みという意味でのフレームを必要とする、ということについては彼に同意します。それはつねに内部と外部があるということ、したがって排除は必然的な問題として生じるということを意味しています。つまり、私はフレーム化を完全に、なにものも絶対に排除されなくなるまで乗り越えられるとは思っていないのです。とはいえ、どのフレームもほかのフレームと同じくらいよいというわけではありません。あなたの質問はそうした結論を求めているようですが。いいかえれば、「いかなるフレームも排除し、外部効果をもたらすことになる。そうだとすれば、どのフレームを使うかは問題ではない。再フレーム化について思案する代わりに、企業その他の行為者に、それらがもたらしている外部効果を内部化させることに焦点をあてるべきである」というわけではないのです。それは筋の通った命題のようにも聞こえますが、少なくとも二つの理由から、規範的にも政治的にも不十分です。まず、現在の経済統合やエコロジー的相互依存の水準を考えると、私たちはウェストファリア的なフレームでは扱えない政治問題、たとえば地球温暖化の問題に直面しています。そうした場合は、ほかのフレームを探すしか選択肢はありません。それは（つねにではありませんが）しばしばより大きなフレームを意味しています。いくつかの争点にとっては、グローバルなフレームも含まれるでしょう。つぎに、権力の問題があります。ほかの人々が国外の権力に苦情を申し立て、真剣に取り合ってもらえる裁判地のない世界から、一部の大企業がかなりの利益を得ているという事実があります。これは不正義です。なぜなら、これらの「ほかの人々」は、彼らに深刻に影響する意思決定において基本的な民主的発言権を奪われているからです。このような状況で、よりよいフレームはあるのかと問うことは、まったく道理にかなっています。もちろん、先ほど述べたように、いかなるフレームも排除をもたらします。しかし、それらの排除は不正なものか、そうだとしたら、それらを是正する方法はあるのかという問いが生じます。また、もちろん、いかなる是正もそれ自体の排除をもたらしますが、それらの新しい排除が不正なものだとすれば、さらなる再フレーム化の主張が生まれるでしょう。したがって、最善のシナリオでは、批判、再フレーム化、批判、再フレーム化とつづく継続的なプロセスを構想しなければなりません。このシナリオでは、フレーム化の論争は政治的景観の不変の要素となって現われ、きっぱりと一度に解決されるということはありません。しかし、これが意味しているのは、そのような問いが民主的に議論され取り扱われうる空間と制度を、私たちが必要としているということなのです。

KN――政治共同体の境界設定についてもうひとつ質問があります。ウェストファリア的＝ケインズ的システムとあなたが呼ぶものが不正義をもたらしていること、また私たちがその観点から正義を考えるのに慣れてきたということは明らかに正しいと思います。このフレームの外で思考するのがじつに難しい領域のひとつが、福祉、経済的再分配です。なぜなら、それは私の理解するかぎり、歴史的にみて、しばしば人種化された一種の排他的な形式の連帯に依拠しているからです。左翼はなによりもそれに大いに苦しめられてきました。しかし、私たちは今日、たとえば北から南へと及ぶ連帯、そして現存する、毒々しいまでに復活した国民的連帯の形式に対抗する連帯を発展させることについて論じています。それについてはどのようにお考えでしょうか。

NF——この質問はそれほど悩ましくはないかもしれません。正義は境界を越えた再分配を必要とするということに同意したとして、それを支えるのに十分耐久力のある形式の国境横断的な連帯を構想することは可能でしょうか。多くの人々は、答えはノーだといいます。彼らの見解では、いかなる「われわれ」も必然的にそれに対応する「彼ら」にたいして打ち立てられます。しかし、グローバルな「われわれ」は、定義上それに対応する「彼ら」をもつことができません。したがって、グローバルな「われわれ」はありえないというわけです。これは抗いがたい論理のようにもみえますが、連帯を理解し確立するほかの方法の探求を拙速にも閉ざしてしまう、こうした推論には抗わなければならないでしょう。

その理由を説明するために、連帯を支える三つの異なる種類の土台を区別し、それらをひとつひとつ、あるいはたがいに組み合わせながら見ていきましょう。第一に、「主観的」土台と呼びうるものがあります。これはエスノナショナルなアイデンティティのように、排除された「他者」との対比のなかで構築された、感覚的な親近性と仮定上の類似性に連帯を基礎づけます。この図式は、あなたのいう人種化された排他的な形式の連帯に対応しています。第二に、「客観的」土台と呼びうるものがあります。これは因果的な相互依存や相互的な脆弱性についての認識のように、共有された利益にもとづく連帯を形成します。エコロジーの意識と結びついた連帯はその一例です。第三に、「コミュニケーション的」土台と呼びうるものがあります。これは共通の公的議論や意思決定の構造に参加する経験のように、共有された政治的実践にもとづく連帯へと発展します。この第三の類型のひとつの表現が、形式的に構成された境界づけられた政体について論じたものですが、ハーバーマスが「憲法パトリオティズム」と名づけたものです。これらの追加的な可能性を考慮に入れると、ここでの問いはつぎのようにいいかえることができます。客観的土台とコミュニケーション的土台のなんらかの組み合わせが、国境を越えた再分配を維持するのに十分耐久力のある、拡大した国境横断的な連帯を支えることができるのではないか。それが果たせないとしても、このような組み合わせは、エスノナショナルでも不当に排他的でもない、異なる種類の主観的土台の追加によって補強されうるのではないか。

興味深いことに、この最後の考え方は、最近のヨーロッパ的アイデンティティをめぐる議論のなかで浮かび上がっています。それらの議論は、ハーバーマスのように、ヨーロッパ連合をより大きなもののモデルか足がかりとみなす人々だけでなく、そのほかの多くの人々を巻き込んでいます。ヨーロッパ的アイデンティティを客観的な因果的相互依存に訴えるだけで基礎づけられるわけではないということについては、すべての陣営が同意しています。ヨーロッパをほかの世界と一線を画すだけでは不十分です。また、国境横断的な再分配を支えられる、厚みのある「われわれ」を形成しうるとも考えられません。そして、たとえEU憲法が批准されたとしても、憲法パトリオティズムだけではうまくいかないだろうと多くの人々が思っています。そこで、論争のほとんどの参加者たちは、ハーバーマスも含めて、追加的な、なんらかの主観的な土台を探し求めているのです。しかし、同意はそこまでです。保守派は、拡大した大陸的な形式の文化的ナショナリズムにもとづいた、ヨーロッパ的アイデンティティを提唱しています。ヨーロッパ人を結びつけているのは共有されたユダヤ＝キリスト教的な価値であると主張しながら、彼らはヨーロッパ人の「われわれ」をムスリムの「彼ら」との対比で打ち立てようとしています。トルコの加盟が出遅れているのはそのためです。他方、リベラルと社会民主主義者は、語られざる戦争やいくつかのジェノサイドといった、共有されたヨーロッパの歴史の否定的な特徴に注目しています。「二度とふたたび」という理念を呼び覚ましながら、彼らは寛容で平和的なヨーロッパの現在の「われわれ」を、偏狭で好戦的なヨーロッパの過去の「彼ら」に対置しようとしているのです。

この第二の見解は、魅力的な可能性を示唆しています。これは通常であれば現在の民族化された他者に向けられる尊大さを自らの過去それ自体に投影しており、エスノナショナリズムにたいする相対的に厚みのある主観的な代案となるからです。とはいえ、ここで議論されている見解にも問題はあります。それはヨーロッパの歴史のかなり選択的な視点を示しており、もっぱら大陸内部の内輪もめだけに焦点をあてています。それは大陸横断的な侵略や収奪をすべて消し去り、ヨーロッパの植民地主義や帝国主義についての考察を締め出しているのです。しかし、それらのことが認識されるなら、彼らはポスト植民地世界も含む、より大きな、大陸横断的な「われわれ」へと向かうかもしれません。そうした可能性についてはどうでしょう。より広い、大陸横断的な「二度とふたたび」の理解は、ヨーロッパだけに限定されない、国境横断的な連帯に必要とされる相対的に厚みのある主観的な土台となりうるでしょうか。歴史の批判的な解釈にもとづくこの構想は、エスノナショナリズムにたいする代案を示し、因果的な相互依存やコミュニケーション的なパトリオティズムという厚みのない観念に、なにかしら実質的な重みを付け加えられるのでしょうか。理論的にはイエスですが、懐疑論者たちはそれが実際につくられる方途を思い描くのは難しいというでしょう。連帯をグローバルな「二度とふたたび」に基礎づけようとする提案は、歴史的な不正義の受益者たちにその責任を引き受ける覚悟があることを前提としています。したがって、それは自らが促したいと願う帰結そのものをあらかじめ想定することで、問われるべきことを自明のものとして扱っているようにも思われます。

それでは、連帯を確立するには、ほかにどのような戦略が可能でしょうか。考慮に値するもうひとつのアプローチは、世界社会フォーラム〔WSF〕という大陸横断的なアクティヴィストたちの環境を活気づけているものです。この構想は客観的な利益モデルとコミュニケーション的なモデルの双方といくつかの親近性があります。しかし、それは相互依存や憲法パトリオティズムという厚みのない観念を越えて、われわれ／彼らの対立に根拠づけられた、より厚みのある国境横断的なアイデンティティを差し出しています。ここでは「われわれ」よりも「彼ら」が強調され、「われわれ」はたんに共通の敵を共有する人々として呼びかけられているだけです。とはいえ、保守派のヨーロッパの場合とはちがい、その敵はエスノ文化的な観点から同一化されたものではありません。むしろ、それはシステム的かつ機能的に、ネオリベラルなグローバル化する資本主義の管制高地を占拠する人々として定義されているのです。このアプローチは、少なくとも二つの点で魅力的です。まず、そのシステム的な性格は、いかなる人種的＝民族的な悪魔化も回避しています。つぎに、それは国境横断的な不正義の、唯一ではないとしても、ひとつの主要な源泉を正しく特定しています。そのような理由から、この方式は組合運動家と先住民、国際的なフェミニストと土地なし農民、環境保護運動家と不法移民といった、WSFを構成する多くの異質な支持者たちと共鳴しているのです。それがなければ、彼らはたがいに対立し合っていたかもしれません。結局のところ、コミュニケーション的に形成され、利益にもとづいた連帯は、ローカルな特殊事情によって異なるが、グローバルなシステムに関連づけられる歴史的な収奪の物語から、その情動的な力を引き出しているのです。

ＷＳＦの連帯を支えているのは、それゆえ、いくつかの異なる土台の組み合わせです。第一に、エスノ文化的な偏狭主義の明確な放棄と文化的多元性の明白な是認があります。第二に、コミュニケーション的に基礎づけられた連帯を形成する、政治的対話（「フォーラム」）の共有された文脈と実践があります。そのような連帯は憲法パトリオティズムを想起させますが、境界づけられた政体に焦点をあてているわけではありません。第三に、支持者たちの強制的へゲモニー化への恐怖を和らげる、緩やかに編成された組織モデルがあります。そして第四に、参加者たちが自らの闘争をネオリベラルなグローバル化する資本主義というフレームのなかに位置づけ、共通の敵を措定することを可能にする、包括的な解釈的地平があります。総じていえば、そのあらゆる欠点にもかかわらず、ＷＳＦはほかのモデルの長所のいくつかを組み合わせ、それらの短所のいくつかを回避した連帯のモデルを示しているのです。欠陥のある現実世界の制度を理想化したいわけではありませんが、こうした連帯のモデルは、あなたが提起した国境横断的な福祉や再分配をめぐる困難な問いに対処するのに、なにかしら展望を開くものだと思います。

ＫＮ――つぎの質問もフレームに関するものですが、これは運動論というよりも、主として政治理論からの問いです。どうすればフレーム化それ自体が民主的なものになりうるのでしょうか。係争中の政治共同体が位置づけられているフレームを、どうすれば民主的に論争することができるのでしょうか。あなたのいう被害者限定の政治共同体は、いまもって影響されるすべての人々のものではない政治共同体から、どのように形成されるのでしょうか。

NF――この種の論争には、概念的および制度的な二つの前提条件があります。概念的には、それは再帰性の能力、つまり別の水準に跳び移り、自らの第一段階の実践を反省する能力に依拠しています。そうした能力は、一般には社会言語的な人間の生の形式、とくに政治の実践のなかに組み込まれています。政治を理解するひとつの方法は、意図的な集合行為をつうじて第一段階の社会的実践を秩序化しようと試みる、一種のメタ実践のようなものです。また、再帰性は政治的ラディカリズムの顕著な特徴でもあります。それはばらばらにみえる争点から距離をとり、それらの根底にある深層構造を問題化しようとすることで、ほかの取り組みとは区別されます。フレームを問いなおし、それを批判や政治的行為の対象とする能力もまた再帰性のひとつの例で、そうした点でラディカルなものです。この場合、私たちは第一段階の政治を反省の対象とみなします。問題を既存のフレームのなかで与えられている形式で論じるだけで満足するのではなく、フレームそれ自体を関心と潜在的な再構築の焦点にするのです。その結果、通常政治的な実践の排除が暴露され論争される、メタ政治の形式が現われます。先ほど言及された『ニューレフト・レヴュー』の論文のなかで、私はこうしたメタ論争をフレーム化の政治と名づけたのです。

しかし、フレーム化の政治には制度的な前提条件もあります。この政治を実践的なかたちで可能にしているのは、政治の二つの軌道、すなわち、非公式で市民社会のなかに配置されたものと、公式的で国家のなかで制度化されたものとの隔たりです。ウェストファリア的な政治的想像力に従えば、これら二つの軌道は合致すると想定されています。国民的な市民社会は国民国家に正確に写像すると想定され、逆に国民国家は国民的な公共圏に説明責任を負うと想定されているのです。しかし、それらは現実には一致しません。ウェストファリア的な構想を実現しようとする国家主導のヘラクレス的な試みにもかかわらず、二つの政治的なものの軌道は、社会民主主義の絶頂期においてさえ、完全に同型的ではありませんでした。さらに今日では、市民社会の論争のプロセスと国家中心的な立法および行政のプロセスとの隔たりには、とくに目覚ましいものがあります。私たちの多くはいくつかの異なる市民社会のアリーナや公共圏に参加しています。たしかに、そのいくつかは国家的なものですが、それ以外のものは地方的、地域的、国境横断的、そしてグローバルなものです。こうした同型ならざる状況では、国家中心的ではない公共圏が、国家中心的なフレームを論争する空間となっています。誤ったフレーム化にたいする主張が今日投げかけられているのは、領域国家の境界線を侵犯する、そうしたポストウェストファリア的な公共圏からなのです。それらの空間もまた、一部の声をほかのものよりも周辺化する権力の非対称性によって構造化されていることは否定しません。しかし、そうした不均衡も、現存する論争の不当な力学についてのメタ論争によって再帰的に取り組むことができるのです。

KN――あなたはほかの研究では、強力な対抗公共圏を支持するかなり説得力のある議論も展開しています。私の質問はこうです。たとえば、再帰性の観点から水準を引き上げるといういまの話からすれば、その議論はどのようにいいかえられますか。世界国家なくして、そしてグローバルな市民社会なくして、どのように強力な対抗的公衆を構想するのでしょうか。

NF——その質問は私の現在の研究の核心をついています。私は現在の状況のもとで、どうすれば対抗公共圏が解放的な、民主化する役割を果たしうるのかを理解しようと試みています。この問題は、いま述べたように、公共圏と主権的な公権力が一致しないことから生じています。私はそうした事実を積極的な観点から、誤ったフレーム化の論争を可能にする条件とみなしましたが、そこには否定的な側面もあります。公共圏が国家と合致しない場合、そのなかで形成される意見が、どのように規範的に正統で、政治的に実効的なものとなりうるかを想像することは難しくなります。説明しましょう。

批判理論の観点からみれば、公共圏が解放的な、民主化する機能を遂行するのは、そのなかで形成される世論が正統かつ実効的な場合です。この公式では、正統とは公平で包括的なコミュニケーションのプロセスをつうじて形成されること、実効的とは公権力の使用に影響を及ぼし、公職にある人々に説明責任を負わせることができることを意味しています。これら二つの理解は、ウェストファリア的なレンズをとおしてみれば、比較的はっきりしていました。その視座からみれば、正統性が立てられるのは、国民的な公共圏がすべての市民を完全に包摂するようになり、彼らすべてをコミュニケーション的な世論形成のプロセスに同輩として参加させられるときであり、そのかぎりでしかありません。同じように、実効性が現われるのは、国民的な世論が国民国家の公職者の行動を市民のコントロールに従わせられるだけの政治的な力を獲得したときであり、そのかぎりでしかありません。したがって、批判理論において公共圏の概念を展開するとき争点とされるものは、それなりに明白に表わされていたのです。

しかし、国境横断的な公共性の場合、それらの争点はけっして明白ではありません。対話者が平等な参加の権利と政治的な対等者としての共通の地位をもった同胞市民ではないとしたら、国境横断的な世論の正統性を立てることはなにを意味しうるのでしょうか。また、それが原理上は対話者の意志を履行し、彼らの問題を解決しうる主権国家に向けられないとしたら、国境横断的な世論の実効性について語ることはなにを意味しうるのでしょうか。これらの問いへの説得力のある答えがないとすれば、国境横断的な公共圏をめぐる議論はどれも記述的なものでしかなく、批判理論上の概念的な基礎をもたないことになります。

最近の論文のなかで、私は正統性と実効性の観念を現在の条件に適合するかたちで再構築しようと試みました。[3] ここではその議論を繰り返しはしませんが、国家と公共圏の不一致が二つの異なる種類の困難を提起していることだけを述べておきましょう。ひとつの問題は、公式の制度的な政治の軌道の国境横断化が市民社会の軌道のそれを凌駕し、民主的正統性の欠損をもたらすとき生じます。これは今日のヨーロッパ連合にあてはまります。その現存する国境横断的な行政および立法機関は、それらに説明責任を負わせるヨーロッパ的公共圏と釣り合っているわけではありません。これとは対照的に、グローバルな水準では、逆のことがあてはまります。すなわち、現存する国境横断的な公衆は、それに匹敵する行政および立法権力と釣り合っているわけではないのです。このことは第二の問題、つまり政治的実効性の欠損につながります。このような種類の欠損の劇的な事例は、差し迫った米国のイラク侵攻に反対する巨大な国境横断的な世論を結集した、二〇〇三年二月一五日の世界規模の反戦デモにみられました。このほとばしる世論は、これ以上ないほど力強く明白だったのですが、ジョージ・W・ブッシュを抑えられる名宛人をもたなかったために、ある意味では無力だったのです。

これらの事例が示しているのは、批判理論家は問題を両面からとらえなければならないということです。正統性の欠損を克服するには、影響されるすべての人々が同輩として参加しうる国境横断的な公共圏をつくりだす必要があると思われます。実効性の欠損を克服するには、民主的に形成された民衆の意志を遂行しうる、新しい国境横断的な公権力をつくりだす必要があるようにも思われます。けれども、それによって対抗的な公衆と国家のような権力が完全に一致したとしたら、私たちはウェストファリア的な想像力をより大きな尺度でつくりかえ、批判的な再帰性が活発になる隔たりをおそらく閉ざしたことになるでしょう。そうした場合、たぶん必要とされるのは、なにかほかのもの、なにか新しい、複数の公共圏と複数の権力のポストウェストファリア的な配置でしょう。しかし、批判理論家たちはこの問題を定式化しはじめたばかりです。納得のいく答えがみつかるのは、まだ先のことです。

VB――最後に、誤ったフレーム化という観念に戻って質問をしたいと思います。あなたの研究には、それについて一種の楽観論があるようです。「このフレームは公正なものか」とか「われわれは代表されているのか」といった問いは難なく議論されるだろう、それは制度のなかで実際に有意味に議論されうるだろうという楽観論です。私たちの修士課程の学生のひとりが、輸出加工区に関するすばらしい論文を今年仕上げました。そして、あなたのグローバルな不正義についての研究を読んでいるとき、こう思ったのです。あなたが、あるいは影響された人々が、たとえば南アフリカまで出かけて「ここに設立されたこの輸出加工区は、こちらの市民を不当に扱っています」といったとしましょう。そこでは労働法が一時停止されたり、企業が土地法との関連で特別な便宜を与えられたりしているからです。政府の主張はこうでしょう。「たしかにそうです。でも、それはこの国の将来のためにしていることです」とか「それはこの国に投資を呼び込み、結局はグローバル資本主義の一部となるためにしていることです」。こうした正当化は筋が通らないわけではありません。そこで、こう質問することにしましょう。フレームを型取っているさまざまな論理を越えて、これらの問いを議論しうるというあなたの楽観論は、どこから生まれているのでしょうか。

NF――いま説明されたことは、古典的な集合行為の問題です。南アフリカについて論じているとしましょう。その政府はけっして世界で最悪というわけではありません。政府の善意と、それが是正しようと試みている不正義の重大さを想定すると、あなたの引用した正当化はまったく妥当であるように聞こえます。その議論はこういうことです。「ゲームがこのように組み立てられている以上、私たちにはそのゲームをするしか選択肢がありません。現状を考えると、輸出加工区は産業を誘致し、雇用を創出し、開発プロジェクトのために資本を蓄積する最善の試みを表わしているのです」。そのとおりです。ゲームの規則を変えられない定数とみなすなら、この戦略は十分道理にかなっています。しかし、これが本当に唯一の可能性なのでしょうか。一九世紀イングランドの労働者たちが「私たちはいまあるゲームを行ない、そのなかでできるだけ最善のものを得ようとするしか選択肢がないのです」といったとしましょう。だれもがそういったとしたら、労働運動も、一日八時間労働も、福祉国家もなかったでしょう。歴史はつねに、そうした集合行為の問題を生み出しています。これらの状況では、人々は所与の構造を受け入れ、そのなかで活動するかどうかを決めなければなりません。そうした場合、彼らはあなたが説明したように行動するでしょう。しかし、その一方で、彼らがほかの人々も構造を変える闘争に加わると思うようになれば、それ以外の、よりよい可能性が開かれます。もちろん、実際には敗北することもあるでしょう。そうした場合、事態はいっそう悪くなるかもしれません。なにも保証はないのですから、そのような闘争を模索する人々は、いまあるゲームをする代わりに、それをあえて変えようと試みるだけの数と力があるのかどうかを理解するよう努めなければならないのです。

こうした考え方が楽観論の原因かどうかはわかりません。実際のところ、私は自分の生涯で、いまほど暗い時代を思い出すことができません。たしかに一九六〇年代や七〇年代と比べると、もはや楽観的ではありません。しかし、歴史は人々がこれらの集合行為の問題を克服する瞬間、つまり人々が規則を書きかえ、ゲームを変えるとき中断されるということも知っています。これは過去に起きたことであり、明らかにふたたび起きるでしょう。もちろん、その結果は完全な正義ではありませんが、まったく不完全でもない調整をもたらすでしょう。社会民主主義的な福祉国家は、国内外の不正な排除にもとづいていたとはいえ、ひとつの達成でした。あと知恵になってしまいますが、それらの排除を知っている私たちには、もう一度ゲームの規則を変えることで、それらを是正するチャンスがあるのです。

これは批判理論家のもうひとつの重大な仕事です。自分が置かれている歴史的状況について考察し、時代はなにを「要求」しているのか、その挑戦、好機、難局はなにかを自問することです。そして、最近の教育経験にもとづいていえば、今日の空気にはなにか新しいものがあると感じているといわなければなりません。私たちは一九六八年になぞらえられる、新しい解放的ラディカリズムの噴出の間際に立っているのでしょうか。おそらくちがうでしょう。しかし、いまの学部学生は、五年から十年前の先輩たちとはかなり異なっています。今日の学生たちはアイデンティティ・ポリティクスにはうんざりし、資本主義に激しく関心をもつようになっています。ですから、私は自分が楽観的であるとはけっしていえませんが、そうした新しい挑戦に乗り出そうとする見通しに励まされてもいます。そして、あなたの最初の質問にふたたび戻れば、自分の仕事はそのような挑戦がなんであるのかを明確に表現することだとみています。これは個人的な仕事ではありません。したがって、それはほかの人々とともに、いまの時代の難局と見通しを明らかにしうる用語や概念をつくりだそうと試みることを意味しています。その結果、解放的な社会闘争に役立ちうるいくつかの議論を定式化したり、いくつかの概念上の資源を生み出したりすることができたとすれば、私は自分が批判理論に費やしてきた時間はむだではなかったと感じるでしょう。

註記

第2章　グローバル化する世界で正義を再フレーム化すること

本章は、二〇〇四年一二月二日、アムステルダム大学で行なった、第二回スピノザ講義を加筆修正したものである。この講義は、私が同大学のスピノザ教授職にあった二〇〇四年春に起草され、その後二〇〇四年から二〇〇五年のベルリン学術研究所での特別研究員の期間に修正された。これら二つの機関には、本研究を寛大にもご支援いただいたことを心から感謝したい。ヨランド・ヤンセンとヒラ・ダヤンには、とても困ったとき私心のない親切な助力を、ジェイムズ・ボーマンには、専門的な文献上の助言をいただいたことを特別に感謝したい。また、エイミー・アレン、セイラ・ベンハビブ、バート・ファン・デン・ブリンク、アレッサンドロ・フェラーラ、ライナー・フォルスト、ステファン・ゴセパス、ジョン・ジュディス、テッド・コディチェク、マリア・ピア・ララ、デイヴィッド・ペリッツ、アン・ローラ・ストーラー、エリ・ザレツキーには、初期の草稿に綿密な批評をいただいたことを感謝したい。最後に、クリスティン・ギスバークとキース・ヘイソムには、専門的な研究上の助力をいただいたことを感謝する。

（1）「ケインズ的＝ウェストファリア的フレーム」という表現は、戦後の民主的な福祉国家の絶頂期、およそ一九四五年から一九七〇年代の正義論争の国民的＝領域的な土台を示すために用いられる。「ウェストファリア的」という用語は、近代の国際的な国家システムのいくつかの重要な特徴を確立した一六四八年の条約を表わしている。この条約の正確な貢献は、広義の「ウェストファリア体制」と同じように、学術的な論争の主題となっている。とはいえ、私はこの条約の実際の成果にも、それによって開始されたシステムが進化していった数世紀にわたるプロセスにも関心をもっていない。むしろ、世界を相互に承認し合う主権領域国家のシステムとして地図化した、政治的想像力として「ウェストファリア」を引き合いに出している。私の主張は、ポストウェストファリア的な人権レジームの兆しが現われたときでさえ、そうした想像力が第一世界における戦後の正義論争のフレーム化を特徴づけていたということである。「事件」、「理念／理想」、「進化のプロセス」、「規範的スコアシート」としてのウェストファリアの区別については、Richard Falk, "Revisiting Westphalia, Discovering Post-Westphalia," *Journal of Ethics* 6, 4（2002）: 311-52を参照されたい。

（2）第三世界の視座からみれば、ウェストファリア的前提は明らかに反事実的であったように思われる。しかし、反植民地主義者のほとんどが独立した自前のウェストファリア的国家を達成しようとしていたことは忘れてはならない。グローバルなフレームワークのなかで、完全に理解しうる理由から正義を一貫して主張していたのは、ほんのわずかであった。

（3）この点についての文献は膨大にある。たとえば、Linda Basch, Nina Glick Schiller, and Szanton Blanc, *Nations Unbound: Transnational Projects, Postcolonial Predicaments, and De-territorialized Nation-States*（New York: Gordon and Breach, 1994）; Stephen Castles and Alastair Davidson, *Citizenship and Migration: Globalization and the Politics of Belonging*（London: Routledge, 2000）, pp. 1-5, 156-83; *Globalization and Social Movements: Culture, Power and the Transnational Public Sphere*, ed. John A. Guidry, Michael D. Kennedy, and Mayer N. Zald（Ann Arbor: University of Michigan Press, 2001）; David Held, "Cosmopolitanism: Ideas, Realities and Deficits," in *Governing Globalization: Power, Authority, and Global Governance*, ed. David Held and Anthony McGrew（Cambridge: Polity, 2002）, pp. 302-25; Mary Kaldor, *New and Old Wars: Organized Violence *in a Global Era*（Cambridge: Polity, 1999）; Margaret E. Keck and Kathryn Sikkink, *Activists beyond Borders: Advocacy Networks in International Politics*（Ithaca, NY: Cornell University Press, 1998）; *Restructuring World Politics: Transnational Social Movements, Networks, and Norms*, ed. Sanjeev Khagram, James V. Riker, and Kathryn Sikkink（Minneapolis: University of Minnesota Press, 2002）; Aihwa Ong, *Flexible Citizenship: The Cultural Logics of Transnationality*（Durham, NC: Duke University Press, 1999）; Mark W. Zacher, "The Decaying Pillars of the Westphalian Temple," in *Governance without Government*, ed. James N. Rosenau and Ernst-Otto Czempiel（Cambridge: Cambridge University Press, 1992）, pp. 58-101 を参照されたい。

（4） Dale Hathaway, *Allies Across the Border: Mexico's "Authentic Labor Front" and Global Solidarity*（Cambridge, MA: South End Press, 2000）; Kim Moody, *Workers in a Lean World: Unions in the International Economy*（London: Verso Books, 1997）; Ronaldo Munck and Peter Waterman, *Labour Worldwide in the Era of Globalization: Alternative Union Models in the New World Order*（New York: Palgrave Macmillan, 1999）.

（5） Dan La Botz, *Democracy in Mexico: Peasant Rebellion and Political Reform*（Cambridge, MA: South End Press, 1995）; June Nash, *Mayan Visions: The Quest for Autonomy in an Age of Globalization*（London: Routledge, 2001）; Ronald Niezen, *The Origins of Indigenism: Human Rights and the Politics of Identity*（Berkley: University of California Press, 2003）.

（6） Robert O'Brien, Anne Marie Goetz, Jan Art Scholte, and Marc Williams, *Contesting Global Governance Multilateral Economic Institutions and Global Social Movements*（Cambridge: Cambridge University Press, 2000）.

（7） Brooke A. Ackerly, *Political Theory and Feminist Social Criticism*（Cambridge: Cambridge University Press, 2000）; *The Challenge of Local Feminism: Women's Movements in Global Perspective*, ed. Amrita Basru（Boulder, CO: Westview Press, 1995）; *Human Rights of Women: National and International Perspectives*, ed. Rebecca J. Cook（Philadelphia: University of Pennsylvania Press, 1994）.

（8） Avtar Brah, *Cartographies of Diaspora: Contesting Identities*（London: Routledge, 1997, pp. 178-210; Georges Eugene Fouron and Nina Glick Schiller, *Georges Woke Up Laughing: Long-Distance Nationalism and the Search for Home*（Durham, NC: Duke University Press, 2001）; Yasemin Soysal, *Limits of Citizenship: Migrants and Postnational Membership in Europe*（Chicago:

University of Chicago Press, 1995).

(9) Andrew Clapham, "Issue of Complexity, Complicity and Complementarity: From the Nuremberg Trials to the Dawn of the New International Criminal Court," in *From Nuremberg to the Hague: The Future of International Criminal Justice*, ed. Philippe Sands (Cambridge: Cambridge University Press, 2003), pp. 233-81; Holly Cullen and Karen Morrow, "International Civil Society in International Law: The Growth of NGO Participation," *Non-State Actors & International Law* 1, 1 (2001): 7-39; Paul Gordon Lauren, *The Evolution of International Human Rights: Visions Seen* (Philadelphia: University of Pennsylvania Press, 2003); Rik Panganiban, "The NGO Coalition for an International Criminal Court," *UN Chronicle* 34, 4 (1997): 36-9.

(10) 主流派の正義論におけるフレーム問題の脱落については、本書の第3章「平等主義の二つのドグマ」で議論している。

(11) Nancy Fraser, *Justice Interruptus: Critical Reflections on the "Postsocialist" Condition* (London: Routledge, 1997).

(12) この「地位モデル」の承認は、標準的な「アイデンティティ・モデル」の代案を表わしている。後者の批判と前者の擁護については、Nancy Fraser, "Rethinking Recognition," *New Left Review* 3 (May/June 2000): 107-20を参照されたい。

(13) 詳細な議論については、Nancy Fraser, "Social Justice in the Age of Identity Politics: Redistribution, Recognition and Participation," in Nancy Fraser and Axel Honneth, *Redistribution or Recognition? A Political-Philosophical Exchange*, trans. Joel Golb, James Ingram, and Christiane Wilke (London: Verso, 2003), pp. 7-110を参照されたい。

(14) 第三の政治的次元の軽視は、リベラルあるいはコミュニタリアンの哲学的前提に同意する正義の理論家の場合にとくにみられる。これとは対照的に、熟議民主主義者、闘技民主主義者、共和主義者は、政治的なものを理論化しようと試みてきた。しかし、これらの理論家も、そのほとんどは民主主義と正義の関係についてあまり発言してこなかった。そして、だれも政治的なものを正義の三つの次元のひとつとして概念化することはなかった。

(15) 代表に関する古典的研究は、私が決定ルールの側面と呼んでいるものを一般に扱っており、成員資格の側面については軽視してきた。たとえば、Hanna Fenichel Pitkin, *The Concept of Representation* (Berkley: University of California Press, 1967); Bernard Manin, *The Principles of Representative Government* (New York: Cambridge University Press, 1997) を参照

されたい。

(16) Lani Guinier, *The Tyranny of the Majority* (New York: Free Press, 1994); Robert Ritchie and Steven Hill, "The Case for Proportional Representation," in *Whose Vote Counts?* ed. Robert Ritchie and Steven Hill (Boston: Beacon Press, 2001), pp. 1-33.

(17) Tricia Gray, "Electoral Gender Quotas: Lessons from Argentina and Chile," *Bulletin of Latin American Research* 21, 1 (2003): 52-78; Mala Htun, "Is Gender Like Ethnicity? The Political Representation of Identity Groups," *Perspectives on Politics* 2, 3 (2004), 439-58; Anne Phillips, *The Politics of Presence* (Oxford: Clarendon Press, 1995); Shirin M. Rai, "Political Representation, Democratic Institutions and Women's Empowerment: The Quota Debate in India," in *Rethinking Empowerment: Gender and Development in a Global/Local World*, ed. Jane L. Parpart, Shrin M. Rai, and Kathleen Staudt (New York: Routledge, 2002), pp. 133-45.

(18) Hannah Arendt, *The Origins of Totalitarianism*, new edition with added prefaces (New York: Harcourt Brace Jovanovich, 1973), pp. 269-84.「政治的な死」は私の表現で、アレントのものではない。

(19) これらの闘争の規範的な力についてもっともよく説明したものに、Will Kymlicka, *Multicultural Citizenship: A Liberal Theory of Minority Rights* (London: Oxford University Press, 1995); Melissa Williams, *Voice, Trust, and Memory: Marginalized Groups and the Failings of Liberal Representation* (Princeton: Princeton University Press, 1998) がある。

(20) とくに、Rainer Forst, "Towards a Critical Theory of Transnational Justice," in *Global Justice*, ed. Thomas Pogge (Oxford: Blackwell, 2001), pp. 169-87, "Justice, Morality and Power in the Global Context," in *Real World Justice*, ed. Andreas Follesdal and Thomas Pogge (Dordrecht: Springer, 2005), pp. 27-36; Thomas Pogge, "The Influence of the Global Order on the Prospects for Genuine Democracy in the Developing Countries," *Ratio Juris* 14, 3 (2001): 326-43, "Economic Justice and National Borders," *Revision* 22 (1999): 27-34 を参照されたい。

(21) Alfred C. Aman, Jr., "Globalization, Democracy and the Need for a New Administrative Law," *Indiana Journal of Global Legal Studies* 10, 1 (2003): 125-55; James K. Boyce, "Democratizing Global Economic Governance," *Development and Change* 35, 3 (2004): 593-9; Robert W. Cox, "A Perspective on Globalization," in *Globalization: Critical Reflections*, ed. James H. Mittelman

(Boulder, CO: Lynn Rienner, 1996), pp. 21-30, "Democracy in Hard Times: Economic Globalization and the Limits of Liberal Democracy," in *The Transformation of Democracy?* ed. Anthony McGrew (Cambridge: Polity, 1977), pp. 49-72; Stephen Gill, "New Constitutionalism, Democratisation and Global Political Economy," *Pacifica Review* 10, 1(February 1998): 23-38; Eric Helleiner, "From Bretton Woods to Global Finance: A World Turned Upside Down," in *Political Economy and the Changing Global Order*, ed. Richard Stubbs and Geoffrey R. D. Underhill (New York: St Martin's Press, 1994), pp. 163-75; David Schneiderman, "Investment Rules and the Rule of Law," *Constellations* 8, 4 (2001): 521-37; Servaes Storm and J. Mohan Rao, "Market-Led Globalization and World Democracy: Can the Twain Ever Meet?" *Development and Change* 35, 5 (2004): 567-81.

(22) James Bohman, "International Regimes and Democratic Governance," *International Affairs* 75, 3 (1999): 499-513; John Dryzek, "Transnational democracy," *Journal of Political Philosophy* 7, 1 (1999): 30-51; David Held, "Regulating Globalization?" *International Journal of Sociology* 15, 2 (2000): 394-408, *Democracy and the Global Order: From the Modern State to Cosmopolitan Governance* (Cambridge: Polity, 1995), pp. 99-140, "The Transformation of Political Community: Rethinking Democracy in the Context of Globalization," in *Democracy's Edges*, ed. Ian Shapiro and Cassiano Hacker-Cordon (Cambridge: Cambridge University Press, 1999), pp. 84-111, "Cosmopolitanism: Globalization Tamed?" *Review of International Studies* 29, 4 (2003): 465-80, "Democratic Accountability and Political Effectiveness from a Cosmopolitan Perspective," *Government and Opposition* 39, 2 (2004): 364-91.

(23) 政治的なものが経済的および文化的なものよりも根本的な、正義の支配的次元であるというつもりはない。むしろ、これら三つの次元はたがいに絡み合い、相互に影響し合う関係にある。分配や承認の要求を行なう能力が代表の関係に依存しているように、自らの政治的発言権を行使する能力も階級や地位の関係に依存している。いいかえれば、公的論争や権威ある意思決定に影響を及ぼす能力は、形式的な決定のルールだけでなく、経済構造や地位秩序に根ざした権力関係にも依存している。ほとんどの熟議民主主義の理論では、そうした事実はあまり強調されていない。つまり、悪しき分配と誤った承認は、民主的であると主張する政体においても、すべての市民の平等な政治的発言権という原則を共謀して踏みにじっているのである。もちろん、その逆もあてはまる。誤った代表に苦しんでいる人々は、地位や階級の不正義にもさらされやすい。彼らは政治的な発言権をもたないために分配や承認に関する自らの利益を表明し弁明することができず、そのことが彼らの誤った代表をさらに悪化させているのである。そのような場合、三種類の不正義がたがいに補強し合いながら、一部の人々から他者と同等に社会生活に参加するチャンスを剝奪する結果になる。これら三つの次元が絡み合っている以上、不正義を克服しようとする試みは、希有な場合を除いて、それらのどれかひとつにのみ専念することはできない。むしろ、悪しき分配と誤った承認にたいする闘争は、誤った代表にたいする闘争と共同しないかぎり成功することはない。逆もまたそうである。どこに力点を置くかは、もちろん戦術上および戦略上の判断である。現在、誤ったフレーム化の不正義が噴出しているとすれば、私は「代表なくして再分配も承認もない」というスローガンを支持したい。しかし、たとえそうだとしても、代表の政治はグローバル化する世界の社会正義の闘争において相互に関連する三つの戦線のひとつとして現われるのである。

(24) 「肯定的」および「変革的」アプローチの区別にあたっては、かつて再分配と承認を論じたときの用例にならっている。とりわけ、Nancy Fraser, "From Redistribution to Recognition? Dilemmas of Justice in a 'Postsocialist' Age," *New Left Review* 212 (1995): 68-93 と "Social Justice in the Age of Identity Politics" を参照されたい。

(25) 国家領域的な原則については、Thomas Baldwin, "The Territorial State," in *Jurisprudence: Cambridge Essays*, ed. Hyman Gross and Ross Harrison (Oxford: Clarendon Press, 1992), pp. 207-30 を参照されたい。とくに国家領域的な原則に関する疑念については、Frederick Whelan, "Democratic Theory and the Boundary Problem," in *Nomos XXV: Liberal Democracy*, ed. J. Roland Pennock and John W. Chapman (New York and London: New York University Press, 1983), pp. 13-47 を参照されたい。誤ったフレーム化にたいする肯定型の闘争に内在する情念の説明については、Partha Chatterjee, *Nationalist Thought and the Colonial World* (Minneapolis: University of Minnesota Press, 1993); Frantz Fanon, "On National Culture," in Fanon, *The Wretched of the Earth* (New York: Grove, 1963), pp. 165-99; Tom Narin, "The Modern Janus," in Narin, *The Break-Up of Britain: Crisis and Neo-Nationalism* (London: New Left Books, 1977), pp. 329-63 を参照されたい。こうした闘争のジェンダー的な次元については、Deniz Kandiyoti, "Identity and Its Discontents: Women and the Nation," in *Colonial Discourse and Post-Colonial Theory: A Reader*, ed. Patrick Williams and Laura Chrisman (New York: Columbia University, 1994), pp. 376-91;

Anne McClintock, "Family Feuds: Gender, Nation and the Family," *Feminist Review* 44(1993): 61-80; Nira Yuval-Davis, *Gender and Nation*（London: Sage Publications, 1997）を参照されたい。

（26）この用語は、Manuel Castells, *The Rise of the Network Society*（Oxford: Blackwell, 1996）, pp. 440-60から借用した。

（27）ポスト領域的な「政治的差異化の様式」という着想は、ジョン・ラギーに負っている。彼の非常に示唆的な論文、John Ruggie, "Territoriality and Beyond: Problematizing Modernity in International Relations," *International Organization* 47（1993）: 139-74を参照されたい。

（28）思考は時間とともに、しばしば予期せざる方向へと発展する。二〇〇四年から二〇〇五年に執筆した本章は、つぎの註（29）で被害者限定原則に関する重要な懸念を書きとめてはいるが、この原則がポストウェストファリア的なフレーム設定の様式のもっとも展望のある注目の候補であるという当時の私の見解を反映している。しかし、その後まもなく、それらの懸念は打ち消しがたいと思われるようになった。それゆえ、二〇〇七年に完成した第4章では、ここでは考察しなかったもうひとつの可能性を優先して「被害者限定」原則を却下している。私の進行中の研究において展開されつつある新しいアプローチでは、フレームに関する論争はむしろ「被治者限定原則」へと向けられている。「変則的正義」に関する章で提起した被害者性から被治者性への移行は、正義と民主主義という概念の深い内的関連を探究しようとする私の継続中の試みを反映している。ここではそのような変化を事後的な修正によって消すのではなく、それを困難の指標として、すなわち、この争点の提起する難題がじつに深刻であることの兆候として示すことにした。

（29）すべては被害者限定原則の適切な解釈をみつけることにかかっている。その重要な争点は、いかにして「被害者性」という観念を、それがさまざまなフレームを評価するための操作可能な基準となる地点にまで狭められるのかである。その困難は、すべての人があらゆることに影響されると主張する、いわゆる「バタフライ効果」のせいで生じている。行き過ぎた還元論を避けるためには、道徳的地位を付与するに足る影響性の水準と種類を見分ける質的な規範的基準が必要である。キャロル・グールドが示したひとつの提案は、所与の実践ないしは制度によって人権が侵害された人々に、そうした地位を限定することである。デイヴィッド・ヘルドが示したもうひとつの提案は、生の期待と生のチャンスが深刻に影響される人々に、そのような地位を付与することである。私自身の見解によれば、被害者限定原則は理にかなった解釈の複数性に開かれている。したがって、その解釈は独白的には、つまり哲学的な命法によっては決定されない。むしろ、被害者性についての哲学的分析は、この原則の意味をめぐる広範な公的議論の一助として理解されるべきである。同じことは、だれが所与の制度ないしは政策によって影響されるのかを説明する経験的な社会科学にもあてはまる。総じていえば、被害者限定原則は対話的に、つまり民主的な熟議における論争をつうじて解釈されなければならない。しかし、そうはいいながらも、ひとつのことは明白である。誤ったフレーム化の不正義は、道徳的な地位がすでに所与の制度の正式な成員として、あるいは所与の実践の公式の参加者として認定された人々に制限されない場合にのみ避けられる。たとえば、グローバル経済から非自発的に切り離されたサハラ以南のアフリカ人は、たとえ実際には参加していないとしても、それに関する正義の主体とみなされるのである。人権の解釈については、Carol Gould, *Globalizing Democracy and Human Rights* (Cambridge: Cambridge University Press, 2004) を、生の期待と生のチャンスの解釈については、David Held, *Global Covenant: The Social Democratic Alternative to the Washington Consensus* (Cambridge: Polity, 2004), pp. 99ff. を、そして対話的アプローチについては本書の第3章「平等主義の二つのドグマ」と第4章「変則的正義」を参照されたい。

(30) 当面のところ、フレーム設定を民主化する試みは、国境横断的な市民社会での論争に限定されている。こうした水準での試みは不可欠ではあるが、それは国境横断的な世論を拘束力のある執行可能な決定へと変えられる公式の制度が存在しないかぎり成功はしない。総じていえば、国境横断的な民主政治の市民社会の軌道は、公式的な制度の軌道によって補完されなければならないのである。本書の第4章「変則的正義」、第5章「公共圏の国境を横断すること」、第9章「フレーム化の政治」を参照されたい。

(31) この表現は、Ian Shapiro, *Democratic Justice* (New Haven: Yale University Press, 1999) から借用した。しかし、そうした思想は、Seyla Benhabib, *The Rights of Others: Aliens, Residents, and Citizens* (Cambridge: Cambridge University Press, 2004); Rainer Forst, *Contexts of Justice* (Berkley: University of California Press, 2002); Jürgen Habermas, *Between Facts and Norms: Contributions to a Discourse Theory of Law and Democracy*, trans. William Rehg (Cambridge, MA: MIT Press, 1996)

にもみいだされる。

（32） 前の註で引用した理論家のだれも、フレームをめぐる問題に「民主的正義」のアプローチを適用しようとは試みなかった。それにもっとも近い思想家はライナー・フォルストだが、その彼でさえフレーム設定の民主的プロセスを構想してはいない。

第3章　平等主義の二つのドグマ

（1） これはウィラード・ヴァン・オーマン・クワインの有名な論文「経験主義の二つのドグマ」にちなんだ表現である。W. V. O. Quine, *From a Logical Point of View: 9 Logico-Philosohical Essays*（Cambridge, MA: Harvard University Press, 1953）, pp. 20-46.

（2） Amartya Sen, "Equality of What?" in *Liberty, Equality, and Law*, ed. Sterling M. McMurrin（Salt Lake City: University of Utah Press, 1987）, pp. 137-62.

（3） こうした論争に関する文献は膨大にある。有益な概論に、Elizabeth Anderson, "What is the Point of Equality?" *Ethics* 109（1999）: 287-337; G. A. Cohen, "On the Currency of Egalitarian Justice," *Ethics* 99（1989）: 906-44 がある。

（4） Charles Taylor, *Multiculturalism: Examining the Politics of Recognition*, ed. Amy Guttman（Princeton: Princeton University Press, 1994）の寄稿論文を参照されたい。Nancy Fraser and Axel Honneth, *Redistribution or Recognition? A Political-Philosophical Exchange*, trans. Joel Golb, James Ingram, and Christiane Wilke（London: Verso, 2003）の私とアクセル・ホネットの論争も参照されたい。

（5） Deborah Satz, "Equality of What among Whom? Thoughts on Cosmopolitanism, Statism and Nationalism," in *Global Justice*, ed. Ian Shapiro and Lea Brilmayer（New York: New York University Press, 1999）, pp. 67-85; Iris Marion Young, "Equality of Whom? Social Groups and Judgments of Injustice," *Journal of Political Philosophy* 9, 1（2001）: 1-18.

（6） 初期の重要な例外として、Charles R. Beitz, *Political Theory and International Relations*（Princeton: Princeton University Press, first edition, 1979; second edition, 1999）; Henry Shue, *Basic Rights*（Princeton: Princeton University Press, 1980）の二

つがある。

（7） Martha C. Nussbaum with Respondents, *For Love of Country? Debating the Limits of Patriotism*, ed. Joshua Cohen（Boston: Beacon Press, 1996）; Peter Singer, *One World: The Ethics of Globalization*, second edition（New Haven: Yale University Press, 2004）.

（8） Craig Calhoun, "The Class Consciousness of Frequent Travelers: Toward a Critique of Actually Existing Cosmopolitanism," *South Atlantic Quarterly* 101, 4（2002）: 869-98; Susan L. Hurley, "Rationality, Democracy and Leaky Boundaries: Vertical vs. Horizontal Modularity," *Journal of Political Philosophy* 7, 2（1999）: 126-46; Onora O'Neill, *Bounds of Justice*（Cambridge: Cambridge University Press, 2000）, pp. 115-202; Kok-Chor Tan, *Justice without Borders: Cosmopolitanism, Nationalism, and Patriotism*（Cambridge: Cambridge University Press, 2004）.

（9） David Miller, *On Nationality*（Oxford: Oxford University Press, 1995）, "The Ethical Significance of Nationality," *Ethics* 98（1988）: 647-62, "The Limits of Cosmopolitan Justice," in *International Society: Diverse Ethical Perspectives*, ed. David Maple and Terry Nardin（Princeton: Princeton University Press, 1998）, pp. 164-83; Michael Walzer, *Spheres of Justice: A Defense of Pluralism and Equality*（New York: Basic Books, 1984）, esp. pp. 31-63.

（10） John Rawls, *The Law of Peoples*, new edition（Cambridge, MA: Harvard University Press, 2001）, "The Law of Peoples," in *On Human Rights: The Oxford Amnesty Lectures*, ed. Stephen Shute and Susan Hurley（New York: Basic Books: 1994）, pp. 41-84. 以下の引用はすべて二〇〇一年版の文献からである。

（11） 一方で、ロールズは社会的および経済的権利を国際社会が保護すべき「緊急の」人権の範疇から排除した。それゆえ、彼は困窮した第三世界の個人が国境を越えた分配的正義の要求を行なうのを容認しなかった。その一方で、ロールズは「重荷に苦しむ社会」の「国民」にたいする繁栄した「秩序だった国民」の経済的責務を、非平等主義的な「援助の義務」に制限した。それゆえ、彼は法人的な政治共同体としての前者の社会に、越境する平等主義の要求を正義の問題として行なう根拠を与えなかった。こうして二重の排除が導き出された。個人としても、また法人的な政治共同体としても、グローバルな貧者は領域的な境界によって、富者を含む分配的正義のいかなる「だれ」からも排除されたのである。

（12） Charles Jones, *Global Justice: Defending Cosmopolitanism*（Oxford: Oxford University Press, 1999）; Martha Nussbaum, “Beyond the Social Contract: Capabilities and Global Justice,” *Oxford Development Studies* 32, 1（2004）: 1-15.

（13） Wilfried Hinsch, “Global Distributive Justice,” *Metaphilosophy* 32, 1/2（2001）: 58-78; Andrew Hurrell, “Global Inequality and International Institutions,” Metaphilosophy 32, 1/2（2001）: 34-57.

（14） Charles R. Beitz, “Rawls’s *Law of Peoples*,” *Ethics* 110, 4（2000）: 670-8; Charles Jones, “Global Liberalism: Political or Comprehensive?” *University of Toronto Law Journal* 54, 2（2004）: 227-48; Thaddeus Metz, “Open Perfectionism and Global Justice,” *Theoria: A Journal of Social & Political Theory* 114（2004）: 96-125; Richard W. Miller, “Cosmopolitanism and Its Limits,” *Theoria: A Journal of Social & Political Theory* 114（2004）: 38-43; Paul Voice, “Global Justice and the Challenge of Radical Pluralism,” *Theoria: A Journal of Social & Political Theory* 114（2004）: 15-37.

（15） 重要なちがいには以下のようなものもある。コスモポリタンは、当事者が主として個々の平等な自律性に関心をもった個人とみなされる、単一のグローバルな原初状態を支持する。リベラル・ナショナリストは、国際正義の原則が主として自分自身の国内社会の正義に関心をもった先行する「秩序だった国民」によって二周目の原初状態において選択される、二段階の手続きを支持する。そして、平等主義的国際主義者は、それら両者の企図の要素を組み合わせた手続きを支持する。とはいえ、ここでの探究の目的からみれば、これらの不一致はここで言及したもの、すなわち、現代社会の性質と作用について当事者が知っているとされることにかかわるものほど重要ではない。

（16） Rawls, *The Law of Peoples*, pp. 29-30.

（17） Chris Brown, “International Social Justice,” in *Social Justice: From Hume to Walzer*, ed. David Boucher and Paul Kelly（London: Routledge, 1998）, pp. 102-19; Simon Caney, “Cosmopolitanism and *The Law of Peoples*,” *Journal of Political Philosophy* 10, 1（2002）: 95-123, esp. 114-18; Andrew Kuper, “Rawlsian Global Justice: Beyond *The Law of Peoples* to a Cosmopolitan Law of Persons,” *Political Theory* 28, 5（2000）: 640-74, esp. 645-8; Leif Wener, “Contractualism and Global Econimic Justice,” *Metaphilosophy* 32, 1/2（2001）: 79-94.

(18) Beitz, "Rawls's *Law of Peoples*,"; Thomas Pogge, "An Egalitarian Law of Peoples," *Philosophy and Public Affairs* 23, 5 (2000): 195-224, esp. 197-9.

(19) Rawls, *The Law of Peoples*, pp. 111-20.

(20) Beitz, "Rawls's *Law of Peoples*,"; Pogge, "An Egalitarian Law of Peoples."

(21) Brown, "International Social Justice"; Caney, "Cosmopolitanism and *The Law of Peoples*"; Kuper, "Rawlsian Global Justice"; Wenar, "Contractualism and Global Economic Justice."

(22) 第一のケースでは、グローバルな基礎構造の経験的公準が、グローバルなコスモポリタン的フレームの選択を正当化するとみなされる。第二のケースでは、それとは反対に、それ自体の国内の基礎構造によって自律的に規制された、高度に自足的な社会からなる世界の経験的公準が、ケインズ的＝ウェストファリア的フレームの選択を正当化するとみなされる。最後に、第三のケースでは、国内的および国際的な要素を含む、二層的な基礎構造の経験的公準が、二つの異なる義務の層をもつ乱平面のフレームの選択を正当化するとみなされる。いいかえれば、「だれ」を決定するのは、国家的、国際的、そしてグローバルな水準の社会構造の因果関係の軽重である。だれもが分配的正義の考察のための適切な照準、つまり「基礎構造」とみなす構想の見通しを決定するのは、その問題についてのそれぞれの哲学者の理解である。国際主義者とコスモポリタンにとって、因果問題の中心性は明白である。彼らは基礎構造を相互依存のシステムと関連づけることで、ポストウェストファリア的な「だれ」を確定するには世界経済の領域横断的な因果的影響を示すだけでよいと主張する。しかし、これほど明白ではないが、リベラル・ナショナリストにとっても因果問題は決定的である。もちろん、彼らは基礎構造を政治的に組織された「協力のスキーム」の「構成的本質」と同一視しており、それは表面的には因果的ではない見解である。同じように、グローバルな政体も国際的な政体も存在しない以上、ポストウェストファリア的な「だれ」の基礎は存在しないという表面的には非因果的な推論を導き出してもいる。しかし、なぜ政治共同体が分配的正義の単位となるべきなのかを説明するよう迫られると、リベラル・ナショナリストは因果的な公理を引き合いに出している。彼らにとって、その構造が基礎的であるのは、なによりもそれが個人の善き生を生きるチャンスを決定するからである。こうした因果的公準は、グローバル資本主義のシステム機制により大きな影響の原因をみいだすロールズ批判者と同様、境界づけられた政治共同体の構成的本質を特権視するロールズ自身にとっても中心的である。このような問題を提起したセイラ・ベンハビブに感謝する。彼女の見解については、Seyla Benhabib, "*The Law of Peoples*, Distributive Justice, and Migration," *Fordham Law Review* 72, 5 (2004): 1761-87を参照されたい。

(23) Rawls, *The Law of Peoples*, pp. 105-13.

(24) Beitz, "Rawls's *Law of Peoples*"; Allen Buchanan, "Rawls's *Law of Peoples*: Rules for a Vanished Westphalian World," *Ethics* 110, 4 (2000): 697-721; Caney, "Cosmopolitanism and the Law of Peoples"; Kuper, "Rawlsian Global Justice."

(25) 例外はトマス・ポッゲである。彼は「説明的ナショナリズム」にたいして洗練された概念的議論を展開している。Thomas Pogge, "The Influence of the Global Order on the Prospects for Genuine Democracy in the Developing Countries," *Ratio-Juris* 14, 3 (2001): 326-43, *World Poverty and Human Rights: Cosmopolitan Responsibilities and Reforms* (Cambridge: Polity, 2002), esp. chapter 5を参照されたい。

(26) 通常、この伝統の哲学者たちは「いかに」にたいする解釈学的アプローチを言外に引き受けている。たとえば、チャールズ・テイラー（Taylor, *Multiculturalism*）は、「だれ」を決定する適切な方法は当該国民の集合的自己理解を解明することであると想定している。しかし、彼はそうした想定をほかの代案と比較するにはいたっていない。もうひとつの、より展望のある手法は、同じく承認論的な前提から導き出されたライナー・フォルストのものである。Rainer Forst, *Contexts of Justice*（Berkley: University of California Press, 2002）, esp. pp. 230-41において、フォルストは四つの異なるタイプの正当化と四つの異なる規範的な「だれ」に実際に対応する四つの異なる正義の文脈、つまり道徳的、法的、政治的、倫理的な文脈を有益に区別している。しかし、彼はこれらの文脈のどれをいつ適用するのかという論争をいかに解決すべきなのかを示すにはいたっていない。それゆえ、さまざまな「だれ」を慎重に区別する洗練された説明も、「いかに」には真剣に取り組むことができないでいる。

(27) Thomas Kuhn, *The Structure of Scientific Revolutions*, third edition（Chicago: University of Chicago Press 1996）を参照。

(28) David Held, Anthony McGrew, David Goldblatt, and Jonathan Perraton, *Global Transformations: Politics, Economics and Cul-*

ture（Cambridge: Polity, 1999）; Paul Hirst and Graham Thompson, *Globalization in Question: The International Economy and the Possibilities of Governance*（Oxford: Blackwell Publishers, 1996）.

（29） John Rawls, *A Theory of Justice*（Cambridge, MA: Harvard University Press, 1999）, p. 7.

（30） 前章と同じく、本章も二〇〇四年から二〇〇五年に執筆しており、被害者限定原則にたいする当時の関心を反映している。けれども、ここでの疑念はこの原則の標準的な「通常科学的」解釈の批判というかたちで、より強固に明示的に公式化されている。導きとなった想定は、それとは別の被害者性についての「批判的＝民主的」解釈を展開することで、これらの欠陥は是正されうるということである。しかしのちに、二〇〇六年から二〇〇七年になると、そうした再構築の困難はあまりにも大きいと思われ、代案の可能性が見えはじめた。それゆえ次章では、異なる手法をとり、被害者限定原則を再構築するというよりも、それを放棄することを提案している。第４章では「変則的正義」の問題を考察しながら、現在の私の見解を代表する、もうひとつの「被治者限定原則」を推敲している。とはいえ前章と同じく、ここでは私の進化する思考を記録し、この問題に継続的に取り組んでいることを書きとめるために、本論文を原型のままにとどめ、事後的な訂正は避けることにした。

（31） この争点について啓発的な議論を行なったデイヴィッド・ペリッツに感謝する。私は彼の二つの未公刊原稿を読む機会から、かなりの恩恵を受けた。David Peritz, "A Diversity of Diversities: Liberalism's Implicit Social Theories," paper prepared for presentation at the 53rd Annual Political Studies Association Conference, University Leicester, April 15-17, 2003, Panel 6-11, Copyright ⓒ［PSA］, "The Complexities of Complexity: Habermas and the Hazards of Relying Directly on Social Theory," paper prepared for discussion at the Critical Theory Roundtable, October 2001, San Francisco.

（32） この争点について非常に有益な議論を行なったバート・ファン・デン・ブリンクに感謝する。

（33） 弱い公衆と強い公衆の区別については、Nancy Fraser, "Rethinking the Public Sphere: A Contribution to the Critique of Actually Existing Democracy," in *Habermas and the Public Sphere*, ed. Craig Calhoun（Cambridge, MA: MIT Press, 1991）, pp. 109-42を参照されたい。同論文は、Fraser, *Justice Interruptus: Critical Reflections on the "Postsocialist" Condition*（London: Routledge,1997）に再録されている。また、Jürgen Habermas, *Between Facts and Norms: Contributions to a Discourse Theo-*

ry of Law and Democracy, trans. William Rehg（Cambridge, MA: MIT Press, 1996）, pp. 307ff. も参照されたい。最後に、本書の第５章「公共圏の国境を横断すること」も参照されたい。

（34） Daniele Archibugi, "A Critical Analysis of the Self-Determination of Peoples: A Cosmopolitan Perspective," *Constellations* 10, 4（2003）: 488-505.

（35） 政治のフレームは民主的には決定されえないという議論については、Frederick Whelan, "Democratic Theory and the Boundary Problem," in *Nomos XXV: Liberal Democracy*, ed. J. Roland Pennock and John W. Chapman（New York and London: New York University Press, 1983）, pp. 13-47 を参照されたい。民主主義の逆説についてのほかの論じ方については、William Connolly, *Identity\Difference: Democratic Negotiations of Political Paradox*（Minneapolis: University of Minnesota Press, 2002）; Chantal Mouffe, "Democracy, Power and the 'Political'," in *Democracy and Difference: Contesting the Boundaries of the Political*, ed. Seyla Benhabib（Princeton: Princeton University Press, 1996）, pp. 245-56 を参照されたい。

（36） 私の念頭にある民主主義の逆説をうまく操る制度的創造性の事例については、トマス・ポッゲの魅力的な論文、Thomas Pogge, "How to Create Supra-National Institutions Democratically: Some Reflections on the European Union's Democratic Deficit," *Journal of Political Philosophy* 5（1997）: 163-82 を参照されたい。

（37） この表現を示唆したバート・ファン・デン・ブリンク（個人的なやりとりによる）に感謝する。

（38） 一部の政治理論家は、こうした「ほどほどによい熟議」から始まる好循環の観念のようなものを念頭に置いているようである。ライナー・フォルストが示したひとつの展望のある提案は、グローバルな正義をめぐる議論が行なわれ、そうした議論から改革が正しく導き出された結果、それ自体がさらに平等主義的で正当な観点から繰り返し構築される「基本的正当化の手続き」を制度化することである。私の知るかぎり、フォルストは「なに」だけでなく「だれ」も混乱しているというのに、メタ・レヴェルでの基本的な正当化の手続きの観念をフレームに関する論争に適用する可能性を（まだ）構想していない。私にはなぜそうしないのかわからない。Forst, *Contexts of Justice* を参照されたい。同じような発想は、政治的自由の公平な価値を志向する基本的権利を制度化しようとするハーバーマスの提案を特徴づけているようでもある。彼もまた、これらの権利の内容は継続中の（擬似）民主的な論争の結果、時間をかけて開示され豊かになると想定している。Habermas, *Between Facts and Norms* を参照されたい。

（39）この争点をめぐる議論を明らかにしたアレッサンドロ・フェラーラに感謝する。彼の見解については、Alessandro Ferrara, "Two Notions of Humanity and the Judgment Argument for Human Rights," *Political Theory* 31, 3（June 2003）: 392-420を参照されたい。

第4章　変則的正義

（1）ここではリチャード・ローティにたいする学恩のひとつの側面が明らかにされるだろう。それは通常的言説と変則的言説の区別を援用したことである。これほど明白ではないかもしれないが、彼にはそれ以上に触発されてきた。たとえば、ローティは全世代のアメリカの哲学者に、大学院ではとても圧迫的で、破滅的とも思われてきた専門的な分析哲学の威嚇を拒絶するよう奨励した。私が自分自身の哲学の道を定め、本当に重要と思うことについて自分の声で表現しようとする勇気をもらったのは、『哲学と自然の鏡』からであった。それについてはどれだけ感謝しても足りないほどだ。本章の議論を洗練するのに役立った洞察に富む応答については、ホルスト・ブレーデカンプ、ヴァンサン・デコンブ、ライナー・フォルスト、ロバート・グッディン、キンバリー・ハッチングス、ウィル・キムリッカ、マリア・ピア・ララ、ジェーン・マンスブリッジ、ファビオラ・リベラ＝カストロ、ガブリエル・ロックヒル、ナンシー・ローゼンブルム、アン・ローラ・ストーラー、フィリップ・ヴァン・パレース、エリ・ザレツキー、W・J・T・ミッチェル、そして『クリティカル・インクワイアリー』の編集部に感謝する。

（2）Thomas S. Kuhn, *The Structure of Scientific Revolutions*, third edition（Chicago: University of Chicago Press, 1996）.

（3）クーンに厳密に忠実であろうとすれば、ここでは「革命的正義」という表現を使ったほうがいいかもしれない。しかし、そうした表現から連想されるものを考慮して、むしろリチャード・ローティを手がかりに「変則的正義」という表現を使うことにした。ローティは、Richard Rorty, *Philosophy and the Mirror of Nature*（Princeton: Princeton University Press, 1981）と *Contingency, Irony, and Solidarity*（Cambridge: Cambridge University Press, 1989）のなかで、「通常的」言説と「変則的」言説を区別している。

（4）米国の「外国法」の「輸入」をめぐる魅力的な議論については、Judith Resnik, "Law's Migration: American Exceptionalism, Silent Dialogues, and Federalism's Multiple Ports of Entry," *The Yale Law Journal* 115, 7 (May 2006): 1546-70を参照されたい。

（5）John G. Ruggie, "Territoriality and Beyond: Problematizing Modernity in International Relations," *International Organization* 47（1993）: 139-74.

（6）Hannah Arendt, *The Origins of Totalitarianism*, new edition with added prefaces（New York: Harcourt Brace Jovanovich, 1973）.

（7）社会的存在論をめぐる不一致は、しばしば不正義をはらむ社会的分裂についての不一致に読み換えられる。たとえば、ある者が階級の不正義をみいだすところに、別の者はジェンダーの不正義を、さらにまた別の者は民族的あるいは宗教的な断層線を走る不正義をみいだしている。

（8）多くの場合、関心の範囲をめぐる不一致は、宛先の範囲、すなわち、正義の要求が正当に論じられる公衆の範囲をめぐる不一致に読み換えられる。たとえば、ある者は領域的に境界づけられた公衆に自らの主張を向けるが、ほかの者は地域的、国境横断的、あるいはグローバルな公衆に自らの主張を向けるといった変則的な文脈に、それはみられる。

（9）手続き上の不一致は、しばしば代表あるいは政治的発言権をめぐる論争に読み換えられる。ある者は紛争処理機関の代表を国家に限定するが、ほかの者はＮＧＯの代表を支持し、またほかの者は「世界市民」としての個人を直接代表するコスモポリタン的＝民主的なスキームを構想している。

（10）このフレームは、ジェンダー、セクシュアリティ、宗教、人種あるいはエスニシティといった、階級以外の社会的断層線にかかわる主張を周辺化する傾向にもある。

（11）植民地化された人々はウェストファリア的フレームの正統性を受け入れず、したがってこのフレームは実際には通常化されなかったと指摘する読者もいた。しかし、私の見解では、第二次世界大戦後のほとんどの反植民地主義者は、独立した自前のウェストファリア的国家を達成しようとしていた。その反対に、グローバルなフレームのなかで、完全に理解しうる理由から正義を一貫して主張したのは、ほんのわずかであった。それゆえ、反帝国主義勢力はウェストファリア的フレームそれ自体に異議を申し立てるというよりも、それを純粋に普遍的な、公平な方法で実現しようとしていたというのが、私の主張である。このような答えに満足はしないだろうが、こうした論点を力強く提起したアン・ローラ・ストーラーに感謝する。

(12) ウェストファリア的フレームは、正義をめぐる論争を国家の線分に沿って仕切ってもきた。それは正義の主張を領域国家の国内の公共圏に向かわせることで、正義の問題についての国境横断的な公的論争を阻んできたのである。

(13) 誤ったフレーム化については、以下と第2章でより詳しく論じる。

(14) 哲学上の分布図の正反対の側からみれば、ロナルド・ドゥウォーキンとアクセル・ホネットの二人があげられる。ドゥウォーキンは、あらゆる不正義は結局のところ資源の悪しき分配に還元されると主張するが、ホネットは、すべては実際のところ誤った承認の変異体であると考えている。ドゥウォーキンの見解については、Ronald Dworkin, "What is Equality? Part 2: Equality of Resources," *Philosophy and Public Affairs* 10, 4 (Fall 1981): 288-345 を参照されたい。その批判については、Elizabeth S. Anderson, "What is the Point of Equality?" *Ethics* 109, 2 (Jan. 1999): 287-337 を参照されたい。ホネットの見解については、Axel Honneth, "Redistribution as Recognition: A Response to Nancy Fraser," in Nancy Fraser and Axel Honneth, *Redistribution or Recognition? A Political-Philosophical Exchange*, trans. Joel Golb, James Ingram, and Christiane Wilke (London: Verso, 2003), pp. 110-98 を参照されたい。その批判については、Nancy Fraser, "Distorted Beyond All Recognition: A Rejoinder to Axel Honneth," in ibid., pp. 198-237 を参照されたい。

(15) この見解のより詳しい推敲と弁明については、Nancy Fraser, "Social Justice in the Age of Identity Politics," in Fraser and Honneth, *Redistribution or Recognition?* を参照されたい。

(16) これらの線分に沿った第二波フェミニズムの説明については、Richard Rorty, "Feminism and Pragmatism," *Michigan Quarterly Review* 30, 2 (1991): 231-58 を参照されたい。

(17) 私が提案している「検証」には二つの側面がある。ひとつは道徳哲学的なもの、もうひとつは社会理論的なものである。道徳哲学の視座からみれば、問いはこうである。正義の「なに」について提案された新しい解釈は、道徳的に妥当な規範を侵害する純粋な不正義を突きとめているのか。社会理論の視座からみれば、問いはこうである。提案された新しい解釈は、いままで無視されてきた参加の同等性にたいする制度的障害、つまり、これまで無視されてきた社会的秩序化の次元に根ざした障害を明らかにしているのか。

(18) 前の註で指摘したように、こうした議論には「なに」をめぐる三次元的な見解の、もうひとつの社会理論的な公準が暗示されている。近代社会は三つの異なる社会的秩序化の次元、つまり経済構造、地位秩序、政治的構成を内包している。それらのどれもほかのものには還元されず、それぞれが不正義をもたらしうるのだ。より詳しい議論については、Fraser, "Social Justice in the Age of Identity Politics" を参照されたい。

(19) この原理については、Fraser, "Social Justice in the Age of Identity Politics" のなかで推敲し弁明した。

(20) 「地位モデル」の承認については、Nancy Fraser, "Rethinking Recognition," *New Left Review* 3 (May/June 2000): 107-20 を参照されたい。

(21) 政治的代表を正義の第三の次元として組み込むことで、もともと二次元的だった私のフレームワークは大きく修正された。この次元の説明とそれを追加した理由については、本書の第2章「グローバル化する世界で正義を再フレーム化すること」と第9章「フレーム化の政治」を参照されたい。また、Nancy Fraser, "Identity, Exclusion, and Critique: A Response to Four Critics," *European Journal of Political Theory* 6, 3 (2007): 305-38 も参照されたい。

(22) 第一の事例では、問題は正義の経済的次元に対応する社会の経済構造から生じる。第二の事例では、問題は文化的次元に対応する地位秩序である。第三の事例では、問題は正義の政治的次元に対応する政治システムの構成である。

(23) なぜほかの競合する通約の原理ではなく参加の同等性なのか、と問われるかもしれない。ここでは詳しい弁明を提示しようとするよりも、その観念が変則的正義の問題設定と選択的親和性をもっていることを指摘するにとどめたい。したがって、手続き的な基準に訴えることで、すべての関係者がたがいに公平な観点から交わるシナリオを構想するほかない。正義の基本的な媒介変数が争われるとき、正義の主張の優劣を見定めるための権威ある標準は存在しない。そのような場合、こう問わなければならない。すべての当事者は完全に、同輩として参加する平等なチャンスをもっているのか。あるいは、参加の構造的障害を制度化した不正な社会的配置の結果、一部の人々が排除されたり周辺化されたりはしていないか。つまり、参加の同等性の原則は、隠された公平な関係の障害を暴露し批判するために社会的配置を問いただすのである。また、それは通約する原理として、三つのすべての次元における正義の主張を評価するための基準としても役立つ。いずれの次元にとっても、参加の同等性を促進する主張だけが道徳的に正当化される。争点となるのが分配であれ、承認であれ、代表であれ、不正義を被っていると主張する人々は、まず現行の配置が同輩として社会生活に参加するのを妨害しているということ、つぎに自分たちが提案する是正措置が不均衡を解消するということを証明しなければならないのだ。さらに、同等性の基準はカテゴリーを越えて、さまざまな正義の次元にまたがって適用される。たとえば、それは提案された経済改革の社会的地位に及ぼす影響を評価するために利用することができる。その逆もまた可能である。同じように、同等性の基準は循環的に、さまざまな従属の軸にまたがって適用される。たとえば、それは提案されたエスノ文化的な形式の承認のジェンダー関係に及ぼす効果を評価するために利用することもできる。その逆もまた可能である。このような複合性のより詳しい説明については、Fraser, "Social Justice in the Age of Identity Politics" を参照されたい。

（24）この争点をめぐる議論については、Lani Guinier, *The Tyranny of the Majority*（New York: Free Press 1994）; Mala Htun, "Is Gender like Ethnicity? The Political Representation of Identity Groups," *Perspectives on Politics* 2, 3（2004）: 439-58; Will Kymlicka, *Multicultural Citizenship: A Liberal Theory of Minority Rights*（London: Oxford University Press, 1995）; Shirin M. Rai, "Political Representation, Democratic Institutions and Women's Empowerment: The Quota Debate in India," in *Rethinking Empowerment: Gender and Development in a Global/Local World*, ed. Jane L. Parpart, Shirin M. Rai, and Kathreen A. Staudt（New York: Routledge, 2002）, pp. 133-45; Robert Ritchie and Steven Hill, "The Case for Proportional Representation," in *Whose Vote Counts?* ed. Robert Ritchie and Steven Hill（Boston: Beacon Press, 2001）, pp. 1-33; Melissa Williams, *Voice, Trust, and Memory: Marginalized Groups and the Failings of Liberal Representation*（Princeton: Princeton University Press, 1998）を参照されたい。

（25）第2章の註（20）を参照されたい。

（26）Richard L. Harris and Melinda J. Seid, *Critical Perspectives on Globalization and Neoliberalism in the Developing Countries*

(Boston: Leiden, 2000)；Ankie M. M. Hoogvelt, *Globalization and the Postcolonial World: The Political Economy of Development* (Baltimore: Johns Hopkins University Press, 2001). 第2章の註（21）および（22）も参照されたい。

（27） 市民資格型の成員資格原則については、Will Kymlicka, "Territorial Boundaries: A Liberal-Egalitarian Perspective," in *Boundaries and Justice: Diverse Ethical Perspectives*, ed. David Miller and Sohail H. Hashmi (Princeton: Princeton University Press, 2001), pp. 249-75; Thomas Nagel, "The Problem of Global Justice," *Philosophy & Public Affairs* 33 (2005): 113-47 を参照されたい。国籍型については、David Miller, *On Nationality* (Oxford: Oxford University Press, 1995), esp. chapter 3 を参照されたい。市民資格と国籍のほぼ中間にある「諸国民」を志向した説明については、John Rawls, *The Law of Peoples*, new edition (Cambridge, MA: Harvard University Press, 2001) を参照されたい。

（28） このアプローチを提唱したものに、Martha Nussbaum, "Patriotism and Cosmopolitanism," in Martha C. Nussbaum with Respondents, *For Love of Country? Debating the Limits of Patriotism*, ed. Joshua Cohen (Boston: Beacon Press, 1996), pp. 3-21 がある。

（29） このアプローチを提唱したものに、Thomas Pogge, *World Poverty and Human Rights: Cosmopolitan Responsibilities and Reforms* (Cambridge: Polity, 2002)；Peter Singer, *One World: The Ethics of Globalization*, second edition (New Haven: Yale University Press, 2004)；Iris Marion Young, "Responsibility and Global Justice: A Social Connection Model," *Social Philosophy and Policy* 23, 1 (2006): 102-30 がある。最近まで、私自身も被害者限定原則をフレーム設定の「ポストウェストファリア的原則」のもっとも展望のある注目の候補とみなしていた。もちろん、以下で説明する、その標準的な科学主義的解釈、その「バタフライ効果」の非決定性については批判してきた。しかし、それらの困難はあまりにも深刻であり、より賢明な道は被害者限定原則を放棄し、ここに提示した代案を支持することであると考えるようになった。それまでの私の見解については、第2章「グローバル化する世界で正義を再フレーム化すること」および第3章「平等主義の二つのドグマ」を参照されたい。

（30） 「被治者限定原則」という表現は私のものであるが、その思想は、Joshua Cohen and Charles Sabel, "*Extra Republicam Nulla Justitia?*" *Philosophy & Public Affairs* 34 (2006): 147-75; Rainer Forst, "Justice, Morality and Power in the Global Context," in *Real World Justice*, ed. Andreas Follesdal and Thomas Pogge（Dordrecht: Springer, 2005）, pp. 27-36 にみいだすことができる。

（31） James Furguson, "Global Disconnect: Abjection and the Aftermath of Modernism," in Ferguson, *Expectations of Modernity: Myths and Meanings of Urban Life on the Zambian Copperbelt*（Berkley: University of California Press, 1999）, pp. 234-54.

（32） 第3章「平等主義の二つのドグマ」を参照されたい。

（33） 同様の議論は Amartya Sen, *Development as Freedom*（New York: Anchor Books, 1999）にもみられる。

（34） 有力な民衆主義の類型については、Michael Hardt and Antonio Negri, *Empire*（Cambridge, MA: Harvard University Press, 2000）を参照されたい。もうひとつの、これほどロマンティックではない類型としては、ジェイムズ・ボーマン（James Bohman）の最近の著作を参照されたい。彼は公共圏の論争だけが「だれ」をめぐる対立を解消することができるので、そのためにはいかなるコスモポリタン的な政治制度も必要ではないと主張しているように思われる。同じような見解は、セイラ・ベンハビブ（Seyla Benhabib）によっても支持されている。ほかの点ではまったく民衆主義的ではないのだが、彼女もまた「だれ」をめぐる係争を解決する完全な責務を市民社会において遂行される「民主的反復」に置いているように思われる。ボーマンの見解については、彼の "From *Demos* to *Demoi*: Democracy across Borders," *Ratio Juris* 18, 3（2005）: 293-314, "The Democratic Minimum: Is Democracy a Means to Global Justice?" *Ethics and International Affairs* 19, 1（2004）: 101-16 を参照されたい。ベンハビブの見解については、*Another Cosmopolitanism: Hospitality, Sovereignty, and Democratic Iterations*, ed. Robert Post（Oxford: Oxford University Press, 2006）所収の彼女のタナー講義を参照されたい。

（35） この複線モデルのコミュニケーション理論的説明については、Jürgen Habermas, *Between Facts and Norms: Contributions to a Discourse Theory of Law and Democracy*, trans. William Rehg（Cambridge, MA: MIT Press, 1996）を参照されたい。その説明の暗黙のウェストファリア的フレーム化の批判については、本書の第5章「公共圏の国境を横断すること」を参照されたい。

（36） このような問いを提起した多くの対話者、とくにナンシー・ローゼンブルムに感謝する。彼女の本来的に強力かつ明快な定式化によって、この争点は避けられないものとなった。

（37）　通常的言説と変則的言説の区別をかき混ぜることへの私の現在の関心は、リチャード・ローティとの応酬において予想されていた。一九八八年の論文（Nancy Fraser, "Solidarity or Singularity? Richard Rorty between Romanticism and Technocracy," *Praxis International* 8, 3 (1988): 257-72）のなかで、私は変則的言説を「私的アイロニー」、通常的言説を「公的連帯」に組み合わせるローティの傾向を指摘し、ラディカルな社会批評が変則的かつ連帯的なものであるとすれば、そのような二分法は転覆されなければならないと提案した。その後、ローティは一九九一年のタナー講義（Rorty, "Feminism and Pragmatism"）において、ラディカルな第二波フェミニズムを変則的かつ公的に関連するものと解釈することで、当初の組み合わせを挑発的に乗り越えた。それにたいする私の応答論文（Nancy Fraser, "From Irony to Prophecy to Politics: A Response to Richard Rorty," *Michigan Quarterly Review* 30, 2（1991）: 259-66）では、ローティの説明がフェミニズムにおける言語論的刷新のプロセスを個人化し審美化していること、またフェミニズムの集合的で民主的な性格を軽視していることを批判したが、そうした修正については歓迎した。振り返ってみると、そこでの議論は通常的言説と変則的言説の区分を解体するという私の現在の提案を予感させるものであったように思われる。

（38）　明らかに、こうした再帰的正義の選択は、私の立場をジャン＝フランソワ・リオタールに代表される変則的言説の支持者たちから区別してもいる。Jean-François Lyotard, *The Differend: Phrases in Dispute*, trans. Georges Van Den Abbeele (Minneapolis: University of Minnesota Press, 1988). リオタールとの比較については、ヴァンサン・デコンブに感謝する。

（39）　闘技論の観点からの古典的な討議倫理批判には、Jean-François Lyotard, *The Postmodern Condition: A Report on Knowledge*, trans. Geoff Bennington and Brian Massumi (Minneapolis: University of Minnesota Press, 1984); Chantal Mouffe, "Deliberative Democracy or Agonistic Pluralism?" *Social Research* 66, 3（1999）: 745-58 がある。討議倫理からの古典的な闘技論批判には、Jürgen Habermas, *The Philosophical Discourse of Modernity: Twelve Lectures*, trans. Frederick Lawrence（Cambridge, MA: MIT Press, 1987）; Seyla Benhabib, "Epistemologies of Postmodernism: A Rejoinder to Jean-François Lyotard," *New German Critique* 22（1984）: 103-26 がある。この論争の最新のものについては、Benabib, *Another Cosmopolitanism* におけるセイラ・ベンハビブとボニー・ホーニッグの応酬を参照されたい。

(40) ヘゲモニーの古典的説明については、Antonio Gramsci, *Prison Notebooks*, ed. Joseph A. Buttigieg, trans. Josepf A. Buttigieg and Antonio Callari（New York: Columbia University Press, 1991）; Ernesto Laclau and Chantal Mouffe, *Hegemony and Socialist Strategy: Towards a Radical Democratic Politics*（London: Verso, 1985）を参照されたい。

(41) 「ヘゲモニー」という用語を使わずに言説編成の排他的側面を強調した説明については、Pierre Bourdieu, *Language and Symbolic Power*, ed. John B. Thompson, trans. Gino Raymond and Matthew Adamson（Cambridge, MA: Harvard University Press, 1991）; Judith Butler, *Excitable Speech: A Politics of the Performative*（New York: Routledge, 1997）; Michel Foucault, *Essential Works of Foucault, 1954-1988*, ed. Paul Rabinow（New York; New Press, 1997）を参照されたい。

(42) Richard Rorty, *Philosophy and Social Hope*（New York: Penguin Books, 1999）.

第5章　公共圏の国境を横断すること

(1) たとえば、John R. Bowen, "Beyond Migration: Islam as a Transnational Public Space," *Journal of Ethnic & Migration Studies* 30, 5（2004）: 879-94; *Globalizations and Social Movements: Culture, Power, and the Transnational Public Sphere*, ed. John A. Guidry, Michael D. Kennedy, and Mayer N. Zald（Ann Arbor: University of Michigan Press, 2000）; Warwick Mules, "Media Publics and the Transnational Public Sphere," *Critical Arts Journal* 12, 1/2（1998）: 24-44; Thomas Olesen, "Transnational Publics: New Spaces of Social Movement Activism and the Problem of Global Long-Sightedness," *Current Sociology* 53, 3（2005）: 419-40; Rudolf Stichweh, "The Genesis of a Global Public Sphere," *Development* 46, 1（2003）: 26-9; Khachig Tololyan, "Rethinking Diaspora(s): Stateless Power in the Transnational Moment," *Diaspora* 5, 1（1996）: 3-36; Ingrid Volkmer, "The Global Network Society and the Global Public Sphere," *Development* 46, 1（2003）: 9-16; Pnina Werbner, "Theorising Complex Diasporas: Purity and Hybridity in the South Asian Public Sphere in Britain," *Journal of Ethnic & Migration Studies* 30, 5（2004）: 895-911 を参照されたい。

(2) とりわけ Jürgen Habermas, *Structural Transformation of the Public Sphere*, trans. Thomas Burger（Cambridge, MA: MIT Press, 1989）, esp. pp. 51-6, 140, 222ff.; *Between Facts and Norms: Contributions to a Discourse Theory of Law and Democracy*,

trans. William Rehg（Cambridge, MA: MIT Press, 1996）, esp. pp. 359-79 を参照されたい。以下ではこれらの文献を、それぞれ *STPS* および *BFN* と表記する。

（3）「ウェストファリア的」という用語の私の使い方の説明については、第2章の註（1）を参照されたい。

（4）*STPS*, pp. 14-26, 79-88; *BFN*, pp. 135-8, 141-4, 352, 366-7, 433-6 も参照されたい。

（5）*STPS*, pp. 20-4, 51-7, 62-73, 83-8, 141ff.; *BFN*, pp. 365-6, 381-7 も参照されたい。

（6）*STPS*, pp. 14-20, esp. p. 17; *BFN*, pp. 344-51, esp. pp. 349-50 も参照されたい。

（7）*STPS*, pp. 58, 60-70; *BFN*, pp. 373-4, 376-7 も参照されたい。

（8）*STPS*, pp. 24-39, esp. 36-7, 55-6, 60-3; *BFN*, pp. 360-2, 369-70, 375-7 も参照されたい。

（9）*STPS*, pp. 41-3, 48-51; *BFN*, pp. 373-4 も参照されたい。「出版資本主義」という表現は、ハーバーマスではなくベネディクト・アンダーソン（Benedict Anderson）のものである。彼の *Imagined Communities: Reflections on the Origin and Spread of Nationalism*, second edition（London: Verso, 1991）を参照されたい。

（10）Anderson, *Imagined Communities*.

（11）Jürgen Habermas, "The European Nation-State: On the Past and Future of Sovereignty and Citizenship," *Public Culture* 10, 2（1998）: 397-416.

（12）Ibid.

（13）The Black Public Sphere Collective, *The Black Public Sphere*（Chicago: University of Chicago Press, 1995）; Evelyn Brooks-Higginbotham, *Righteous Discontent: The Women's Movement in the Black Baptist Church, 1880-1920*（Cambridge, MA: Harvard University Press, 1993）; Geoff Eley, "Nations, Publics, and Political Cultures: Placing Habermas in the Nineteenth Century," in *Habermas and the Public Sphere*, ed. Craig Calhoun（Cambridge, MA: MIT Press, 1995）, pp. 289-350; Nilufer Gole, "The Gendered Nature of the Public Sphere," *Public Culture* 10, 1（1997）: 61-80; Michael Rabinder James, "Tribal Sovereignty and the Intercultural Public Sphere," *Philosophy & Social Criticism* 25, 5（1999）: 57-86; Joan Landes, *Women and the Public Sphere in the Age of the French Revolution*（Ithaca, NY: Cornell University Press, 1988）; Jane Rendall, "Women and the Public Sphere,"

Gender & History 11, 3 (1999): 475-89; Mary P. Ryan, *Women in Public: Between Banners and Ballots, 1825-1880* (Baltimore: Johns Hopkins University Press, 1990); "Gender and Public Access: Women's Politics in Nineteenth-Century America," in *Habermas and the Public Sphere*, ed. Calhoun, 99. 259-89; Yasemin Nuhoglu Soysal, "Changing Parameters of Citizenship and Claim-Making: Organized Islam in European Public Spheres," *Theory and Society* 26 (1997): 509-27; Michael Warner, *Publics and Counterpublics* (New York: Zone Books, 2002); Iris Marion Young, "Impartiality and the Civic Public: Some Implications of Feminist Critiques of Moral and Political Theory," in *Feminism as Critique*, ed. Seyla Benhabib and Drucilla Cornell (Minneapolis: University of Minnesota Press, 1987), pp. 56-76.

(14) このような批判の初期の形式は、Niklas Luhman, "Öffentliche Meinung," *Politische Vierteljahresschrift* 11 (1970): 2-28 にみいだされる。Stanley Aronowitz, "Is Democracy Possible? The Decline of Public in the American Debate," in *The Phantom Public Sphere*, ed. Bruce Robbins (Minneapolis: University of Minnesota Press, 1993), pp. 75-92; Nicholas Garnham, "The Media and the Public Sphere," in *Habermas and the Public Sphere*, ed. Calhoun, pp. 359-76; Jürgen Gerhards and Friedhelm Neidhardt, *Strukturen und Funktionen Moderner Öffentlichkeit* (Berlin: Fragestellungen und Ansätze, 1990); Michael Warner, "The Mass Public and the Mass Subject," in *The Phantom Public Sphere*, ed. Robbins, pp. 234-56 も参照されたい。

(15) Nancy Fraser, "Rethinking the Public Sphere: A Contribution to the Critique of Actually Existing Democracy," in *Habermas and the Public Sphere*, ed. Calhoun, pp. 109-42, esp. pp. 117-29. Nancy Fraser, "Sex, Lies, and the Public Sphere: Some Reflections on the Confirmation of Clarence Thomas," *Critical Inquiry* 18 (1992): 595-612 も参照されたい。

(16) Fraser, "Rethinking the Public Sphere," esp. pp. 129-32.

(17) *BFN*, pp. 420-3.

(18) Ibid., pp. 360-3.

(19) たとえば、ウィリアム・E・シェアマンによれば、ハーバーマスは二つの対立する立場を無定見に行ったり来たりしている。一方は、現存する民主主義国家の世論の危機的な正統性と実効性の欠損を認める「現実主義的」で諦念的で客観的に保守的な見解、もう一方は、それらの克服にいまなお専念するラディカルな民主主義的見解である。シェアマンは正しいのかもしれない。しかし、ここでの目的からいえば、ハーバーマスは「事実と規範のあいだ」の緊張をうまく交渉していると規定することにする。William E. Scheuerman, "Between Radicalism and Resignation: Democratic Theory in Habermas' *Between Facts and Norms*," in *Habermas: A Critical Reader*, ed. Peter Dews（Oxford: Blackwell, 1999）, pp. 153-78.

（20） *BFN*, pp. 465-6, 500.

（21） *Political Space: Frontiers of Change and Governance in a Globalizing World*, ed. Yale H, Ferguson and Barry Jones（Albany: State University of New York Press, 2002）; David Held, *Democracy and the Global Order: From the Modern State to Cosmopolitical Governance*（Cambridge: Polity, 1995）; David Held, Anthony McGrew, David Goldblatt, and Jonathan Perraton, *Global Transformations: Politics, Economics and Culture*（Cambridge: Polity, 1999）; Saskia Sassen, *Globalization and Its Discontents*（New York: Free Press, 1998）, *Territory, Authority, Rights: From Medieval to Global Assemblages*（Princeton: Princeton University Press, 2006）.

（22） *Constructing World Culture: International Nongovernmental Organizations since 1875*, ed. John Boli and John Thomas（Stanford: Stanford University Press, 1999）; Margaret E. Keck and Kathryn Sikkink, *Activists beyond Borders: Advocacy Networks in International Politics*（Ithaca, NY: Cornell University Press, 1998）.

（23） 実際に一部の学者はこのような問いを提起している。純粋に批判的な論考としては、James Bohman, "The Globalization of the Public Sphere: Cosmopolitan Publicity and the Problem of Cultural Pluralism," *Philosophy and Social Criticism* 24, 2-3（1998）: 199-216, "The Public Spheres of the World Citizen," in *Perpetual Peace: Essays on Kant's Cosmopolitan Ideal*, ed. James Bohman and Matthias Lutz-Bachmann（Cambridge, MA: MIT Press, 1997）; Maria Pia Lala, "Globalizing Women's Rights: Building a Public Sphere," in *Recognition, Responsibility, and Rights: Feminist Ethics and Social Theory. Feminist Reconstructions*, ed. Robin N. Fiore and Hilde Lindemann Nelson（Totowa, NJ: Rowman & Littlefield, 2003）, pp. 181-93 を参照されたい。

（24） *Global Transformations*, Held et al.; James N. Rosenau, "Governance and Democracy in a Globalizing World," in *Re-imagining*

Political Community: Studies in Cosmopolitan Democracy, ed. Daniel Archibugi and David Held（Stanford: Stanford University Press, 1999）, pp. 28-58, *Along the Domestic-Foreign Frontier: Exploring Governance in a Turbulent World*（Cambridge: Cambridge University Press, 1997）; William E. Scheuerman, "Economic Globalization and the Rule of Law," *Constellations* 6, 1（1999）: 3-25; David Schneiderman, "Investment Rules and the Rule of Law," *Constellations* 8, 4（2001）: 521-37; Anne-Marie Slaughter, *A New World Order*（Princeton: Princeton University Press, 2005）; Susan Strange, *The Retreat of the State: The Diffusion of Power in the World Economy*（Cambridge: Cambridge University Press, 1996）; Mark W. Zacher, "The Decaying Pillars of the Westphalian Temple," in *Governance without Government*, ed. James N. Rosenau and Ernst-Otto Czempiel（Cambridge: Cambridge University Press, 1992）, pp. 58-101.

(25) Michael Hardt and Antonio Negri, *Empire*（Cambridge, MA: Harvard University Press, 2000）; Raul C. Pangalangan, "Territorial Sovereignty: Command, Title, and Expanding the Claims of the Commons," in *Boundaries and Justice: Diverse Ethical Perspectives*, ed. David Miller and Sohail H. Hashmi（Princeton: Princeton University Press, 2001）, pp. 164-82; Saskia Sassen, *Losing Control? Sovereignty in an Age of Globalization*（New York: Columbia University Press, 1995）; Strange, *The Retreat of the State*.

(26) *Citizenship Today: Global Perspectives and Practices*, ed. T. Alexander Aleynikoff and Douglas Klusmeyer（Washington, DC: Carnegie Endowment for Peace, 2001）; *Theorizing Citizenship*, ed. Ronald Beiner（Albany: State University of New York Press, 1995）; Seyla Benhabib, *The Rights of Others: Aliens, Residents, and Citizens*（Cambridge: Cambridge University Press, 2004）, "Transformations of Citizenship: The Case of Contemporary Europe," *Government and Opposition: An International Journal of Comparative Politics* 37, 4（2002）: 439-65; Charles Husband, "The Right to be Understood: Conceiving the Multiethnic Public Sphere," *Innovation: The European Journal of Social Sciences* 9, 2（1996）: 205-15; Andrew Linklater, "Citizenship and Sovereignty in the Post-Westphalian European State," in *Re-imagining Political Community*, ed. Archibugi and Held, pp. 113-38; Ulrich Preuss, "Citizenship in the European Union: An Paradigm for Transnational Democracy?" in *Re-imagining Political Community*, pp. 138-52.

(27) Craig Calhoun, "Imaging Solidarity: Cosmopolitanism, Constitutional Patriotism, and the Public Sphere," *Public Culture* 14, 1 (2002): 147-71.

(28) Phil Cerny, "Paradoxes of the Competition State: The Dynamics of Political Globalization," *Government and Opposition* 32, 2 (1997): 251-74; Randall Germain, "Globalising Accountability within the International Organisation of Credit: Financial Governance and the Public Sphere," *Global Society: Journal of Interdisciplinary International Relations* 18, 3 (2004): 217-42; Held et al., *Global Transformations*; Eric Helleiner, "From Bretton Woods to Global Finance: A World Turned Upside Down," in *Political Economy and the Changing Global Order*, ed. Richard Stubbs and Geoffrey R. D. Underhill (New York: St Martin's Press, 1994), pp. 163-75; Jonathan Perraton, David Goldblatt, David Held, and Anthony McGrew, "The Globalisation of Economic Activity," *New Political Economy* 2, 2 (1997): 257-77; Gunter G. Schultze, The Political Economy of Capital Controls (Cambridge: Cambridge University Press, 2000); *Global Change and Transformation: Economic Essays in Honor of Karsten Laursen*, ed. Lauge Stetting, Knud Erik Svendsen and Edde Yndgaard (Copenhagen: Handelshojskolens Forlag, 1999); Joseph E. Stiglitz, *Globalization and Its Discontents* (New York: Norton, 2003).

(29) Bart Cammaerts and Leo van Audenhove, "Online Political Debate, Unbounded Citizenship, and the Problematic Nature of a Transnational Public Sphere," *Political Communication* 22, 2 (2005): 179-96; Peter Dahlgren, "The Internet, Public Spheres, and Political Communication: Dispersion and Deliberation," *Political Communication* 22, 2 (2005): 147-62; Held et al., Global Transformations; Robert W. McChesney, *Rich Media, Poor Democracy: Communications Politics in Dubious Times* (Chicago: University of Illinois Press, 1999), "Global Media, Neoliberalism, and Imperialism," *Monthly Review* 50, 10 (2001): 1-19; Zizi Papacharissi, "The Virtual Sphere: The Internet as a Public Sphere," *New Media & Society* 4, 1 (2002): 9-36; George Yudice, *The Expediency of Culture: Uses of Culture in the Global Era* (Durham, NC: Duke University Press, 2004).

(30) Jean-Bernard Adrey, "Minority Language Rights before and after the 2004 EU Enlargement: The Copenhagen Criteria in the Baltic States," *Journal of Multilingual & Multicultural Development* 26, 5 (2005): 453-68; Neville Alexander, "Language Policy, Symbolic Power and the Democratic Responsibility of the Post-Apartheid University," *Pretexts: Literary &Cultural Studies* 12, 2

(2003): 179-90; Matthias König, "Cultural Diversity and Language Policy," *International Social Sciences Journal* 51, 161 (1999): 401-8; Alan Patten, "Political Theory and Language Policy," *Political Theory* 29, 5 (2001): 691-715; Robert Phillipson, *English-Only Europe? Challenging Language Policy* (New York: Routledge, 2003); Omid A. Payrow Shabani, "Language Policy and Diverse Societies: Constitutional Patriotism and Minority Language Rights," *Constellations* 11, 2 (2004): 193-216; Philippe van Parijs, "the Ground Floor of the World: On the Socio-economic Consequences of Linguistic Globalizaiton," *International Political Science Review* 21, 2 (2000): 217-33; Kenton T. Wilkinson, "Language Difference and Commnication Policy in the Information Age," *Information Society* 20, 3 (2004): 217-29.

(31) Arjun Appadurai, *Modernity at Large: Cultural Dimensions of Globalization* (Minneapolis: University of Minnesota Press, 1996); Kevin Michael DeLuca and Jennifer Peeples, "From Public Sphere to Public Screen: Democracy, Activism, and the 'Violence' of Seattle," *Critical Studies in Media Communication* 19, 2 (2002): 125-51; Ulf Hannerz, *Transnational Connections: Culture, People, Places* (New York Routledge, 1996); Frederic Jameson, *The Cultural Turn* (London: Verso, 1998); P. David Marshall, *New Media Cultures* (New York: Oxford University Press, 2004); George Yudice, *The Expediency of Culture*.

(32) Anderson, *Imagined Communities*.

(33) ハーバーマス自身、前述の公共圏理論のウェストファリア的前提を問題化した多くの展開を論評している。彼の論文 "The Postnational Constellation and the Future of Democracy," in Jürgen Habermas, *The Postnational Constellation: Political Essays*, trans. and ed. Max Pensky (Cambridge, MA: MIT Press, 2001), pp. 58-113 を参照されたい。

(34) たしかに、これらの条件はかなり理想化されており、実際には完全に満たされることはない。しかし、公共圏理論の批判的な力を保証するのは、それらの理想化された性格にほかならない。同輩間の包摂的コミュニケーションという基準に訴えることで、この理論は現存する公共性の権力に歪められたプロセスを批判することができた。正当化されない排除や不均衡を明るみに出すことで、この理論はそれらの克服に努めるよう受け手を動機づけることができたのである。

(35) Thomas W. Pogge, *World Poverty and Human Rights: Cosmopolitan Responsibilities and Reforms* (Cambridge: Polity, 2002).

とくに、"The Causal Role of Global Institutions in the Persistence of Severe Poverty," pp. 112-16 と "Explanatory Nationalism: The Deep Significance of National Borders," pp. 139-44 の各節。

(36) ここではテクストを修正した。論文として公刊された原著では、本章はハーバーマスの討議原則に組み込まれる被害者性基準を支持していた。第4章「変則的正義」で説明した理由から、私は今後の研究では以下のように修正した討議原則を展開することを提案している。その中心にあるのは、人々の集合を公衆の同胞成員に変えるのは彼らの相互行為の基本ルールを立てる統治構造への共同の従属であるという思想である。

第6章 フェミニズムの想像力を地図化すること

本章は、二〇〇四年三月、ケンブリッジ大学「ジェンダー平等と社会変革」研究会で行なった基調講義を原型としている。その後、二〇〇五年三月、バーゼル大学「ジェンダー・イン・モーション」研究会で、これを修正したものを報告した。これらの思想をともに議論したジュリエット・ミッチェル、アンドレア・マイホーファー、そして研究会の参加者たちに感謝する。また、ナンシー・ネイプルズにも感謝する。彼女とはかならずしも見解が同じというわけではないが、彼女との会話は私の思考に大いに影響を与えた。これについては、"To Interpret the World and to Change It: An Interview with Nancy Fraser," by Nancy Fraser and Nancy A. Naples, *Signs: Journal of Women in Culture and Society* 29, 4 (Summer 2004): 1103-24 の共同プロジェクトを参照されたい。さらに、有能で陽気な研究助手のキース・ヘイソム、ドイツ語訳("Frauen, denkt ökonomisch!," in *Die Tageszeitung* 7633 [April 7, 2005], pp. 4-5) を担当したヴェロニカ・ラルにも感謝する。とくに彼女の翻訳は原文を大いに改良しており、ここではその言い回しのいくつかを取り入れている。最後に、研究助成、私的刺激、そして理想的な研究環境を提供していただいたベルリン学術研究所に感謝する。

(1) たとえば、bell hooks, *Feminist Theory: From Margin to Center*, second edition (Boston: South End Press, 1981); Ruth Rosen, *The World Split Open: How the Modern Women's Movement Changed America* (New York: Penguin, 2001); Benita Roth, *Separate Roads to Feminism: Black, Chicana, and White Feminist Movements in America's Second Wave* (Cambridge: Cambridge

University Press, 2004）を参照されたい。

（2） Eric Hobsbawm, *The Age of Extremes: A History of the World, 1914-1991*（London: Abacus, 1995）, pp. 320-41, 461-518.

（3） *New Social Movements: From Ideology to Identity*, ed. Hank Johnston, Enrique Larana, and Joseph R. Gusfield（Philadelphia: Temple University Press, 1994）; *Nomads of the Present: Social Movements and Individual Needs in Contemporary Society*, ed. Alberto Melucci, John Keane, and Paul Mier（Philadelphia: Temple University Press, 1989）; Alain Touraine, *Return of the Actor: Social Theory in Postindustrial Society*（Minneapolis: University of Minnesota Press, 1988）.

（4） Alice Echols, *Daring to Be Bad: Radical Feminism in America, 1967-75*（Minneapolis: University of Minnesota Press, 1990）; Sara Evans, *Personal Politics: The Roots of Women's Liberation in the Civil Rights Movement and the New Left*（New York: Vintage, 1980）; Myra Marx Ferree and Beth B. Hess, *Controversy and Coalition: The Feminist Movement across Three Decades of Change*（New York: Routledge, 1995）.

（5） こうした両義性のいくつかの事例については、*Women, the State and Welfare: Historical and Theoretical Perspectives*, ed. Linda Gordon（Madison: University of Wisconsin Press, 1990）所収の論文を参照されたい。同書には私自身の寄稿論文、Nancy Fraser, "Struggle over Needs: Outline of a Socialist-Feminist Critical Theory of Late-Capitalist Political Culture," pp. 205-31 も収録されている。

（6） Nancy Fraser, *Justice Interruptus: Critical Reflections on the "Postsocialist" Condition*（London: Routledge, 1997）.

（7） Nancy Fraser, "Multiculturalism, Antiessentialism, and Radical Democracy: A Genealogy of the Current Impasse in Feminist Theory," in Fraser, *Justice Interruptus*, pp. 173-89.

（8） Nancy Fraser, "Social Justice in the Age of Identity Politics: Redistribution, Recognition, and Participation," in Fraser and Axel Honneth, *Redistribution or Recognition? A Political and Philosophical Exchange*, trans. Joel Golb, James Ingram, and Chiristiane Wilke（London: Verso, 2003）, pp. 7-110.

（9） Frank Rich, "How Kerry Became a Girlie Man," *The New York Times* 153, 52963（September 5, 2004）, section 2, p. 1.

（10） ジェンダーに留意したものではないが、これと関連する分析については、Thomas Frank, "What's the Matter with Liberals?" *The New York Review of Books* 52, 8 (May 12, 2005), p. 46; Richard Sennett, "The Age of Anxiety," *Guardian Saturday*, October 23, 2004, p. 34 を参照されたい。なお、後者は *http://books.guardian.co.uk/print/0,3858,5044940-110738,00.html* (last accessed March 17, 2008) で読むことができる。

（11） Ibid.

（12） 右派キリスト教徒の女性の説明については、Sally Gallagher, *Evangelical Identity and Gendered Family Life* (New Brunswick, NJ: Rutgers University Press, 2003); R. Marie Griffith, *God's Daughters: Evangelical Women and the Power of Submission* (Berkley: University of California Press, 1997); Julie Ingersoll, *Evangelical Christian Women: War Stories in the Gender Battles* (New York: New York University Press, 2003) を参照されたい。また、初期の説明としては、Barbara Ehrenreich, Elizabeth Hess, and Gloria Jacobs, *Re-making Love: The Feminization of Sex* (New York: Anchor Books, 1987) の "Fundamentalist Sex: Hitting Below the Bible Belt" の章、および Judith Stacey, "Sexism by a Subtler Name? Postindustrial Conditions and Postfeminist Consciousness in the Silicon Valley," *Socialist Review* 96 (1987): 7-28 の二つが有益である。

（13） 二〇〇八年大統領選挙の民主党指名をめぐるバラク・オバマとヒラリー・クリントンの歴史的な争いは、米国の女性たちの新しい政治的分裂を助長した。オバマが大学のフェミニスト、高等教育を受けた女性、若い女性、そしてアフリカ系アメリカ人女性の支持を集めたのにたいして、クリントンの最強の支援者は低所得で学歴の低い、高齢の白人エスニックの労働者階級の女性たちであった。鍵となる社会学的な断層線は階級、教育、「人種」＝エスニシティ、年齢だったのである。しかし、それと同じくらい重要だったのは、イデオロギー的にのめり込むフェミニストとジェンダー的に同一化する女性たちとの裂け目であった。イデオロギー的フェミニストが圧倒的にオバマを支持する傾向にあったのにたいして、クリントンはこれまでフェミニズムとは無縁だった、高齢の、貧しい、地方の小さな町の女性たちと驚くほど強い経験にもとづく結束をつくりあげた。これらの女性たちはそれぞれ生活上の問題を抱えており、それゆえ、夫の常習的な女遊びに心を痛め、右翼に中傷され、若くて裕福な「リベラルなエリート主義者」に拒絶され、たえず苦しめられていると思われるのにタフで意志の強い女性、生存者であると同時に戦士でもある女性と同一化したのである。また重要なことに、クリントンは政策（イランを一瞬で「跡形もなくする」と約束したこと）に関しても、行動（断固とした、「どぎつい」、いちかばちかの攻撃型の選挙運動を遂行したこと）に関しても男っぽいイメージを求めたが、オバマは穏健で両性具有的な態度（武力による威嚇の代わりに国際的な対話、党派の敵対の代わりに国内の調和を提唱したこと）を示していた。最後に、イデオロギー的フェミニストのオバマ支持は、米国の歴史におけるジェンダーと人種の厄介な交差との深刻な何十年もの格闘を反映していたが、それとは対照的に、クリントンの選挙運動は、南部再建後の黒人男性の参政権をめぐる分裂からO・J・シンプソン裁判に及ぶ、人種とジェンダーの不和のトラウマ的な歴史を取り上げ、実際に繰り返すことになんのためらいも見せなかった。オバマのポスト人種的、ポスト党派的なコスモポリタニズムとクリントンの民衆主義的、タカ派的なナショナリズムの対比は、さらなる分割も物語っていた。つまり、自らを新しい、「ポストナショナル」な、知識にもとづいた世界で成長すると想像することのできる女性たちと、そのような世界を自分たちの幸福と地位にたいする脅威としかみることのできない女性たちとの分割である。これら二つの陣営を再生したフェミニストの連合に統一することは、合衆国のみならず、われわれが将来において直面するもっとも差し迫った難題のひとつである。

（14） Brooke A. Ackerly and Susan Moller Okin, "Feminist Social Criticism and the International Movement for Women's Rights as Human Rights," in *Democracy's Edges*, ed. Ian Shapiro and Casiano Hacker-Cordón (Cambridge: Cambridge University Press, 2002), pp. 134-62; Donna Dickenson, "Counting Women In: Globalization, Democratization, and the Women's Movement," in *The Transformation of Democracy? Globalization and Territorial Democracy*, ed. Anthony McGrew (Cambridge: Polity, 1977), pp. 97-120. より広範な反企業グローバリゼーション運動のジェンダー政治については、Judy Rebick, "Lip Service: The Anti-Globalization Movement on Gender Politics," *Herizons* 16, 2 (2002): 24-6; Virginia Vargas, "Feminism, Globalization and the Global Justice and Solidarity Movement," *Cultural Studies* 17, 6 (20003): 905-20 の二つの評価を参照されたい。

（15） 本書の第2章「グローバル化する世界で正義を再フレーム化すること」を参照されたい。

（16） Ibid.

第7章　規律訓練からフレキシビリゼーションへ？

（1）たとえば、*Foucault: A Critical Reader*, ed. David Couzens Hoy（Oxford: Blackwell, 1986）; *Critique and Power: Recasting the Foucault/Habermas Debate*, ed. Michael Kelly（Cambridge, MA: MIT Press, 1994）所収の論文を参照されたい。

（2）とくに、Michel Foucault, *Power/Knowledge: Selected Interviews and Other Writings, 1972-1977*, ed. Colin Gordon（New York: Pantheon, 1980; *Language, Counter-Memory, Practice: Selected Essays and Other Writings*, ed. Donald F. Bouchard（Ithaca, NY: Cornell University Press, 1977）を参照されたい。

（3）Michel Foucault, *The Birth of the Clinic: An Archaeology of Medical Perception*, trans. A. M. Sheridan Smith（New York: Pantheon, 1973）, *Discipline and Punishment: The Birth of the Prison*, trans. Alan Sheridan（New York: Pantheon, 1977）, "Governmentality," in *The Foucault Effect: Studies in Governmentality*, ed. Graham Burchell, Colin Gordon, and Peter Miller（Chicago: University of Chicago Press, 1991）, pp. 87-105.

（4）Foucault, *Discipline and Punishment*.

（5）Eli Zaretsky, *Secrets of the Soul: A Social and Cultural History of Psychoanalysis*（New York: Knopf, 2004）.

（6）Hannah Arendt, *The Human Condition*（Chicago: University of Chicago Press, 1958）; Jacques Donzelot, *The Policing of Families*, trans. Robert Hurley（New York: Pantheon, 1979）.

（7）アン・ローラ・ストーラー（Ann Laura Stoler）は、こうした想定を効果的に掘り起こし批判しながら、フーコーの規律訓練と生権力の説明の主題化されざる植民地的背景を修復している。彼女の *Race and the Education of Desire*（Chapel Hill, NC: Duke University Press, 1995）を参照されたい。

（8）Zaretsky, *Secrets of the Soul*.

（9）Nancy Fraser, "Foucault on Modern Power: Empirical Insights and Normative Confusions," *Praxis International* 1, 3（October 1981）: 272-87.

（10）Susan Strange, *The Retreat of the State: The Diffusion of Power in the World Economy*（Cambridge: Cambridge University Press, 1996）.

(11) Phil Cerny, "Paradoxes of the Competition State: The Dynamics of Political Globalizaiton," *Government and Opposition* 32, 2 (1997): 251-74.

(12) Loïc Wacquant, "From Slavery to Mass Incarceration," *New Left Review* 13 (Jan.-Feb. 2002): 41-60.

(13) 一部の批評家は、フーコーは亡くなる直前にこうしたプロジェクトをすでに概念化していたと主張している。彼らの解釈によれば、生権力や統治性の観念はポストフォーディズム型の規制の要素を表わしているとされる。しかし、私の解釈では、これらの観念はむしろフォーディズムに属している。というのも、それらは国民国家の介入の対象として「福祉」、「人口」、「安全」を創出しているからである。したがって、ポストフォーディズム的統治性を主題化する主要な研究はまだなされていなかったのである。

(14) Manuel Castells, "A Powerless State?" in Castells, *The Power of Identity* (Oxford: Blackwell, 1996); Cerny, "Paradoxes of the Competition State"; Stephen Gill, "New Constitutionalism, Democratisation and Global Political Economy," *Pacifica Review* 10, 1 (February 1998): 23-38; Jürgen Habermas, "The Postnational Constellation and the Future of Democracy," in *The Postnational Constellation: Political Essays*, trans. and ed. Max Pensky (Cambridge, MA: MIT Press, 2001), pp. 58-113; Michael Hardt and Antonio Negri, *Empire* (Cambridge, MA: Harvard University Press, 2000); David Held, "Democracy and the New International Order," in *Cosmopolitan Democracy: An Agenda for a New World Order*, ed. Daniele Archibugi and David Held (Cambridge: Polity, 1995), pp. 96-120; James Rosenau, "Governance and Democracy in a Globalizing World," in *Re-imaging Political Community: Studies in Cosmopolitan Democracy*, ed. Daniele Archibugi and David Held (Stanford: Stanford University Press, 1999), pp. 28-58; Saskia Sassen, "The State and the New Geography of Power," in Sassen, *Losing Control? Sovereignty in an Age of Globalization* (New York: Columbia University Press, 1995), pp. 1-33; Strange, *The Retreat of the State*; Wolfgang Streeck, "Public Power beyond Nation-State: The Case of the European Community," in *States against Markets: The Limits of Globalization*, ed. Robert Boyer and Daniel Drache (New York: Routledge, 1996), pp. 299-316.

(15) Hardt and Negri, *Empire*.

(16) Nikolas Rose, "Governing Advanced Liberal Democracies," in Peter Miller and Nikolas Rose, *Governing the Present: Adminis-*

tering Economic, Social and Personal Life（Cambridge: Polity, 2008）, pp. 199-218.

（17） William E. Scheuerman, “Economic Globalization and the Rule of Law,” *Constellations* 6, 1（1999）: 3-25; David Schneiderman, “Investment Rules and the Rule of Law,” *Constellations* 8, 4（2001）: 521-37.

（18） Robert W. Cox, “A Perspective on Globalization,” in *Globalization: Critical Reflections*, ed. James H. Mittleman（Boulder, CO: Lynne Rienner, 1996）, pp. 21-30, “Democracy in Hard Times: Economic Globalization and the Limits to Liberal Democracy,” in *The Transformations of Democracy?* ed. Anthony McGrew（Cambridge: Polity, 1997）, pp. 49-75.

（19） Rose, “Governing Advanced Liberal Democracies.”

（20） Ibid.

（21） Colin Gordon, “Governmental Rationality: An Introduction,” in *The Foucault Effect: Studies in Governmentality*, ed. Graham Burchell, Colin Gordon, and Peter Miller（Chicago: University of Chicago Press, 1991）, pp. 1-51.

（22） フーコーの規律訓練と生権力の説明の主題化されざる植民地的背景については、Stoler, *Race and the Education of Desire* を参照されたい。

（23） Robert Castel, “From Dangerousness to Risk,” in *The Foucault Effect*, ed. Burchell et al., pp. 281-98.

（24） Benjamin R. Barber, *Jihad vs McWorld: Terrorism's Challenge to Democracy*（New York: Ballantine Books, 1996）; Manuel Castells, *The Rise of the Network Society*（Oxford: Blackwell, 1996）; Hardt and Negri, *Empire*.

（25） Richard Sennett, *The Corrosion of Character: The Personal Consequences of Work in the New Capitalism*（New York: Norton, 1998）.

第8章　グローバリゼーションにおける人類の脅威

（1） James Scott, *Seeing Like a State: How Certain Schemes to Improve the Human Condition Have Failed*（New Haven: Yale University Press, 1998）.

（2） フーコーの二一世紀との関連性についての同様の論考については、本書の第7章「規律訓練からグローバリゼーションへ?――グローバリゼーションの影のもとでフーコーを再読すること」を参照されたい。

(3) Jürgen Habermas, "Struggles for Recognition in the Democratic Constitutional State," in *Multiculturalism*, ed. Amy Guttmann, trans. Shierry Weber Nicholsen (Princeton: Princeton University Press, 1994), pp. 107-65, "The European Nation-State: On the Past and Future of Sovereignty and Citizenship," in *The Inclusion of the Other*, ed. Ciaran Cronin and Pablo de Grieff, trans. Ciaran Cronin (Cambridge, MA: MIT Press, 1999), pp. 105-28, "The Postnational Constellation and the Future of Democracy," in *The Postnational Constellation*, trans. Max Pensly (Cambridge, MA: MIT Press, 2001), pp. 58-113.

(4) Jürgen Habermas, *Between Facts and Norms: Contributions to a Discourse Theory of Law and Democracy*, trans. William Rehg (Cambridge, MA: MIT Press, 1996), p. 308.

(5) Habermas, "Struggles for Recognition in the Democratic Constitutional State," "The European Nation-State."

(6) Christiane Wilke, "Habermas, the Alien, and the Escape to Cosmopolitanism," unpublished ms.

(7) Hannah Arendt, *The Origins of Totalitarianism*, new edition with added prefaces (New York: Harcourt Brace Jovanovich, 1973), p. 299.

(8) Ibid., p. 298.

(9) Jürgen Habermas, "Kant's Idea of Perpetual Peace, with the Benefit of 200 Years' Hindsight," in *Perpetual Peace: Essays on Kant's Cosmopolitan Ideal*, ed. James Bohman and Matthias Lutz-Bachmann (Cambridge, MA: MIT Press, 1997), p. 304, "The Postnational Constellation and the Future of Democracy," pp. 105ff.; Wilke, "Habermas, the Alien, and the Escape to Cosmopolitanism."

(10) Jürgen Habermas, "Bestiality and Humanity: A War on the Border between Legality and Morality," *Constellations: An International Journal of Critical and Democratic Theory* 6, 3 (1999): 263-72, "Dispute on the Past and Future of International Law: Transition from National to a Postnational Constellation," unpublished ms, presented at World Congress of Philosophy, Istanbul, August 2003.

(11) Allen Buchanan, "From Nuremberg to Kosovo: The Morality of Illegal International Legal reform," *Ethics* 111, 4 (2001): 673-

705; Habermas, "Bestiality and Humanity," "Dispute on the Past and Future of International Law,"; Michael Ignatief, *Human Rights as Politics and Idolatry*（Princeton: Princeton University Press, 2001）, pp. 3-100; David Rieff, *Slaughterhouse: Bosnia and the Failure of the West*（New York: Simon & Schuster, 1995）.

（12） Paul Berman, *Terrorism and Liberalism*（New York: Norton, 2003）. 十分に展開されてはいないが、これと関連する議論としては、Christopher Hitchens, "Of Sin, the Left and Islamic Fascism," *The Nation*, September 24, 2001 を参照されたい。

（13） John Gray, *False Dawn: The Delusions of Global Capitalism*（New York: New Press, 2000）.

（14） Michael Hardt and Antonio Negri, *Empire*（Cambridge, MA: Harvard University Press, 2000）.

（15） Maeve Cooke, "The Immanence of 'Empire': Reflections on Social Change for the Better in a Globalizing World," in *The Politics of Recognition: Explorations of Difference and Justice*, ed. Baukje Prins and Judith Vega（Amsterdam: Dutch University Press, forthcoming）; Andreas Kalyvas, "Feet of Clay? Reflections on Hardt's and Negri's *Empire*," *Constellations: An International Journal of Critical and Democratic Theory* 10, 2（2003）: 264-79.

（16） この点についてはリチャード・J・バーンスタインに負っている。

第９章　フレーム化の政治

（1） 本書の第2章として再録。

（2） このインタヴューでは、前のいくつかの章と同じように、被害者限定原則にときおり言及している。二〇〇六年三月の時点では、私はそれを支持していたが、現在の見解を述べれば、主眼はむしろ「被治者限定原則」にある。これについては、本書の第4章「変則的正義」を参照されたい。

（3） 本書の第5章として再録された「公共圏の国境を横断すること」。

訳者あとがき

本書は、Nancy Fraser, *Scales of Justice: Reimagining Political Space in a Globalizing World* (Cambridge: Polity Press, 2008) の全訳である（このうち第7章については、関口すみ子氏による初出雑誌論文の翻訳が、『思想』一〇五一号〔二〇一一年一一月〕に掲載されている）。

ギリシア神話の「正義の女神」テーミスをご存じだろうか。たいていは目隠しをして天秤を高く掲げたその像は、法曹界の関係者でなくとも、映画やテレビの法廷ドラマなどで目にされた方もおられるのではないだろうか。その姿が象徴しているのは、性、人種、階級といった、いかなる差異も顧慮しない、法の下の平等と裁きの公正性であるといわれている。「正義の秤《はかり》」ということばは、そうしたイメージをたやすく喚起し、それを表題とした本書は、ありふれた正義論のひとつと予想されるかもしれない。

しかし、ナンシー・フレイザーは「秤《スケール》」が同時に「尺度《スケール》」であることに注目し、正義の地理的＝空間的な問題設定にも言及しようとしている。つまり、正義はどこまで及ぶのかという問いが、本書の主要な関心となっているのである。

とはいえ、正義の「秤」それ自体に問題がないわけではない。すでにフレイザーは、前著『中断された正義』（仲正昌樹監訳、御茶の水書房、二〇〇三年）において、正義の天秤としての機能が停止しつつある情況を批判的にとらえていた。ジョン・ロールズの影響のもと、政治哲学ではもっぱら富の再分配が正義論の第一の課題として論じられてきたが、冷戦後の「ポスト社会主義的想像力」に促されて、マイノリティの傷ついた自尊心の回復をめざす承認の要求もまた、喫緊の課題として浮かび上がるようになった。たがいに異なる存在論的地平に立つ再分配と承認の主張は、正義の文法を混乱させ、その「秤」としての機能に障害を及ぼしつつあったのである。再分配が平等という価値を志向し、承認が差異という価値を重視しているとすれば、それらのたがいに矛盾する価値を同じ「秤」にかけることはできるのだろうか。

こうした正義論の混乱は、「再分配か承認か」という問題を提起し、いくつもの論争を引き起こした。なかでも、アクセル・ホネットとフレイザーとのあいだで繰り広げられた論争は、これら二つの正義の通約（不）可能性にたいする、いずれも甲乙つけがたいアプローチを展開している（アクセル・ホネット、ナンシー・フレイザー『再配分か承認か？　政治・哲学論争』加藤泰史監訳、法政大学出版局、二〇一二年）。ホネットは、再分配もまた承認の一形式であるとみなし、後者により高次の包括的な規範的原理としての地位を与えようとした。これにたいして、フレイザーはそうした承認中心のアプローチに文化主義的偏向をみいだし、その一方で再分配中心の経済主義に陥るのも避けるために、それらを分析的に異なる次元の正義として切り離す「パースペクティヴ二元論」を提唱した。正義論の混乱には、あえてそれを収束しようとするよりも、「二正面作戦」のほうがふさわしいというわけである。

ところが本書では、フレイザーはそうした混迷する正義論に、さらにもうひとつの難問を突き付けている。再分配であれ承認であれ、それらの要求は、いったいだれのあいだでなされるのか。こうした正義の「だれ」をめぐる問いは、正義の「なに」をめぐって争われる再分配と承認に付け加えて、代表という第三の争点を提起している。いいかえれば、今日の正義論は、経済的および文化的次元で生じる不正義のほかに、政治的次元において生じる不正義もまた扱わなければならなくなった。フレイザーは当初、そうした不正義を同胞市民のあいだでの過少代表の問題にみいだし、いわゆる「一票の格差」の是正とかジェンダー・クオータの導入といった取り組みに目を向けていたようである。しかし、正義の「だれ」をめぐる問いは、それ以上に深刻な問題をはらんでいる。これまで正義の「だれ」は国民国家によって領域的に切り分けられ、その主権性が揺るぎないものであるかぎり、だれも正義のフレームの自明性を疑うことはなかった。だが、グローバル化の進行とともに国家の主権性が弱まり、国境横断的な不正義の存在が明らかになるにつれて、正義の「だれ」それ自体が混乱するようになってきたのである。

正義の「尺度」が問題化されるのは、こうしたメタ政治的な次元においてである。正義の実現がもはや主権国家だけに期待されないとすれば、それを補完しうる、まさにポストウェストファリア的な正義のフレームをわれわれは手にしなければならない。フレイザーはまず、そうしたフレームを機能的に分節化し、「被害者限定原則」にもとづいた「リスク共同体」という構想に訴えようとした。正義の範囲がかならずしも領域的に画定されないとすれば、それもまた正義の「だれ」を指定する有力な候補となるはずであった。しかし、だれがどれだけ被害を受けているのかという問いはどこまでも波及し、結局のところ「だれ」を決定することすら困難になるかもしれない。さらに、そうした被害者性の拡散は、説明責任の所在さえもあいまいにし、それゆえ正義の実現を無期限に引き延ばすことにもなるだろう。

そこで、フレイザーは「被害者限定原則」に代わるものとして、さまざまな水準での正義の要求に対応しうる、多層的な統治構造の存在を想定した「被治者限定原則」を提唱している。今日、われわれの生の条件は、もはや国家的な水準においてのみ決定されているわけではない。それはより小さな地方的な水準においても、より拡大した地域的、さらにはグローバルな水準においても決定され、それぞれの統治構造によって大きく左右されている。いいかえれば、実際にはさまざまな正義のフレームが存在しており、われわれは直面する課題に応じてどれを選択するのか、あるいは、それらのフレームが対立し矛盾したときはどう解消すればよいのかといった、まさにメタ政治的な次元での問いに取り組まなければならない。つまり、われわれの多層的な被治者性は、さまざまな統治構造との入り組んだ交渉をつうじて、そのような問いをたえず繰り返す、それ自体再帰的な民主主義の地平を切り開いているのである。

じつは、フレイザーの眼目はここにある。彼女が今日の正義論に突き付けた最後の問いは、正義の「いかに」をめぐるものであった。どのようにして正義のフレームを決定するのか。ロールズ以後の正義論では、そのフレームはたいてい経験的事実として、もっぱら社会科学によって特定されるものとみなされてきた。しかし、フレイザーはそのような知の特権を社会科学者から剝奪し、フレームの決定権を民衆の手に取り戻そうと提唱している。彼女が「被治者限定原則」にたどり着いたのも、そうした理由からであった。われわれの民主的な被治者性は、われわれを統治する側の責任を追及し、その遂行を義務づける根拠になるということ。だが、正義のフレームそのものが混乱している今日、そのような命題はもはや自明ではなくなった。そうであるならば、正義論はより自覚的に民主主義へと接近し、自らを民衆との対話に開くことが求められている。国内的な「社会正義」から国境横断的な「民主的正義」へ――フレイザーの眼目は、そうした正義論それ自体の民主化にあるのだ。

このように、本書は混迷する正義論に、さらにメタ・レヴェルの難問をつぎつぎと加えながら、その問題設定それ自体を大胆に書き換えようとしている。「変則的正義」という尋常ならざる課題を前にして、フレイザー自身なんども軌道修正を余儀なくされていることが本書にはうかがえる。右に要約した、第1章から第5章までの論考はほぼオリジナルの状態で、それぞれ時系列的に配置されており、それらを順に読んでいくことで、われわれはフレイザーの思考の軌跡を、彼女とともに追うことができるようになっている。たとえば、最初のほうでは「被害者限定原則」をフレームの有力な候補として支持しているが、あとに近づくにつれて、それへの疑念をしだいに表明しながら、最終的には「被治者限定原則」へと軌道修正していくさまは、彼女のいう再帰的正義の実例として読むこともできるだろう。読者には、これら五つの章については、ひとつのまとまった物語としてお読みいただきたい。

もちろん、残りの四つの章も、それぞれ触発的な内容となっている。第6章は、第二派フェミニズム以後の女性運動の展開を、前章まで論じてきた正義論の展開に重ね合わせながら考察している。再分配、承認、そして代表をめぐる闘争をくぐり抜けながら、今日のフェミニズムもまた国境横断的な正義へと赴いている。第7章と第8章は、それぞれミシェル・フーコーとハンナ・アレントという、近代国家の権力と暴力に取り組んだ二〇世紀の大思想家をとりあげ、これら二人の古典をグローバリゼーションと九・一一後の「暗い時代」に再読することの意義を探究している。国家はけっして過去の亡霊ではない。それは変質しただけで、いまもなおわれわれの生を縛りつづけている。そして第9章は、ケイト・ナッシュとヴィッキ・ベルによるフレイザーへのインタヴューである。時期的には、フレイザーがまだ「被害者限定原則」を支持していたころのものだが、本書の出発点となった問題関心をわかりやすく知ることができる。また、近年のアメリカの大学生の関心は「アイデンティティ・ポリティクス」よりも(反)資本主義のほうへ向かっているという彼女の発言は、その後のオキュパイ運動を予感していたようで、たいへん興味深いところである。

最後に、あいかわらず勉強不足の訳者に本書の重要性を力説され、そのうえ翻訳の機会まで与えてくださったのは、法政大学出版局編集部の勝康裕さんである。まずはここにお礼申し上げたい。勝さんとの共同作業はこれで三回目であるが、いつもながらの「ほどほどによい熟議」が本書にも生かされていれば幸いである。もちろん、本書において散見されるであろう過ちは訳者の責任である。読者諸氏のご叱正を待ちたい。

二〇一三年八月

向山　恭一

索　引

［マ　行］

文献一覧

Brooke A. Ackerly, *Political Theory and Feminist Social Criticism*, Cambridge: Cambridge University Press, 2000.

Brooke A. Ackerly and Susan Moller Okin, "Feminist Social Criticism and the International Movement for Women's Rights as Human Rights," in *Democracy's Edges*, ed. Ian Shapiro and Casiano Hacker-Cordón, Cambridge: Cambridge University Press, 2002, pp. 134-62.

Jean-Bernard Adrey, "Minority Language Rights before and after the 2004 EU Enlargement: The Copenhagen Criteria in the Baltic States," *Journal of Multilingual & Multicultural Development* 26, 5 (2005): 453-68.

Neville Alexander, "Language Policy, Symbolic Power and the Democratic Responsibility of the Post-Apartheid University," *Pretexts: Literary & Cultural Studies* 12, 2 (2003): 179-90.

T. Alexander Aleynikoff and Douglas Klusmeyer, eds., *Citizenship Today: Global Perspectives and Practices*, Washington, DC: Carnegie Endowment for Peace, 2001.

Alfred C. Aman, Jr., "Globalization, Democracy and the Need for a New Administrative Law," *Indiana Journal of Global Legal Studies* 10, 1 (2003): 125-55.

Benedict Anderson, *Imagined Communities: Reflections on the Origin and Spread of Nationalism*, second edition, London: Verso, 1991〔ベネディクト・アンダーソン『定本　想像の共同体――ナショナリズムの起源と流行』白石隆・白石さや訳，書籍工房早山，2007 年〕.

Elizabeth Anderson, "What is the Point of Equality?" *Ethics* 109 (1999): 287-337.

Arjun Appadurai, *Modernity at Large: Cultural Dimensions of Globalization*, Minneapolis: University of Minnesota Press, 1996〔アルジュン・アパデュライ『さまよえる近代――グローバル化の文化研究』門田健一訳，平凡社，2004 年〕.

Daniele Archibugi, "A Critical Analysis of the Self-Determination of Peoples: A Cosmopolitan Perspective," *Constellations* 10, 4 (2003): 488-505.

Hannah Arendt, *The Human Condition*, Chicago: University of Chicago Press, 1958〔ハンナ・アレント『人間の条件』志水速雄訳，ちくま学芸文庫，1994 年〕.

Hannah Arendt, *The Origins of Totalitarianism*, new edition with added prefaces, New York: Harcourt Brace Jovanovich, 1973〔ハナ・アーレント『全体主義の起源』1-3，大久保和郎・大島通義・大島かおり訳，みすず書房，1972-1974 年〕.

Stanley Aronowitz, "Is Democracy Possible? The Decline of the Public in the American Debate," in *The Phantom Public Sphere*, ed. Bruce Robbins, Minneapolis: University of

Minnesota Press, 1993, pp. 75-92.

Thomas Baldwin, “The Territorial State,” in *Jurisprudence: Cambridge Essays*, ed. Hyman Gross and Ross Harrison, Oxford: Clarendon Press, 1992, pp. 207-30.

Benjamin R. Barber, *Jihad vs McWorld: Terrorism's Challenge to Democracy*, New York: Ballantine Books, 1996〔ベンジャミン・R・バーバー『ジハード対マックワールド――市民社会の夢は終わったのか』鈴木主税訳，三田出版会，1997 年〕.

Linda Basch, Nina Glick Schiller, and Szanton Blanc, *Nations Unbound: Transnational Projects, Postcolonial Predicaments, and De-territorialized Nation-States*, New York: Gordon and Breach, 1994.

Amrita Basru, ed., *The Challenge of Local Feminism: Women's Movements in Global Perspective*, Boulder, CO: Westview Press, 1995.

Ronald Beiner, ed., *Theorizing Citizenship*, Albany: State University of New York Press, 1995.

Charles R. Beitz, *Political Theory and International Relations*, Princeton: Princeton University Press, first edition, 1979; second edition, 1999〔チャールズ・R・ベイツ『国際秩序と正義』進藤榮一訳，岩波書店，1989 年〕.

Charles R. Beitz, “Rawls's *Law of Peoples*,” *Ethics* 110, 4 (2000): 670-8.

Seyla Benhabib, *Another Cosmopolitanism: Hospitality, Sovereignty, and Democratic Iterations*, ed. Robert Post, Oxford: Oxford University Press, 2006.

Seyla Benhabib, “Epistemologies of Postmodernism: A Rejoinder to Jean-François Lyotard,” *New German Critique* 22 (1984): 103-26.

Seyla Benhabib, “*The Law of Peoples*, Distributive Justice, and Migration,” *Fordham Law Review* 72, 5 (2004): 1761-87.

Seyla Benhabib, *The Rights of Others: Aliens, Residens, and Citizens*, Cambridge: Cambridge University Press, 2004〔セイラ・ベンハビブ『他者の権利――外国人・居留民・市民』向山恭一訳，法政大学出版局，2006 年〕.

Seyla Benhabib, “Transformations of Citizenship: The Case of Contemporary Europe,” *Government and Opposition: An International Journal of Comparative Politics* 37, 4 (2002): 439-65.

Paul Berman, *Terrorism and Liberalism*, New York: Norton, 2003.

Black Public Sphere Collective, *The Black Public Sphere*, Chicago: University of Chicago Press, 1995.

James Bohman, “The Democratic Minimum: Is Democracy a Means to Global Justice?” *Ethics and International Affairs* 19, 1 (2004): 101-16.

James Bohman, “From *Demos* to *Demoi*: Democracy across Borders,” *Ratio Juris* 18, 3 (2005): 293-314.

James Bohman, “The Globalization of the Public Sphere: Cosmopolitan Publicity and the Problem of Cultural Pluralism,” *Philosophy and Social Criticism* 24, 2-3 (1998): 199-216.

James Bohman, “International Regimes and Democratic Governance,” *International Affairs* 75, 3 (1999): 499-513.

James Bohman, "The Public Spheres of the World Citizen," in *Perpetual Peace: Essays on Kant's Cosmopolitan Ideal*, ed. James Bohman and Matthias Lutz-Bachmann, Cambridge, MA: MIT Press, 1997.

John Boli and John Thomas, eds., *Constructing World Culture: International Nongovernmental Organizations since 1875*, Stanford: Stanford University Press, 1999.

Pierre Bourdieu, *Language and Symbolic Power*, ed. John B. Thompson, trans. Gino Raymond and Matthew Adamson, Cambridge, MA: Harvard University Press, 1991.

John R. Bowen, "Beyond Migration: Islam as a Transnational Public Sphere," *Journal of Ethnic & Migration Studies* 30, 5 (2004): 879-94.

James K. Boyce, "Democratizing Global Economic Governance," *Development and Change* 35, 3 (2004): 593-9.

Avtar Brah, *Cartographies of Diaspora: Contesting Identities*, London: Routledge, 1997.

Evelyn Brooks-Higginbotham, *Righteous Discontent: The Women's Movement in the Black Baptist Church, 1880-1920*, Cambridge, MA: Harvard University Press, 1993.

Chris Brown, "International Social Justice," in *Social Justice: From Hume to Walzer*, ed. David Boucher and Paul Kelly, London: Routledge, 1998, pp. 102-19.

Allen Buchanan, "From Nuremberg to Kosovo: The Morality of Illegal International Legal reform," *Ethics* 111, 4 (2001): 673-705.

Allen Buchanan, "Rawls's *Law of Peoples*: Rules for a Vanished Westphalian World," *Ethics* 110, 4 (2000): 697-721.

Judith Butler, *Excitable Speech: A Politics of the Performative*, New York: Routledge, 1997〔ジュディス・バトラー『触発する言葉——言語・権力・行為体』竹村和子訳，岩波書店，2004 年〕.

Craig Calhoun, "The Class Consciousness of Frequent Travelers: Toward a Critique of Actually Existing Cosmopolitanism," *South Atlantic Quarterly* 101, 4 (2002): 869-98.

Craig Calhoun, "Imagining Solidarity: Cosmopolitanism, Constitutional Patriotism, and the Public Sphere," *Public Culture* 14, 1 (2002): 147-71.

Bart Cammaerts and Leo van Audenhove, "Online Political Debate, Unbounded Citizenship, and the Problematic Nature of a Transnational Public Sphere," *Political Communication* 22, 2 (2005): 179-96.

Simon Caney, "Cosmopolitanism and *The Law of Peoples*," *Journal of Political Philosophy*, 10, 1 (2002): 95-123.

Robert Castel, "From Dangerousness to Risk," in *The Foucault Effect: Studies in Governmentality*, ed. Graham Burchell, Colin Gordon, and Peter Miller, Chicago: University of Chicago Press, pp. 281-98.

Manuel Castells, *The Power of Identity* , Oxford: Blackwell, 1996.

Manuel Castells, *The Rise of the Network Society*, Oxford: Blackwell, 1996.

Stephen Castles and Alastair Davidson, *Citizenship and Migration: Globalization and the Politics of Belonging*, London: Routledge, 2000.

Phil Cerny, "Paradoxes of the Competition State: The Dynamics of Political Globalization,"

Government and Opposition 32, 2 (1997): 251-74.

Partha Chatterjee, *Nationalist Thought and the Colonial World*, Minneapolis: University of Minnesota Press, 1993.

Andrew Clapham, "Issue of Complexity, Complicity and Complementarity: From the Nuremberg Trials to the Dawn of the New International Criminal Court," in *From Nuremberg to the Hague: The Future of International Criminal Justice*, ed. Philippe Sands, Cambridge: Cambridge University Press, 2003, pp. 233-81.

G. A. Cohen, "On the Currency of Egalitarian Justice," *Ethics* 99 (1989): 906-44.

Joshua Cohen and Charles Sabel, "*Extra Republicam Nulla Justitia?*" *Philosophy & Public Affairs* 34 (2006): 147-75.

William Connolly, *Identity\Difference: Democratic Negotiations of Political Paradox*, Minneapolis: University of Minnesota Press, 2002〔ウィリアム・E・コノリー『アイデンティティ＼差異――他者性の政治』杉田敦・齋藤純一・権左武志訳，岩波書店，1998 年〕.

Rebecca J. Cook, ed., *Human Rights of Women: National and International Perspectives*, Philadelphia: University of Pennsylvania Press, 1994.

Maeve Cooke, "The Immanence of 'Empire': Reflections on Social Change for the Better in a Globalizing World," in *The Politics of Recognition: Explorations of Difference and Justice*, ed. Baukje Prins and Judith Vega, Amsterdam: Dutch University Press, forthcoming.

Robert W. Cox, "Democracy in Hard Times: Economic Globalization and the Limits of Liberal Democracy," in *The Transformation of Democracy?* ed. Anthony McGrew, Cambridge: Polity, 1997, pp. 49-72〔ロバート・W・コックス「困難な時代にある民主主義」，アンソニー・マッグルー編『変容する民主主義――グローバル化のなかで』松下冽監訳，日本経済評論社，2003 年〕.

Robert W. Cox, "A Perspective on Globalization," in *Globalization: Critical Reflections*, ed. James H. Mittelman, Boulder, CO: Lynne Rienner, 1996, pp. 21-30.

Holly Cullen and Karen Morrow, "International Civil Society in International Law: The Growth of NGO Participation," *Non-State Actors & International Law* 1, 1 (2001): 7-39.

Peter Dahlgren, "The Internet, Public Spheres, and Political Communication: Dispersion and Deliberation," *Political Communication* 22, 2 (2005): 147-62.

Kevin Michael DeLuca and Jennifer Peeples, "From Public Sphere to Public Screen: Democracy, Activism, and the 'Violence' of Seattle," *Critical Studies in Media Communication* 19, 2 (2002): 125-51.

Donna Dickenson, "Counting Women In: Globalization, Democratization, and the Women's Movement," in *The Transformation of Democracy? Globalization and Territorial Democracy*, ed. Anthony McGrew, Cambridge: Polity, 1977, pp. 97-120〔ドナ・ディケンソン「女性の参加」，前掲『変容する民主主義』〕.

Jacques Donzelot, *The Policing of Families*, trans. Robert Hurley, New York: Pantheon, 1979.

John Dryzek, "Transnational Democracy," *Journal of Political Philosophy* 7, 1 (1999): 30-51.

Ronald Dworkin, "What is Equality? Part 2: Equality of Resources," *Philosophy and Public*

Affairs 10, 4 (Fall 1981): 288-345.

Alice Echols, *Daring to Be Bad: Radical Feminism in America, 1967-75*, Minneapolis: University of Minnesota Press, 1990.

Barbara Ehrenreich, Elizabeth Hess, and Gloria Jacobs, *Re-making Love: The Feminization of Sex*, New York: Anchor Books, 1987.

Geoff Eley, "Nations, Publics, and Political Cultures: Placing Habermas in the Nineteenth Century," in *Habermas and the Public Sphere*, ed. Craig Calhoun, Cambridge, MA: MIT Press, 1995, pp. 289-350.

Sara Evans, *Personal Politics: The Roots of Women's Liberation in the Civil Rights Movement and the New Left*, New York: Vintage, 1980.

Richard Falk, "Revisiting Westphalia, Discovering Post-Westphalia," *Journal of Ethics* 6, 4 (2002): 311-52.

Frantz Fanon, "On National Culture," in Fanon, *The Wretched of the Earth*, New York: Grove, 1963, pp. 165-99〔フランツ・ファノン「民族文化について」,『地に呪われたる者』鈴木道彦・浦野衣子訳，みすず書房，1996 年〕.

James Ferguson, "Global Disconnect: Abjection and the Aftermath of Modernism," in Ferguson, *Expectations of Modernity: Myths and Meanings of Urban Life on the Zambian Copperbelt*, Berkley: University of California Press, 1999, pp. 234-54.

Yale H, Ferguson and Barry Jones, eds., *Political Space: Frontiers of Change and Governance in a Globalizing World*, Albany: State University of New York Press, 2002.

Alessandro Ferrara, "Two Notions of Humanity and the Judgment Argument for Human Rights," *Political Theory* 31, 3 (June 2003): 392-420.

Myra Marx Ferree and Beth B. Hess, *Controversy and Coalition: The Feminist Movement across Three Decades of Change*, New York: Routledge, 1995.

Rainer Forst, *Contexts of Justice*, Berkley: University of California Press, 2002.

Rainer Forst, "Justice, Morality and Power in the Global Context," in *Real World Justice*, ed. Andreas Follesdal and Thomas Pogge, Dordrecht: Springer, 2005, pp. 27-36.

Rainer Forst, "Towards a Critical Theory of Transnational Justice," in *Global Justice*, ed. Thomas Pogge, Oxford: Blackwell, 2001, pp. 169-87.

Michel Foucault, *The Birth of the Clinic: An Archaeology of Medical Perception*, trans. A. M. Sheridan Smith, New York: Pantheon, 1973〔ミッシェル・フーコー『臨床医学の誕生——医学的まなざしの考古学』神谷美恵子訳，みすず書房，1969 年〕.

Michel Foucault, *Discipline and Punishment: The Birth of the Prison*, trans. Alan Sheridan, New York: Pantheon, 1977〔ミシェル・フーコー『監獄の誕生——監視と処罰』田村俶訳，新潮社，1977 年〕.

Michel Foucault, *Essential Works of Foucault, 1954-1988*, ed. Paul Rabinow, New York; New Press, 1997.

Michel Foucault, "Governmentality," in *The Foucault Effect: Studies in Governmentality*, ed. Graham Burchell, Colin Gordon, and Peter Miller, Chicago: University of Chicago Press, 1991, pp. 87-105〔ミシェル・フーコー「統治性」石田英敬訳，小林康夫・石田英

敬・松浦寿輝編『フーコー・コレクション6　生政治・統治』ちくま学芸文庫，2006 年〕.

Michel Foucault, *Language, Counter-Memory, Practice: Selected Essays and Other Writings*, ed. Donald F. Bouchard, Ithaca, NY: Cornell University Press, 1977.

Michel Foucault, *Power/Knowledge: Selected Interviews and Other Writings, 1972-1977*, ed. Colin Gordon, New York: Pantheon, 1980.

Georges Eugene Fouron and Nina Glick Schiller, *Georges Woke Up Laughing: Long-Distance Nationalism and the Search for Home*, Durham, NC: Duke University Press, 2001.

Thomas Frank, "What's the Matter with Liberals?" *The New York Review of Books* 52, 8 (May 12, 2005), p. 46.

Nancy Fraser, "Foucault on Modern Power: Empirical Insights and Normative Confusions," *Praxis International* 1, 3 (October 1981): 272-87; Fraser, *Unruly Practices: Power, Discourse and Gender in Contemporary Social Theory*, Cambridge: Polity and Minneapolis: University of Minnesota Press, 1989, pp. 17-34 に再録.

Nancy Fraser, "From Irony to Prophecy to Politics: A Response to Richard Rorty," *Michigan Quarterly Review* 30, 2 (1991): 259-66.

Nancy Fraser, "From Redistribution to Recognition? Dilemmas of Justice in a 'Postsocialist' Age," *New Left Review* 212 (1995): 68-93; Fraser, *Justice Interruptus: Critical Reflections on the "Postsocialist" Condition*, London: Routledge, 1997, pp. 11-40 に再録〔ナンシー・フレイザー「再配分から承認へ？――「ポスト社会主義」時代における正義のジレンマ」，『中断された正義――「ポスト社会主義的」条件をめぐる批判的省察』仲正昌樹監訳，御茶の水書房，2003 年〕.

Nancy Fraser, "Identity, Exclusion, and Critique: A Response to Four Critics," *European Journal of Political Theory* 6, 3 (2007): 305-38.

Nancy Fraser, *Justice Interruptus: Critical Reflections on the "Postsocialist" Condition*, London: Routledge, 1997〔前掲『中断された正義』〕.

Nancy Fraser, "Rethinking Recognition," *New Left Review* 3 (May/June 2000): 107-20.

Nancy Fraser, "Rethinking the Public Sphere: A Contribution to the Critique of Actually Existing Democracy," in *Habermas and the Public Sphere*, ed. Craig Calhoun, Cambridge, MA: MIT Press, 1991, pp. 109-42〔ナンシー・フレイザー「公共圏の再考――既存の民主主義の批判のために」，クレイグ・キャルホーン編『ハーバマスと公共圏』山本啓・新田滋訳，未來社，1999 年〕; Fraser, *Justice Interruptus: Critical Reflections on the "Postsocialist" Condition*, London: Routledge, 1997〔前掲『中断された正義』〕に再録。

Nancy Fraser, "Sex, Lies, and the Public Sphere: Some Reflections on the Confirmation of Clarence Thomas," *Critical Inquiry* 18 (1992): 595-612.

Nancy Fraser, "Solidarity or Singularity? Richard Rorty between Romanticism and Technocracy," *Praxis International* 8, 3 (1988): 257-72; Fraser, *Unruly Practices: Power, Discourse and Gender in Contemporary Social Theory*, Cambridge: Polity and Minneapolis: University of Minnesota Press, 1989, pp. 93-110 に再録。

Nancy Fraser, “Struggle over Needs: Outline of a Socialist-Feminist Critical Theory of Late-Capitalist Political Culture,” in *Women, the State and Welfare: Historical and Theoretical Perspectives*, ed. Linda Gordon, Madison: University of Wisconsin Press, 1990, pp. 205-31; Fraser, *Unruly Practices: Power, Discourse and Gender in Contemporary Social Theory*, Cambridge: Polity and Minneapolis: University of Minnesota Press, 1989, pp. 161-81 に再録。

Nancy Fraser, *Unruly Practices: Power, Discourse and Gender in Contemporary Social Theory*, Cambridge: Polity and Minneapolis: University of Minnesota Press, 1989.

Nancy Fraser and Axel Honneth, *Redistribution or Recognition? A Political-Philosophical Exchange*, trans. Joel Golb, James Ingram, and Christiane Wilke, London: Verso, 2003〔ナンシー・フレイザー，アクセル・ホネット『再配分か承認か？——政治・哲学論争』加藤泰史監訳，法政大学出版局，2012 年〕.

Nancy Fraser and Nancy A. Naples, “To Interpret the World and to Change It: An Interview with Nancy Fraser,” *Signs: Journal of Women in Culture and Sociology* 29, 4 (Summer 2004): 1103-24.

Sally Gallagher, *Evangelical Identity and Gendered Family Life*, New Brunswick, NJ: Rutgers University Press, 2003.

Nicholas Garnham, “The Media and the Public Sphere,” in *Habermas and the Public Sphere*, ed. Craig Calhoun, Cambridge, MA: MIT Press, pp. 359-76〔ニコラス・ガーンナム「メディアと公共圏」，前掲『ハーバマスと公共圏』〕.

Jürgen Gerhards and Friedhelm Neidhardt, *Strukturen und Funktionen Moderner Öffentlichkeit*, Berlin: Fragestellungen und Ansätze, 1990.

Randall Germain, “Globalising Accountability within the International Organisation of Credit: Financial Governance and the Public Sphere,” *Global Society: Journal of Interdisciplinary International Relations* 18, 3 (2004): 217-42.

Stephen Gill, “New Constitutionalism, Democratisation and Global Political Economy,” *Pacifica Review* 10, 1 (February 1998): 23-38.

Nilufer Gole, “The Gendered Nature of the Public Sphere,” *Public Culture* 10, 1 (1997): 61-80.

Colin Gordon, “Governmental Rationality: An Introduction,” in *The Foucault Effect: Studies in Governmentality*, ed. Graham Burchell, Colin Gordon, and Peter Miller, Chicago: University of Chicago Press, 1991, pp. 1-51.

Linda Gordon, ed., *Women, the State and Welfare: Historical and Theoretical Perspectives*, Madison: University of Wisconsin Press, 1990.

Carol Gould, *Globalizing Democracy and Human Rights*, Cambridge: Cambridge University Press, 2004.

Antonio Gramsci, *Prison Notebooks*, ed. Joseph A. Buttigieg, trans. Joseph A. Buttigieg and Antonio Callari, New York: Columbia University Press, 1991.

John Gray, *False Dawn: The Delusions of Global Capitalism*, New York: New Press, 1998〔ジョン・グレイ『グローバリズムという妄想』石塚雅彦訳，日本経済新聞社，

1999 年〕.

Tricia Gray, "Electoral Gender Quotas: Lessons from Argentina and Chile," *Bulletin of Latin American Research* 21, 1 (2003): 52-78.

R. Marie Griffith, *God's Daughters: Evangelical Women and the Power of Submission*, Berkley: University of California Press, 1997.

John A. Guidry, Michael D. Kennedy, and Mayer N. Zald, eds., *Globalization and Social Movements: Culture, Power and the Transnational Public Sphere*, Ann Arbor: University of Michigan Press, 2001.

Lani Guinier, *The Tyranny of the Majority*, New York: Free Press, 1994〔ラニ・グイニア『多数派の専制——黒人のエンパワーメントと小選挙区制』森田成也訳, 新評論, 1997 年〕.

Jürgen Habermas, "Bestiality and Humanity: A War on the Border between Legality and Morality," *Constellations: An International Journal of Critical and Democratic Theory* 6, 3 (1999): 263-72.

Jürgen Habermas, *Between Facts and Norms: Contributions to a Discourse Theory of Law and Democracy*, trans. William Rehg, Cambridge, MA: MIT Press, 1996〔ユルゲン・ハーバーマス『事実性と妥当性——法と民主的法治国家の討議理論にかんする研究』上・下, 河上倫逸・耳野健二訳, 未來社, 2002-2003 年〕.

Jürgen Habermas, "Dispute on the Past and Future of International Law: Transition from a National to a Postnational Constellation," unpublished ms, presented at World Congress of Philosophy, Istanbul, August 2003.

Jürgen Habermas, "The European Nation-State: On the Past and Future of Sovereignty and Citizenship," in *The Inclusion of the Other*, ed. Ciaran Cronin and Pablo de Grieff, trans. Ciaran Cronin, Cambridge, MA: MIT Press, 1999, pp. 105-28〔ユルゲン・ハーバーマス「ヨーロッパの国民国家——主権と国家市民資格の過去と未来」,『他者の受容——多文化社会の政治理論に関する研究』高野昌行訳, 法政大学出版局, 2004 年〕, 初出は *Public Culture* 10, 2 (1998): 397-416.

Jürgen Habermas, "Kant's Idea of Perpetual Peace, with the Benefit of 200 Years' Hindsight," in *Perpetual Peace: Essays on Kant's Cosmopolitan Ideal*, ed. James Bohman and Matthias Lutz-Bachmann, Cambridge, MA: MIT Press, 1997, pp. 113-55.

Jürgen Habermas, *The Philosophical Discourse of Modernity: Twelve Lectures*, trans. Frederick Lawrence, Cambridge, MA: MIT Press, 1987〔ユルゲン・ハーバーマス『近代の哲学的ディスクルス』I・II, 三島憲一・轡田収・木前利秋・大貫敦子訳, 岩波書店, 1990 年〕.

Jürgen Habermas, "The Postnational Constellation and the Future of Democracy," in *The Postnational Constellation: Political Essays*, trans. and ed. Max Pensky, Cambridge, MA: MIT Press, 2001, pp. 58-113.

Jürgen Habermas, *Structural Transformation of the Public Sphere*, trans. Thomas Burger, Cambridge, MA: MIT Press, 1989〔ユルゲン・ハーバーマス『公共性の構造転換——市民社会の一カテゴリーについての探究』細谷貞雄・山田正行訳, 未來社, 1973

年〕.

Jürgen Habermas, "Struggles for Recognition in the Democratic Constitutional State," in *Multiculturalism*, ed. Amy Guttmann, trans. Shierry Weber Nicholsen, Princeton, NJ: Princeton University Press, 1994, pp. 107-65〔ユルゲン・ハーバーマス「民主的立憲国家における承認への闘争」, エイミー・ガットマン編『マルチカルチュラリズム』佐々木毅・辻康夫・向山恭一訳, 岩波書店, 1996 年〕.

Ulf Hannerz, *Transnational Connections: Culture, People, Places*, New York: Routledge, 1996.

Michael Hardt and Antonio Negri, *Empire*, Cambridge, MA: Harvard University Press, 2000〔アントニオ・ネグリ, マイケル・ハート『帝国――グローバル化の世界秩序とマルチチュードの可能性』水嶋一憲・酒井隆史・浜邦彦・吉田俊実訳, 以文社, 2003 年〕.

Richard L. Harris and Melinda J. Seid, *Critical Perspectives on Globalization and Neoliberalism in the Developing Countries*, Boston: Leiden, 2000.

Dale Hathaway, *Allies Across the Border: Mexico's "Authentic Labor Front" and Global Solidarity*, Cambridge, MA: South End Press, 2000.

David Held, "Cosmopolitanism: Globalization Tamed?" *Review of International Studies* 29, 4 (2003): 465-80.

David Held, "Cosmopolitanism: Ideas, Realities and Deficits," in *Governing Globalization: Power, Authority, and Global Governance*, ed. David Held and Anthony McGrew, Cambridge: Polity, 2002, pp. 302-25.

David Held, *Democracy and the Global Order: From the Modern State to Cosmopolitan Governance*, Cambridge: Polity, 1995〔デヴィッド・ヘルド『デモクラシーと世界秩序――地球市民の政治学』佐々木寛・遠藤誠治・小林誠・土井美徳・山田竜作訳, NTT 出版, 2002 年〕.

David Held, "Democracy and the New International Order," in *Cosimopolitan Democracy: An Agenda for a New World Order*, ed. Daniele Archibugi and David Held, Cambridge: Polity, 1995, pp. 96-120.

David Held, "Democratic Accountability and Political Effectiveness from a Cosmopolitan Perspective," *Government and Opposition* 39, 2 (2004): 364-91.

David Held, *Global Covenant: The Social Democratic Alternative to the Washington Consensus*, Cambridge: Polity, 2004〔デヴィッド・ヘルド『グローバル社会民主政の展望――経済・政治・法のフロンティア』中谷義和・柳原克行訳, 日本経済評論社, 2005 年〕.

David Held, "Regulating Globalization?" *International Journal of Sociology* 15, 2 (2000): 394-408.

David Held, "The Transformation of Political Community: Rethinking Democracy in the Context of Globalization," in *Democracy's Edges*, ed. Ian Shapiro and Cassiano Hacker-Cordón, Cambridge: Cambridge University Press, 1999, pp. 84-111.

David Held, Anthony McGrew, David Goldblatt, and Jonathan Perraton, *Global Transforma-*

tions: Politics, Economics and Culture, Cambridge: Polity, 1999〔デイヴィッド・ヘルド，アンソニー・マグルー，デイヴィッド・ゴールドブラット，ジョナサン・ペラトン『グローバル・トランスフォーメーションズ――政治・経済・文化』古城利明・臼井久和・滝田賢治・星野智訳者代表，中央大学出版部，2006 年〕.

Eric Helleiner, "From Bretton Woods to Global Finance: A World Turned Upside Down," in *Political Economy and the Changing Global Order*, ed. Richard Stubbs and Geoffrey R. D. Underhill, New York: St Martin's Press, 1994, pp. 163-75.

Wilfried Hinsch, "Global Distributive Justice," *Metaphilosophy* 32, 1/2 (2001): 58-78.

Paul Hirst and Graham Thompson, *Globalization in Question: The International Economy and the Possibilities of Governance*, Oxford: Blackwell Publishers, 1996.

Christopher Hitchens, "Of Sin, the Left and Islamic Fascism," *The Nation*, September 24, 2001.

Eric Hobsbawm, *The Age of Extremes: A History of the World, 1914-1991*, London: Abacus, 1995〔エリック・ホブズボーム『20 世紀の歴史――極端な時代』上・下，河合秀和訳，三省堂，1996 年〕.

Axel Honneth, "Redistribution as Recognition: A Response to Nancy Frazer," in Nancy Fraser and Axel Honneth, *Redistribution or Recognition? A Political-Philosophical Exchange*, trans. Joel Golb, James Ingram, and Christiane Wilke, London: Verso, 2003, pp. 110-98〔アクセル・ホネット「承認としての再配分――ナンシー・フレイザーに対する反論」，前掲『再配分か承認か？』〕.

Ankie M. M. Hoogvelt, *Globalization and the Postcolonial World: The Political Economy of Development*, Baltimore: Johns Hopkins University Press, 2001.

bell hooks, *Feminist Theory: From Margin to Center,* second edition, Boston: South End Press, 1981〔ベル・フックス『ブラック・フェミニストの主張――周縁から中心へ』清水久美訳，勁草書房，1997 年〕.

David Couzens Hoy, ed., *Foucault: A Critical Reader*, Oxford: Blackwell, 1986〔デイヴィッド・カズンズ・ホイ編『フーコー――批判的読解』椎名正博・椎名美智訳，国文社，1990 年〕.

Mala Htun, "Is Gender Like Ethnicity? The Political Representation of Identity Groups," *Perspectives on Politics* 2, 3 (2004), 439-58.

Susan L. Hurley, "Rationality, Democracy and Leaky Boundaries: Vertical vs. Horizontal Modularity," *Journal of Political Philosophy* 7, 2 (1999): 126-46.

Andrew Hurrell, "Global Inequality and International Institutions," *Metaphilosophy* 32, 1/2 (2001): 34-57.

Charles Husband, "The Right to be Understood: Conceiving the Multi-ethnic Public Sphere, *Innovation: The European Journal of Social Sciences* 9, 2 (1996): 205-15.

Michael Ignatieff, *Human Rights as Politics and Idolatry*, Princeton: Princeton University Press, 2001〔マイケル・イグナティエフ『人権の政治学』添谷育志・金田耕一訳，風行社，2006 年〕.

Julie Ingersoll, *Evangelical Christian Women: War Stories in the Gender Battles*, New York:

New York University Press, 2003.

Michael Rabinder James, "Tribal Sovereignty and the Intercultural Public Sphere," *Philosophy & Social Criticism* 25, 5 (1999): 57-86.

Frederic Jameson, *The Cultural Turn*, London: Verso, 1998〔フレドリック・ジェイムソン『カルチュラル・ターン』合庭惇・河野真太郎・秦邦生訳，作品社，2006年〕.

Hank Johnston, Enrique Larana, and Joseph R. Gusfield, eds., *New Social Movements: From Ideology to Identity*, Philadelphia: Temple University Press, 1994.

Charles Jones, *Global Justice: Defending Cosmopolitanism*, Oxford: Oxford University Press, 1999.

Charles Jones, "Global Liberalism: Political or Comprehensive?" *University of Toronto Law Journal* 54, 2 (2004): 227-48.

Mary Kaldor, *New and Old Wars: Organized Violence in a Global Era*, Cambridge: Polity, 1999〔メアリー・カルドー『新戦争論――グローバル時代の組織的暴力』山本武彦・渡部正樹訳，岩波書店，2003年〕.

Andreas Kalyvas, "Feet of Clay? Reflections on Hardt's and Negri's *Empire*," *Constellations: An International Journal of Critical and Democratic Theory* 10, 2 (2003): 264-79.

Deniz Kandiyoti, "Identity and Its Discontents: Women and the Nation," in *Colonial Discourse and Post-Colonial Theory: A Reader*, ed. Patrick Williams and Laura Chrisman, New York: Columbia University, 1994, pp. 376-91.

Margaret E. Keck and Kathryn Sikkink, *Activists beyond Borders: Advocacy Networks in International Politics*, Ithaca, NY: Cornell University Press, 1998.

Michael Kelly, ed., *Critique and Power: Recasting the Foucault/Habermas Debate*, Cambridge, MA: MIT Press, 1994.

Sanjeev Khagram, James V. Riker, and Kathryn Sikkink, eds., *Restructuring World Politics: Transnational Social Movements, Networks, and Norms*, Minneapolis: University of Minnesota Press, 2002.

Matthias König, "Cultural Diversity and Language Policy," *International Social Science Journal* 51, 161 (1999): 401-8.

Thomas Kuhn, *The Structure of Scientific Revolutions*, third edition, Chicago: University of Chicago Press, 1996〔トーマス・クーン『科学革命の構造』中山茂訳，みすず書房，1971年〕.

Andrew Kuper, "Rawlsian Global Justice: Beyond *The Law of Peoples* to a Cosmopolitan Law of Persons," *Political Theory* 28, 5 (2000): 640-74.

Will Kymlicka, *Multicultural Citizenship: A Liberal Theory of Minority Rights*, London: Oxford University Press, 1995〔ウィル・キムリッカ『多文化時代の市民権――マイノリティの権利と自由主義』角田猛之・石山文彦・山﨑康仕監訳，晃洋書房，1998年〕.

Will Kymlicka, "Territorial Boundaries: A Liberal-Egalitarian Perspective," in *Boundaries and Justice: Diverse Ethical Perspectives*, ed. David Miller and Sohail H. Hashmi, Princeton, NJ: Princeton University Press, 2001, pp. 249-75.

Dan La Botz, *Democracy in Mexico: Peasant Rebellion and Political Reform*, Cambridge, MA: South End Press, 1995.

Ernesto Laclau and Chantal Mouffe, *Hegemony and Socialist Strategy: Towards a Radical Democratic Politics*, London: Verso, 1985〔エルネスト・ラクラウ，シャンタル・ムフ『民主主義の革命――ヘゲモニーとポスト・マルクス主義』西永亮・千葉眞訳，ちくま学芸文庫，2012 年〕.

Joan Landes, *Women and the Public Sphere in the Age of the French Revolution*, Ithaca, NY: Cornell University Press, 1988.

Maria Pia Lala, "Globalizing Women's Rights: Building a Public Sphere," in *Recognition, Responsibility, and Rights: Feminist Ethics and Social Theory. Feminist Reconstructions*, ed. Robin N. Fiore and Hilde Lindemann Nelson, Totowa, NJ: Rowman & Littlefield, 2003, pp. 181-93.

Paul Gordon Lauren, *The Evolution of International Human Rights: Visions Seen*, Philadelphia: University of Pennsylvania Press, 2003.

Andrew Linklater, "Citizenship and Sovereignty in the Post-Westphalian European State," in *Re-imagining Political Community: Studies in Cosmopolitan Democracy*, ed. Daniele Archibugi and David Held, Stanford: Stanford University Press, 1999, pp. 113-38.

Niklas Luhman, "Öffentliche Meinung," *Politische Vierteljahresschrift* 11（1970）: 2-28.

Jean-François Lyotard, *The Differend: Phrases in Dispute*, trans. Georges Van Den Abbeele, Minneapolis: University of Minnesota Press, 1988〔ジャン＝フランソワ・リオタール『文の抗争』陸井四朗・小野康夫・外山和子・森田亜紀訳，法政大学出版局，1989 年〕.

Jean-François Lyotard, *The Postmodern Condition: A Report on Knowledge*, trans. Geoff Bennington and Brian Massumi, Minneapolis: University of Minnesota Press, 1988〔ジャン＝フランソワ・リオタール『ポスト・モダンの条件――知・社会・言語ゲーム』小林康夫訳，水声社，1989 年〕.

Robert W. McChesney, "Global Media, Neoliberalism, and Imperialism," *Monthly Review* 50, 10（2001）: 1-19.

Robert W. McChesney, *Rich Media, Poor Democracy: Communications Politics in Dubious Times*, Chicago: University of Illinois Press, 1999.

Anne McClintock, "Family Feuds: Gender, Nation and the Family," *Feminist Review* 44（1993）: 61-80.

Bernard Manin, *The Principles of Representative Government*, New York: Cambridge University Press, 1997.

P. David Marshall, *New Media Cultures*, New York: Oxford University Press, 2004.

Alberto Melucci, John Keane, and Paul Mier, eds., *Nomads of the Present: Social Movements and Individual Needs in Contemporary Society*, Philadelphia: Temple University Press, 1989〔アルベルト・メルッチ『現在に生きる遊牧民（ノマド）――新しい公共空間の創出に向けて』山之内靖・貴堂嘉之・宮崎かすみ訳，岩波書店，1997 年〕.

Thaddeus Metz, "Open Perfectionism and Global Justice," *Theoria: A Journal of Social & Po-*

litical Theory 114 (2004): 96-125.

David Miller, "The Ethical Significance of Nationality," *Ethics* 98 (1988): 647-62.

David Miller, "The Limits of Cosmopolitan Justice," in *International Society: Diverse Ethical Perspectives*, ed. David Maple and Terry Nardin, Princeton: Princeton University Press, 1998, pp. 164-83.

David Miller, *On Nationality*, Oxford: Oxford University Press, 1995〔デイヴィッド・ミラー『ナショナリティについて』富沢克・長谷川一年・施光恒・竹島博之訳，風行社，2007年〕.

Richard W. Miller, "Cosmopolitanism and Its Limits," *Theoria: A Journal of Social & Political Theory* 114 (2004): 38-43.

Kim Moody, *Workers in a Lean World: Unions in the International Economy*, London: Verso Books, 1997.

Chantal Mouffe, "Deliberative Democracy or Agonistic Pluralism?" *Social Research* 66, 3 (1999): 745-58.

Chantal Mouffe, "Democracy, Power and the 'Political'," in *Democracy and Difference: Contesting the Boundaries of the Political*, ed. Seyla Benhabib, Princeton: Princeton University Press, 1996, pp. 245-56.

Warwick Mules, "Media Publics and the Transnational Public Sphere," *Critical Arts Journal* 12, 1/2 (1998): 24-44.

Ronaldo Munck and Peter Waterman, *Labour Worldwide in the Era of Globalization: Alternative Union Models in the New World Order*, New York: Palgrave Macmillan, 1999.

Thomas Nagel, "The Problem of Global Justice," *Philosophy & Public Affairs* 33 (2005): 113-47.

Tom Narin, "The Modern Janus," in Narin, *The Break-Up of Britain: Crisis and Neo-Nationalism* , London: New Left Books, 1977, pp. 329-63.

June Nash, *Mayan Visions: The Quest for Autonomy in an Age of Globalization*, London: Routledge, 2001.

Ronald Niezen, *The Origins of Indigenism: Human Rights and the Politics of Identity*, Berkley: University of California Press, 2003.

Martha Nussbaum, "Beyond the Social Contract: Capabilities and Global Justice," *Oxford Development Studies* 32, 1 (2004): 1-15.

Martha Nussbaum with Respondents, *For Love of Country? Debating the Limits of Patriotism*, ed. Joshua Cohen, Boston: Beacon Press, 1996〔マーサ・C・ヌスバウム『国を愛するということ――愛国主義の限界をめぐる論争』辰巳伸知・能川元一訳，人文書院，2000年〕.

Robert O'Brien, Anne Marie Goetz, Jan Art Scholte, and Marc Williams, *Contesting Global Governance: Multilateral Economic Institutions and Global Social Movements*, Cambridge: Cambridge University Press, 2000.

Thomas Olesen, "Transnational Publics: New Spaces of Social Movement Activism and the Problem of Global Long-Sightedness," *Current Sociology* 53, 3 (2005): 419-40.

Onora O'Neill, *Bounds of Justice*, Cambridge: Cambridge University Press, 2000.
Aihwa Ong, *Flexible Citizenship: The Cultural Logics of Transnationality*, Durham, NC: Duke University Press, 1999.
Raul C. Pangalangan, "Territorial Sovereignty: Command, Title, and Expanding the Claims of the Commons," in *Boundaries and Justice: Diverse Ethical Perspectives*, ed. David Miller and Sohail H. Hashmi, Princeton: Princeton University Press, 2001, pp. 164-82.
Rik Panganiban, "The NGO Coalition for an International Criminal Court," *UN Chronicle* 34, 4 (1997): 36-9.
Zizi Papacharissi, "The Virtual Sphere: The Internet as a Public Sphere," *New Media & Society* 4, 1 (2002): 9-36.
Alan Patten, "Political Theory and Language Policy," *Political Theory* 29, 5 (2001): 691-715.
David Peritz, "The Complexities of Complexity: Habermas and the Hazards of Relying Directly on Social Theory," paper prepared for discussion at the Critical Theory Roundtable, October 2001, San Francisco.
David Peritz, "A Diversity of Diversities: Liberalism's Implicit Social Theories," paper prepared for presentation at the 53rd Annual Political Studies Association Conference, University of Leicester, April 15-17, 2003, Panel 6-11.
Jonathan Perraton, David Goldblatt, David Held, and Anthony McGrew, "The Globalisation of Economic Activity," *New Political Economy* 2, 2 (1997): 257-77.
Anne Phillips, *The Politics of Presence*, Oxford: Clarendon Press, 1995.
Robert Phillipson, *English-Only Europe? Challenging Language Policy*, New York: Routledge, 2003.
Hanna Fenichel Pitkin, *The Concept of Representation*, Berkley: University of California Press, 1967.
Thomas Pogge, "Economic Justice and National Borders," *Revision* 22 (1999): 27-34.
Thomas Pogge, "An Egalitarian Law of Peoples," *Philosophy and Public Affairs* 23,5 (2000): 195-224.
Thomas Pogge, "How to Create Supra-National Institutions Democratically: Some Reflections on the European Union's Democratic Deficit," *Journal of Political Philosophy* 5 (1997): 163-82.
Thomas Pogge, "The Influence of the Global Order on the Prospects for Genuine Democracy in the Developing Countries," *Ratio Juris* 14, 3 (2001): 326-43.
Thomas Pogge, *World Poverty and Human Rights: Cosmopolitan Responsibilities and Reforms*, Cambridge: Polity, 2002〔トマス・ポッゲ『なぜ遠くの貧しい人への義務があるのか——世界的貧困と人権』立岩真也監訳，生活書院，2010 年〕.
Ulrich Preuss, "Citizenship in the European Union: An Paradigm for Transnational Democracy?" in *Re-imagining Political Community: Studies in Cosmopolitan Democracy*, ed. Daniele Archibugi and David Held, Stanford: Stanford University Press, 1999, pp. 138-52.
W. V. O. Quine, *From a Logical Point of View: 9 Logico-Philosohical Essays*, Cambridge, MA:

Harvard University Press, 1953〔W・V・O・クワイン『論理的観点から――論理と哲学をめぐる九章』飯田隆訳，勁草書房，1992 年〕.

Shirin M. Rai, "Political Representation, Democratic Institutions and Women's Empowerment: The Quota Debate in India," in *Rethinking Empowerment: Gender and Development in a Global/Local World*, ed. Jane L. Parpart, Shrin M. Rai, and Kathleen Staudt, New York: Routledge, 2002, pp. 133-45.

John Rawls, *The Law of Peoples*, new editon, Cambridge, MA: Harvard University Press, 2001〔ジョン・ロールズ『万民の法』中山竜一訳，岩波書店，2006 年〕.

John Rawls, "The Law of Peoples," in *On Human Rights: The Oxford Amnesty Lectures*, ed. Stephen Shute and Susan Hurley, New York: Basic Books: 1994, pp. 41-84〔ジョン・ロールズ「万民の法」，スティーヴン・シュート，スーザン・ハーリー編『人権について――オックスフォード・アムネスティ・レクチャーズ』中島吉弘・松田まゆみ訳，みすず書房，1998 年〕.

John Rawls, *A Theory of Justice*, Cambridge, MA: Harvard University Press, 1999〔ジョン・ロールズ『正義論』川本隆史・福間聡・神島裕子訳，紀伊國屋書店，2010 年〕.

Judy Rebick, "Lip Service: The Anti-Globalization Movement on Gender Politics," *Herizons* 16, 2 (2002): 24-6.

Jane Rendall, "Women and the Public Sphere," *Gender & History* 11, 3 (1999): 475-89.

Judith Resnik, "Law's Migration: American Exceptionalism, Silent Dialogues, and Federalism's Multiple Ports of Entry," *The Yale Law Journal* 115, 7 (May 2006): 1546-70.

Frank Rich, "How Kerry Became a Girlie Man," *The New York Times* 153, 52963 (September 5, 2004), section 2, p. 1.

David Rieff, *Slaughterhouse: Bosnia and the Failure of the West*, New York: Simon & Schuster, 1995.

Robert Ritchie and Steven Hill, "The Case for Proportional Representation," in *Whose Vote Counts?* ed. Robert Ritchie and Steven Hill, Boston: Beacon Press, 2001, pp. 1-33.

Richard Rorty, *Contingency, Irony, and Solidarity*, Cambridge: Cambridge University Press, 1989〔リチャード・ローティ『偶然性・アイロニー・連帯』齋藤純一・山岡龍一・大川正彦訳，岩波書店，2000 年〕.

Richard Rorty, "Feminism and Pragmatism," *Michigan Quarterly Review* 30, 2 (1991): 231-58.

Richard Rorty, *Philosophy and Social Hope*, New York: Penguin Books, 1999〔リチャード・ローティ『リベラル・ユートピアという希望』須藤訓任・渡辺啓真訳，岩波書店，2002 年〕.

Richard Rorty, *Philosophy and the Mirror of Nature*, Princeton: Princeton University Press, 1981〔リチャード・ローティ『哲学と自然の鏡』野家啓一監訳，産業図書，1993 年〕.

Nikolas Rose, "Governing Advanced Liberal Democracies," in Peter Miller and Nikolas Rose, *Governing the Present: Administering Economic, Social and Personal Life*, Cambridge: Polity, 2008, pp. 199-218.

Ruth Rosen, *The World Split Open: How the Modern Women's Movement Changed America*, New York: Penguin, 2001.

James N. Rosenau, *Along the Domestic-Foreign Frontier: Exploring Governance in a Turbulent World*, Cambridge: Cambridge University Press, 1997.

James N. Rosenau, "Governance and Democracy in a Globalizing World," in *Re-imagining Political Community: Studies in Cosmopolitan Democracy*, ed. Daniel Archibugi and David Held, Stanford: Stanford University Press, 1999, pp. 28-58.

Benita Roth, *Separate Roads to Feminism: Black, Chicana, and White Feminist Movements in America's Second Wave*, Cambridge: Cambridge University Press, 2004.

John Ruggie, "Territoriality and Beyond: Problematizing Modernity in International Relations," *International Organization* 47 (1993): 139-74.

Mary P. Ryan, "Gender and Public Access: Women's Politics in Nineteenth-Century America," in *Habermas and the Public Sphere*, ed. Calhoun, Cambridge, MA: MIT Press, 1991, pp. 259-89.

Mary P. Ryan, *Women in Public: Between Banners and Ballots, 1825-1880*, Baltimore: Johns Hopkins University Press, 1990.

Saskia Sassen, *Globalization and Its Discontents*, New York: Free Press, 1998〔サスキア・サッセン『グローバル空間の政治経済学』田淵太一・原田太津男・尹春志訳，岩波書店，2004 年〕.

Saskia Sassen, *Losing Control? Sovereignty in an Age of Globalization*, New York: Columbia University Press, 1995〔サスキア・サッセン『グローバリゼーションの時代――国家主権のゆくえ』伊豫谷登士翁訳，平凡社，1995 年〕.

Saskia Sassen, *Territory, Authority, Rights: From Medieval to Global Assemblages*, Princeton: Princeton University Press, 2006〔サスキア・サッセン『領土・権威・諸権利――グローバリゼーション・スタディーズの現在』伊藤茂訳，明石書店，2011 年〕.

Deborah Satz, "Equality of What among Whom? Thoughts on Cosmopolitanism, Statism and Nationalism," in *Global Justice*, ed. Ian Shapiro and Lea Brilmayer, New York: New York University Press, 1999, pp. 67-85.

William E. Scheuerman, "Between Radicalism and Resignation: Democratic Theory in Habermas' *Between Facts and Norms*," in *Habermas: A Critical Reader*, ed. Peter Dews, Oxford: Blackwell, 1999, pp. 153-78.

William E. Scheuerman, "Economic Globalization and the Rule of Law," *Constellations* 6, 1 (1999): 3-25.

David Schneiderman, "Investment Rules and the Rule of Law," *Constellations* 8, 4 (2001): 521-37.

Gunter G. Schultze, *The Political Economy of Capital Controls*, Cambridge: Cambridge University Press, 2000.

James Scott, *Seeing Like a State: How Certain Schemes to Improve the Human Condition Have Failed*, New Haven: Yale University Press, 1998.

Amartya Sen, *Development as Freedom*, New York: Anchor Books, 1999〔アマルティア・セ

ン『自由と経済開発』石塚雅彦訳，日本経済新聞社，2000 年〕.

Amartya Sen, "Equality of What?" in *Liberty, Equality, and Law*, ed. Sterling M. McMurrin, Salt Lake City: University of Utah Press, 1987, pp. 137-62.

Richard Sennett, "The Age of Anxiety," *Guardian Saturday*, October 23, 2004, p. 34, *http://books.guardian.co.uk/print/0,3858,5044940-110738,00.html*（last accessed March 17, 2008）で入手可能.

Richard Sennett, *The Corrosion of Character: The Personal Consequences of Work in the New Capitalism*, New York: Norton, 1998〔リチャード・セネット『それでも新資本主義についていくか――アメリカ型経営と個人の衝突』斎藤秀正訳, ダイヤモンド社, 1999 年〕.

Omid A. Payrow Shabani, "Language Policy and Diverse Societies: Constitutional Patriotism and Minority Language Rights," *Constellations* 11, 2（2004）: 193-216.

Ian Shapiro, *Democratic Justice*, New Haven: Yale University Press, 1999.

Henry Shue, *Basic Rights*, Princeton: Princeton University Press, 1980.

Peter Singer, *One World: The Ethics of Globalization*, second edition, New Haven: Yale University Press, 2004〔ピーター・シンガー『グローバリゼーションの倫理学』山内友三郎・樫則章訳，昭和堂，2005 年〕.

Anne-Marie Slaughter, *A New World Order*, Princeton: Princeton University Press, 2005.

Yasemin Nuhoglu Soysal, "Changing Parameters of Citizenship and Claim-Making: Organized Islam in European Public Spheres," *Theory and Society* 26（1997）: 509-27.

Yasemin Nuhoglu Soysal, *Limits of Citizenship: Migrants and Postnational Membership in Europe*, Chicago: University of Chicago Press, 1995.

Judith Stacey, "Sexism by a Subtler Name? Postindustrial Conditions and Postfeminist Consciousness in the Silicon Valley," *Socialist Review* 96（1987）: 7-28.

Rudolf Stichweh, "The Genesis of a Global Public Sphere," *Development* 46, 1（2003）: 26-9.

Joseph E. Stiglitz, *Globalization and Its Discontents*, New York: Norton, 2003〔ジョセフ・E・スティグリッツ『世界を不幸にしたグローバリズムの正体』鈴木主税訳，徳間書店，2002 年〕.

Ann Laura Stoler, *Race and the Education of Desire*, Chapel Hill, NC: Duke University Press, 1995.

Servaes Storm and J. Mohan Rao, "Market-Led Globalization and World Democracy: Can the Twain Ever Meet?" *Development and Change* 35, 5（2004）: 567-81.

Susan Strange, *The Retreat of the State: The Diffusion of Power in the World Economy*, Cambridge: Cambridge University Press, 1996〔スーザン・ストレンジ『国家の退場――グローバル経済の新しい主役たち』櫻井公人訳，岩波書店，1998 年〕.

Wolfgang Streeck, "Public Power beyond Nation-State: The Case of the European Community," in *States against Markets: The Limits of Globalization*, ed. Robert Boyer and Daniel Drache, New York: Routledge, 1996, pp. 299-316.

Kok-Chor Tan, *Justice without Borders: Cosmopolitanism, Nationalism, and Patriotism*, Cambridge: Cambridge University Press, 2004.

Charles Taylor, *Multiculturalism: Examining the Politics of Recognition*, ed. Amy Guttman, Princeton: Princeton University Press, 1994〔前掲『マルチカルチュラリズム』〕.

Khachig Tololyan, "Rethinking Diaspora (s): Stateless Power in the Transnational Moment," *Diaspora* 5, 1 (1996): 3-36.

Alain Touraine, *Return of the Actor: Social Theory in Postindustrial Society*, Minneapolis: University of Minnesota Press, 1988.

Philippe van Parijs, "the Ground Floor of the World: On the Socio-economic Consequences of Linguistic Globalizaiton," *International Political Science Review* 21, 2 (2000): 217-33.

Virginia Vargas, "Feminism, Globalization and the Global Justice and Solidarity Movement," *Cultural Studies* 17, 6 (2003): 905-20.

Paul Voice, "Global Justice and the Challenge of Radical Pluralism," *Theoria: A Journal of Social & Political Theory* 114 (2004): 15-37.

Ingrid Volkmer, "The Global Network Society and the Global Public Sphere," *Development* 46, 1 (2003): 9-16.

Loïc Wacquant, "From Slavery to Mass Incarceration," *New Left Review* 13 (Jan.-Feb. 2002): 41-60.

Michael Walzer, *Spheres of Justice: A Defense of Pluralism and Equality*, New York: Basic Books, 1984〔マイケル・ウォルツァー『正義の領分――多元性と平等の擁護』山口晃訳, 而立書房, 1999年〕.

Michael Warner, "The Mass Public and the Mass Subject," in *The Phantom of Public Sphere*, ed. Bruce Robbins, pp. 234-56.

Michael Warner, *Publics and Counterpublics*, New York: Zone Books, 2002.

Leif Wener, "Contractualism and Global Econimic Justice," *Metaphilosophy* 32, 1/2 (2001): 79-94.

Pnina Werbner, "Theorising Complex Diasporas: Purity and Hybridity in the South Asian Public Sphere in Britain," *Journal of Ethnic & Migration Studies* 30, 5 (2004): 895-911.

Frederick Whelan, "Democratic Theory and the Boundary Problem," in *Nomos XXV: Liberal Democracy*, ed. J. Roland Pennock and John W. Chapman, New York and London: New York University Press, 1983, pp. 13-47.

Christiane Wilke, "Habermas, the Alien, and the Escape to Cosmopolitanism," unpublished ms.

Kenton T. Wilkinson, "Language Difference and Communication Policy in the Information Age," *Information Society* 20, 3 (2004): 217-29.

Melissa Williams, *Voice, Trust, and Memory: Marginalized Groups and the Failings of Liberal Representation*, Princeton: Princeton University Press, 1998.

Iris Marion Young, "Equality of Whom? Social Groups and Judgments of Injustice," *Journal of Political Philosophy* 9, 1 (2001): 1-18.

Iris Marion Young, "Impartiality and the Civic Public: Some Implications of Feminist Critiques of Moral and Political Theory," in *Feminism as Critique*, ed. Seyla Benhabib and Drucilla Cornell, Minneapolis: University of Minnesota Press, 1987, pp. 56-76.

Iris Marion Young, "Responsibility and Global Justice: A Social Connection Model," *Social Philosophy and Policy* 23, 1 (2006): 102-30.

George Yudice, *The Expediency of Culture: Uses of Culture in the Global Era*, Durham, NC: Duke University Press, 2004.

Nira Yuval-Davis, *Gender and Nation*, London: Sage Publications, 1997.

Mark W. Zacher, "The Decaying Pillars of the Westphalian Temple," in *Governance without Government*, ed. James N. Rosenau and Ernst-Otto Czempiel, Cambridge: Cambridge University Press, 1992, pp. 58-101.

Eli Zaretsky, *Secrets of the Soul: A Social and Cultural History of Psychoanalysis*, New York: Knopf, 2004.

サピエンティア　**27**

正義の秤《スケール》

グローバル化する世界で政治空間を再想像すること

2013 年 9 月 27 日　初版第 1 刷発行
2024 年 5 月 16 日　　　第 2 刷発行

著　者　ナンシー・フレイザー
訳　者　向山 恭一
発行所　一般財団法人法政大学出版局
　　　　〒 102-0071　東京都千代田区富士見 2-17-1
　　　　電話 03 (5214) 5540 ／振替 00160-6-95814
製版・印刷　平文社／製本　積信堂
装　幀　奥定 泰之

ISBN 978-4-588-60327-3　Printed in Japan

著 者

ナンシー・フレイザー（Nancy Fraser）

1947年生まれ。アメリカの政治学者・批判理論家。ニュースクール・フォー・ソーシャルリサーチ教授。邦訳書に『中断された正義』（御茶の水書房，2003年），『再分配か承認か？』（アクセル・ホネットとの共著，法政大学出版局，2012年），『99％のためのフェミニズム宣言』（シンジア・アルッザ，ティティ・バタチャーリャとの共著，人文書院，2020年），『資本主義は私たちをなぜ幸せにしないのか』（ちくま新書，2023年）などがある。

訳 者

向山 恭一（さきやま きょういち）

1964年生まれ。新潟大学教授。政治思想専攻。訳書にセイラ・ベンハビブ『他者の権利』（法政大学出版局，2006年），ウェンディ・ブラウン『寛容の帝国』（法政大学出版局，2010年）などがある。